全民阅读
中华优秀传统文化
经典系列

刘苍劲　丛书主编

仪礼

邓启铜　诸　华　注释

龙　林　导读

王　栋　秦晓倩　等　配音

北京师范大学出版集团
BEIJING NORMAL UNIVERSITY PUBLISHING GROUP
北京师范大学出版社

图书在版编目(CIP)数据

仪礼/邓启铜，诸华注释. —北京：北京师范大学出版社，2019.2
(中华优秀传统文化经典系列)
ISBN 978-7-303-23097-6

Ⅰ．①仪… Ⅱ．①邓… ②诸… Ⅲ．①礼仪－中国－ 古代
②《仪礼》－注释 Ⅳ．①K892.9

中国版本图书馆 CIP 数据核字(2017)第 289893 号

营 销 中 心 电 话　010-58805072　58807651
北师大出版社高等教育与学术著作分社　http://xueda.bnup.com

YI LI

出版发行：北京师范大学出版社 www.bnup.com
　　　　　北京市海淀区新街口外大街 19 号
　　　　　邮政编码：100875
印　　刷：保定市中画美凯印刷有限公司
经　　销：全国新华书店
开　　本：787 mm×1092 mm　1/16
印　　张：27
字　　数：450 千字
版　　次：2019 年 2 月第 1 版
印　　次：2019 年 2 月第 1 次印刷
定　　价：62.00 元

策划编辑：祁传华　魏家坚　　　　责任编辑：陈佳宵
美术编辑：王齐云　　　　　　　　装帧设计：王齐云
责任校对：陈　民　　　　　　　　责任印制：马　洁

继承和弘扬中华优秀传统文化
大力加强社会主义核心价值观教育

中华文化源远流长、灿烂辉煌。在五千多年文明发展中孕育的中华优秀传统文化，积淀着中华民族最深沉的精神追求，代表着中华民族独特的精神标识，是中华民族生生不息、发展壮大的丰厚滋养，是中国特色社会主义植根的文化沃土，是当代中国发展的突出优势，对延续和发展中华文明、促进人类文明进步，发挥着重要作用。

中共十八大以来，以习近平总书记为核心的党中央高度重视中华优秀传统文化的传承发展，始终从中华民族最深沉精神追求的深度看待优秀传统文化，从国家战略资源的高度继承优秀传统文化，从推动中华民族现代化进程的角度创新发展优秀传统文化，使之成为实现"两个一百年"奋斗目标和中华民族伟大复兴中国梦的根本性力量。习近平总书记指出："一个国家、一个民族的强盛，总是以文化兴盛为支撑的，中华民族伟大复兴需要以中华文化发展繁荣为条件。""中华传统文化博大精深，学习和掌握其中的各种思想精华，对树立正确的世界观、人生观、价值观很有益处。"

中华文化独一无二的理念、智慧、气度、神韵，增添了中国人民和中华民族内心深处的自信和自豪，也孕育培养了悠久的文化传统和富有价值的文化因子。传承发展中华优秀传统文化，就要大力弘扬讲仁爱、重民本、守诚信、崇正义、尚和合、求大同等核心思想理念，就要大力弘扬自强不息、敬业乐群、扶危济困、见义勇为、孝老爱亲等中华传统美德，就要大力弘扬有利于促进社会和谐、鼓励人们向上向善的思想文化内容。当前，我们强调培育和弘扬社会主义核心价值观，必须立足中华优秀传统文化，使中华优秀传统文化成为涵养社会主义核心价值观的重要源泉。核心价值理念往往与文化传统与文化积淀息息相关、一脉相承。社会主义核心价值观充分体现了对中华优秀传统文化的继承和升华。"富强、民主、文明、和谐，自由、平等、公正、法治，爱国、敬业、诚信、友善"的社会主义核心价值观，既深刻反映了社会主义中国的价值理念，更是五千年中华优秀传统文化的传承与发展。将中华优秀传统文化作为社会主义核心价值观教育的重要素材，以中华优秀传统文化涵养社会主义核心价值观，是明确文化渊源和民族文魄，树立文化自信和价值观自信，走好中国道路和讲好中国故事的必然要求。

2017年1月，中共中央办公厅、国务院办公厅印发了《关于实施中华优秀传统文化传承发展工程的意见》，将实施中华优秀传统文化传承发展工程上升到建设社会主义文化强国的重大战略任务的高度，力图在全社会形成重视中华优秀传统文化、学习弘扬中华优秀传统文化的氛围。由刘苍劲教授组织广东省上百位专家学者历时三年主编的这套"全民阅读·中华优秀传统文化经典系列"丛书，是广东省贯彻落实习近平总书记关于大力弘扬中华优秀传统文化系列讲话精神的重大举措，是具有广东特色、岭南气派的文化大工程。该套丛书真正体现了全民阅读的需要，每本经典都配有标准的拼音、专业的注释、精美的诵读，使不同阶层、不同文化、不同年龄、不同专业的中国人都可以读懂、读通、读透这些经典。通过客观、公正的导读指导，有机会阅读该丛书的读者都能够在阅读中华优秀传统文化经典中受到历史、政治、科学、人文、道德等多方面的启迪，在阅读中弘扬、在阅读中继承、在阅读中扬弃，从而实现树立社会主义核心价值观的目的。

该丛书质量精良，选题准确，导读科学，值得推荐，是为序。

刘苍劲

2018年6月

《仪礼》注疏校勘记序

　　《仪礼》最为难读，昔顾炎武以唐石刻九经校明监本，惟《仪礼》讹脱尤甚。经文且然，况注疏乎？贾疏文笔冗蔓，词意郁轖，不若孔氏《五经正义》之条畅，传写者不得其意，脱文误句，往往有之。宋世注、疏各为一书，疏自咸平校勘之后，更无别本，误谬相沿，迄今已无从一一厘正。朱子作《通解》，于疏之文义未安者，多为删润，在朱子自成一家之书，未为不可。而明之刻注疏者，一切惟《通解》之从，遂尽失贾氏之旧。臣于《仪礼注疏》旧有校本，奉旨充石经校勘官，曾校经文上石。今合诸本，属德清贡生徐养原详列异同，臣复定其是非。大约经、注则以唐石经及宋严州单注本为主，疏则以宋单行本为主，参以《释文》、《识误》诸书，于以正明刻之讹。虽未克尽得郑、贾面目，亦庶还唐、宋之旧观。郑注叠古今文最为详核，语助多寡，靡不悉纪。今校是经，宁详毋略，用郑氏家法也。

臣　阮元恭记

1

皇天辅德图

目 录

导　读　龙　林...........1

士冠礼第一...........7

士昏礼第二...........25

士相见礼第三...........47

乡饮酒礼第四...........56

乡射礼第五...........77

燕礼第六...........122

大射仪第七...........145

聘礼第八...........189

公食大夫礼第九...........226

觐礼第十...........239

丧服第十一...........246

士丧礼第十二...........283

既夕礼第十三...........312

士虞礼第十四...........334

特牲馈食礼第十五 351

少牢馈食礼第十六 375

有司彻第十七 395

山静日长图

导　读

龙　林

　　《仪礼》是记录我国上古时代礼仪的一部重要典籍，与《周礼》、《礼记》一起合称"三礼"。《仪礼》蕴含丰富的文化宝藏，为我们今天了解中国上古社会的民俗民风、政治经济、宗教文化、伦理道德、语言状况等保存了珍贵的历史资料，具有重要的文化价值。

　　关于《仪礼》的作者及撰作年代在学界的争议较大。大致有以下四种说法：其一，《仪礼》为周公所作。其二，《仪礼》为孔子编著。其三，《仪礼》为孔子之后的儒者所作。其四，《仪礼》主要由孔子编著，其后有七十后学的续编与增益。《史记》、《汉书》认为《仪礼》出于孔子。《仪礼》所记载的一套礼仪是孔子周游列国采辑搜访而来并整理成书的，并作为一门重要课程，向弟子们讲授且与弟子共同学习。

　　《仪礼》共十七篇，目录及概述如下。

　　1.《士冠礼》：记述贵族男子二十岁时举行的加冠礼仪式。在加冠礼上，除加冠外，还要为受冠者起个字（别名）。加冠、起字表示他已经成年，可以享受成年人的权利，承担成年人的责任和义务。这一礼仪源于古代氏族社会的"成丁礼"。

　　加冠礼就是我们现代的成人礼。古代重视冠礼，认为昏、丧、祭、乡、射、朝聘诸礼都始于冠礼，所以在汉代，《仪礼》各本次序有异，但都以《士冠礼》为首篇，说明这种礼仪的重要性。

　　《礼记·冠义》说："冠者，礼之始也，嘉事之重者也，是故古者重冠。"古代男子在二十岁之前，以不戴帽子作为未成年的标志，到二十岁时要为之举行"冠礼"，确定其成年人的地位和身份，从此，受冠者成为部族和社会的正式成员，可以享受其应有的权利，并承担其应尽的责任和义务。

在加冠礼正式进行之前，首先，要通过占筮选定加冠吉日，负责加冠的正宾，即主持人，也要在加冠前三日通过占筮选取，同时邀请赞冠者一名。赞冠者，是协助正宾行加冠礼的人。主人必须对选定的正宾和赞冠者再三敦请，以示其诚意。冠礼进行时，受礼者要分别加戴三种不同的冠，分别为：缁布冠、皮弁、爵弁。三种冠都配有相应的礼服，加冠与换穿礼服并非同时进行，而是先加冠，后进房换上与之相应的礼服。

2.《士昏礼》：记述贵族青年男女在家长的主持下缔结婚姻的一系列礼节仪式。《礼记·昏义》认为婚姻是社会发展、伦理道德产生和推行的前提，当然也是礼制的基础。按照规定，男子在昏时亲迎新妇，以昏为名，所以称作昏礼。之所以在昏时亲迎新娘，取其阳往阴来之意。

古人认为娶妻生子是生命延续、香火有继、家族繁衍兴旺的大事，就一个人的生命历程而言，婚姻是一个人成年以后首先必须完成的一件大事，昏礼是冠礼的直接延续。昏礼就是通过规定的仪式促成男女合道德、合风俗、合法地结合，并借此向社会公开他们的婚姻关系，取得社会的认同。

昏礼包括纳采、问名、纳吉、纳征、请期、亲迎六道程序。

（1）纳采：纳采礼，男家派媒人向女家提亲，女家同意后，男家备礼至女家求婚。求婚的礼物是雁。

（2）问名：男家派媒人持雁为礼到女家询问女子的名字，问名的目的是便于男家在家庙中卜问婚姻的吉凶。

（3）纳吉：男家获得吉兆后，派媒人持雁为礼告知女家。

（4）纳征：纳征又称纳币，是男家派使者送给女家的聘礼。聘礼有玄纁（红黑帛五匹）、束帛（浅红帛五匹）、俪皮（鹿皮两张），聘礼的厚薄依等级而定。纳征礼类似于今天的订婚。

（5）请期：男家卜得迎娶吉日，持雁为礼告知女家。为表示对女家的尊重，男家不直接告诉女家迎娶吉日，而先请于女家，然后告之，故称请期。

（6）亲迎：亲迎是昏礼中的重头戏。迎新成员有新婿及随从。

周王、公侯和一般贵族结婚的仪式基本相同，只是身份地位越高，礼物排场越大。

3.《士相见礼》：记述贵族之间初次交往的礼节仪式。包括初次相见时的绍介、赠礼物、应对、复见等内容。一方携带礼物登门求见，另一方随后回拜。季节不同，地位不同，携带的礼物、回拜的方式、应对的内容和仪态也不同。

士之间初次相见，冬季携带的礼物是雉，夏季携带的礼物是干雉。见面时客人双手横捧雉，雉头向左，献与主人，主人再三推辞之后接受礼物，随后主人带着客人的礼物回拜，客人再三辞谢后接受礼物。

士拜见大夫时，主人不接受客人的礼物。但是曾经做过大夫家臣的公士来见，主人辞谢一番后，会接受客人的礼物，然后在客人回家时派摈者把礼物归还客人。

下大夫之间初次相见，客人携带的礼物是雁。用布缝衣为饰捆紧雁的身子，用绳索拴牢雁的两足，见面时客人双手横捧雁，雁头向左，献与主人。

上大夫之间初次相见，客人携带的见面礼是羊羔。羊羔要以布缝衣为饰，用绳索拴住羊羔的前足和后足，见面时，客人双手攥着羊羔的前后足，横捧羊羔，羊头向左，献与主人。其他仪节跟士与士之间相见的礼节相同。

所有的人第一次叩见国君，手执礼物至堂下时，仪态都要益发恭敬诚恳，并表现出局促不安的样子。庶人拜见国君，进退都要疾步而行。士大夫拜见国君，要将礼物放下，对君两拜，叩头至地，国君回一拜作答。外国客人拜见国君，国君要命摈者将礼物归还。凡是执锦帛皮马禽之类的礼物拜见国君，不能疾行，以示谨慎。如果是执玉叩见国君，脚步要缓慢，小步前行，以示非常小心谨慎。叩见国君的自称有如下几种：士大夫自称"下臣"；致仕的官员，住在国中的自称"市井之臣"，宅居在野的自称"草茅之臣"；庶人自称"刺草之臣"；他国之人则自称"外臣"。

由于拜见的对象不同，谈话内容的侧重点也不一样，与君交谈，着重于君使臣之礼；与卿大夫交谈，着重于臣事君之道；与老者交谈，着重于使弟子之礼；与年幼者交谈，着重于孝亲敬长之节；与普通大众谈话，着重于忠信慈祥之行；与官员谈话，着重于忠诚信实之义。虽然所言的侧重点不同，但都以厚德劝善为宗旨。

士相见礼，通过对交往过程中的绍介、赠礼物、应对、复见等仪节的详细描述，彰显出古代社会人际交往的伦理道德规范。

4.《乡饮酒礼》：记述古代乡一级的行政组织定期举行的以尊长敬老为中心的宴饮活动。据考证，这一仪式源于氏族公社以尊老养老为目的的会食（聚餐）制度。

5.《乡射礼》：记述古代以乡为范围的射箭比赛大会的礼节仪式。春秋两季，州长在州学召集州民在州学学习射箭并进行射箭比赛。这一仪式源于上古氏族部落为氏族生存、防御侵袭而进行的狩猎活动和作战训练，表现出原始先民的尚武精神。举行乡射礼的重要目的，在于通过这一礼仪活动考察参与者的德行，选举贤能，同时使参与者在习射及射箭比赛的过程中获得道德实践的具体体验。

6.《燕礼》："燕礼"即"宴礼"，记述诸侯宴饮的礼节仪式，详细描述了宴饮时的酒具，君臣的席位，登堂入席、斟酒、宾主敬酒等的仪态。诸侯宴饮时场面铺排，礼节繁缛，还配有专用的乐队和艺人伴唱。

7.《大射仪》：记述诸侯国君主持的贵族参加的射箭比赛大会的具体礼仪。诸侯有朝觐、会盟、祭祀、息燕诸大事时，要与群臣习射。此篇以"仪"名篇而不加"礼"名篇，意在射仪中见礼义、节文。"射"不为争，而为习礼乐，故大射礼在"五礼"中属于嘉礼。举行大射仪的目的与乡射礼相同。

8.《聘礼》：记述国君派遣大臣到其他诸侯国进行礼节性访问的礼节仪式（外交典礼）。聘礼实际就是外交礼仪，在"五礼"中属于宾礼。

9.《公食大夫礼》：记述国君招待来小聘的大夫的礼仪。在聘礼的礼仪规定中，作为代表君主前往他国行聘的使者，有所谓"大聘使卿，小聘使大夫"的分别。公食大夫礼的礼仪主于"食饭"，而没有宾主酬酢，食饭也仅限于主宾一人，有别于飨礼和燕礼。燕礼主酒，飨礼兼酒和饭。公食大夫礼在"五礼"中属于嘉礼。

10.《觐礼》：记述秋天诸侯觐见天子的礼节仪式。《周礼》曰："春见曰朝，夏见曰宗，秋见曰觐，冬见曰遇。"

11.《丧服》：记述死者亲属在丧服、服期等礼仪上的差别。中国传统中的"五服"制度就来源于此。

丧服是服丧时穿戴的服饰。古人为悼念死者设置了丧服制度，丧服制度以亲属关系为原则。由于死者与生者在亲属关系上有亲疏远近的不同，所以其丧服的等级和着服丧的期限也有不同。丧服的服饰规制包括衰裳、首服、绖带、鞋饰、杖五个方面，分为五个等级，即斩衰、齐衰、大功、小功、缌麻五等。丧期，指守丧的期限，分为三年、一年、九个月、五个月、三个月五种。丧服的五个等级与丧期的五种期限，并不是一一对应，有时会出现交错的情况。如斩衰的服期只为三年，而齐衰的服期就有齐衰三年、齐衰一年、齐衰三月三种。

12.《士丧礼》和《既夕礼》：《士丧礼》与《既夕礼》本为一篇，因为简册繁重而分为两篇，通常视《既夕礼》为《士丧礼》的下篇，记述士阶层的丧葬礼仪。《士丧礼》记述从死到葬的过程，包括以下环节：为死者招魂、覆盖衣被、楔齿、缀足；国君派人吊唁，赠衣；死者亲属、僚友吊唁、赠衣；为死者沐浴、着装、饭含、设重，小敛、大敛、朝夕哭；卜筮葬居和葬日等。士丧礼在"五礼"中属于凶礼。由于士丧礼专讲士阶层之丧礼，故以"士"名篇。

《既夕礼》记述下葬前两天既夕哭与下葬那一天的仪节。《既夕礼》取篇首二字为篇名。

13.《士虞礼》：记述士埋葬父母后返回家中举行的安魂礼。"虞"即"安"的意思。与同属丧礼的士丧礼、既夕礼相比，士丧礼与既夕礼旨在送形而往，而《士虞礼》则旨在迎神而返。士虞礼在"五礼"中属凶礼。

14.《特牲馈食礼》：记述士在家庙中祭祀祖祢的礼仪。特牲，即一豕；馈食，即用食。特牲馈食礼在"五礼"中属吉礼。

15.《少牢馈食礼》与《有司彻》：记述卿大夫在家庙祭祀祖祢的礼仪。少牢，即用牛猪祭祀。两者本为一篇，也因简册繁重分而为二。《有司彻》取篇首三字为其篇名。少牢馈食礼与有司彻在"五礼"中属吉礼。

中国素以礼仪之邦闻名世界，《仪礼》是我国流传下来的礼仪文学精华，是儒家传习最早的一部书，记载了周代的各种礼仪，是一部详细的礼仪制度章程。我们从这样的文学作品中可以发掘我国的礼仪文化精髓。书中包含了大量官场、日常中的仪礼，虽然传统礼仪受到历史条件的制约，存在着一些封建、宗法、专制和保守的因素，但我们仍不能忽视传统礼仪发挥的不可磨灭的作用，它在塑造健康人格、协调社会矛盾、安定社会秩序等方面，发挥着重要作用。

在新的历史条件下，我们要汲取《仪礼》中合理的、有益的因素。在个体价值观定位方面，中华传统礼仪文化强调仁者爱人、遵守礼规、止恶扬善。这样的价值取向潜移默化地影响着一代代的中国人，成为不成文的评判标准，教导着我们应该提倡什么、禁止什么，什么是对，什么是错，从而促进了个体之间与整个社会和谐关系的形成。

我们每个人都是中华民族文化的载体，是中华文化传承的主体，正是无数中国人的言行，塑造了中国的整体形象。作为一名中国人，我们应当取传统之精华，摒弃其糟粕，努力塑造讲求文明礼仪的社会风气，构建人人遵守礼仪规范、处处礼让三分、谦逊有礼的祥和融洽的美好社会。

士冠礼第一①
shì guàn lǐ dì yī

士冠礼：筮于庙门②。主人玄冠③，朝
shì guàn lǐ shì yú miào mén zhǔ rén xuán guān cháo

服，缁带④，素韠⑤，即位于门东，西面⑥。
fú zī dài sù bì jí wèi yú mén dōng xī miàn

有司如主人服⑦，即位于西方，东面，北
yǒu sī rú zhǔ rén fú jí wèi yú xī fāng dōng miàn běi

上尚⑧。筮与席、所卦者⑨，具馔于西塾⑩。
shàng shì yǔ xí suǒ guà zhě jù zhuàn yú xī shú

布席于门中，闑西阈外⑪，西面。筮人执
bù xí yú mén zhōng niè xī yù wài xī miàn shì rén zhí

策⑫，抽上韇⑬，兼执之⑭，进受命于主人。
cè chōu shàng dú jiān zhí zhī jìn shòu mìng yú zhǔ rén

宰自右少退⑮，赞命⑯。筮人许诺，右还旋⑰，
zǎi zì yòu shǎo tuì zàn mìng shì rén xǔ nuò yòu xuán

即席坐⑱，西面，卦者在左⑲。卒筮⑳，书
jí xí zuò xī miàn guà zhě zài zuǒ zú shì shū

注释：①士冠礼：周代贵族男子年满二十岁举行戴帽（加冠）仪式，标志成年，这一仪式即士冠礼。至今在中国少数民族中仍有沿用此礼者，如戴头礼。②筮：用蓍草占卜吉凶。庙：祢庙，又称父庙。③主人：即将加冠者的父兄。玄冠：黑色的帽子。④缁：黑色。⑤素：白色。韠：皮制的蔽膝。⑥西面：面朝西。⑦有司：参与冠礼的家臣、小吏。如：和……一样。⑧上：通"尚"，尊贵。⑨所卦者：用来在地上画卦象的木条。⑩具：假借为"俱"，都。馔：陈设。西塾：门外西堂。⑪闑：即门橛，安设于门中央地上的短木条，用以关门。阈：即阃门限，门槛。⑫策：古代卜筮用的蓍草。⑬抽：打开。韇：卜筮时盛放蓍草的筒。⑭兼：并。之：指韇的底部。⑮宰：有司中掌管政教的人。⑯赞命：协助主人告诉占卜者为什么要占卜。赞，佐，协助。命，告。⑰右还：从右边转过去。还，通"旋"。⑱即：就，走向。⑲卦者：画地识爻的有司。⑳卒：完毕。

卦[1]，执以示主人。主人受视[2]，反返之[3]。
筮人还[4]，东面旅占[5]，卒，进告吉。若不
吉，则筮远日[6]，如初仪[7]。彻筮席[8]。宗人
告事毕[9]。

主人戒宾[10]。宾礼辞[11]，许[12]。主人再
拜[13]，宾答拜。主人退[14]，宾拜送。前期三

注释：①书：写。②受：接过木板。视：看。③反之：把木板还给占卜者。反，通"返"。④还：回到自己原来的位置。⑤旅：众，指跟随筮人前来的众人。⑥远日：指下旬或下下旬的日子。⑦初仪：原先的仪式。指上面所提到的仪式。⑧彻：同"撤"，撤除。⑨宗人：主礼事的家臣。⑩戒：告知，通报。宾：主人之僚友。⑪礼辞：谦让一次后接受（谦让两次后接受称"固辞"，谦让三次后接受称"三辞"，谦让三次后最终还是不接受称"终辞"）。⑫许：接受邀请。⑬再拜：拜两次。⑭退：退回去。

大裘图

衮冕图

鷩冕图

日①，筮宾②，如求日之仪③。乃宿宾④。宾如主人服，出门左，西面再拜。主人东面答拜。乃宿宾⑤。宾许，主人再拜，宾答拜。主人退，宾拜送。宿赞冠者一人⑥，亦如之。

厥明夕⑦，为期于庙门之外⑧。主人立于门东，兄弟在其南，少退，西面，北上尚。有司皆如宿服⑨，立于西方，东面，北上尚。摈傧者请期⑩，宰告曰⑪："质明行事⑫。"告兄弟及有司，告事毕⑬。摈傧者告期于宾之家⑭。

夙兴⑮，设洗⑯，直于东荣⑰，南北以堂深⑱。水在洗东⑲。陈服于房中西墉下⑳，

注释：①前期三日：加日为期，冠礼之前三天。②筮宾：用占卜的方法在所邀请的宾客中选出一位给主人的儿子加冠。③求日：指占卜行冠礼的日期。仪：仪式。④宿：进。指入内告宾，要选中的宾客在行冠礼之日前来履行任务。⑤宿宾：此处指主人这时当面亲自告知选定的宾客前来履行任务的事情。⑥赞：协助。此句讲在邀请的宾客中再找一位协助负责加冠的人。⑦厥：其。明夕：第二天傍晚。⑧为期：预定时间。⑨宿：以前。此处的"宿服"即前面提到的筮日之服。⑩摈：通"傧"，导引宾客。期：指冠礼的时间。⑪宰：主管政教的官员。⑫质明：天蒙蒙亮。⑬事：指有关行冠礼的时间的事情。⑭宾：众多获邀请的宾客。⑮夙：早。兴：起。⑯洗：盛盥洗者用过的水的器皿。⑰直：当，对着。荣：屋檐下。⑱南北：指南北走向。以：根据。堂深：堂的深浅。⑲水：洗手所用的干净水。⑳墉：墙壁。

9

东领①，北上尚。爵雀弁服②：纁裳③，纯衣④，缁带⑤，韎韐⑥。皮弁服⑦：素积⑧，缁带，素韠。玄端⑨：玄裳、黄裳、杂裳可也⑩，缁带，爵雀韠。缁布冠缺颉项⑪，青组缨属于缺颉⑫；缁纚⑬，广终幅⑭，长六尺；皮弁笄⑮，爵雀弁笄，缁组纮⑯，纁边；同箧⑰。栉实于箪⑱。蒲筵二⑲，在南。侧尊一甒醴⑳，在服北㉑。有篚实勺㉒、觯㉓、角柶㉔，脯醢㉕，南上尚。爵雀弁、皮弁、缁布冠各一匴㉖，执以待于西坫南㉗，南面，东上尚。宾升则东面㉘。

注释：①东领：衣领朝东。②爵弁：仅次于冕的礼冠。爵，通"雀"。指雀头那样的颜色，即赤黑色。弁，一种皮帽。③纁：浅绛色。裳：下衣。④纯：黑色丝织物。衣：上衣。⑤缁带：黑缯的腰带。⑥韎韐：用茅蒐草染成赤黑色的蔽膝。韎，赤黄色。韐，蔽膝。⑦皮弁：白鹿皮制成的冠。⑧积：衣折。这里指下裳在腰部打的折子。⑨玄端：缁布衣。古诸侯、大夫、士之祭服，其他冠、婚等礼亦用之。⑩杂裳：前玄后黄之裳。⑪缺：通"頍"。围在发际处以便戴缁布冠的发饰。项：颈。⑫青组缨：青色的丝缘。属：连接。⑬纚：包发用的帛。⑭广：宽。终幅：整幅。⑮笄：簪，用以插定发髻或弁冕。⑯组：丝织带。纮：冠上的带子。⑰箧：箱。大曰箱，小曰箧。⑱栉：梳子、篦子等梳发用具。实：放。箪：古代用来盛饭食的盛器。以竹或苇编成，圆形，有盖。⑲筵：以竹蔑、枝条或蒲苇等编织成的席子。古代用来铺地当做坐垫。⑳侧：独一的。尊：置酒，放置。甒：陶制的酒器。醴：甜酒。㉑服：衣服。指纁裳。㉒篚：圆形的盛物竹器。㉓觯：饮酒器名。㉔柶：古代礼器，用角、木等材料制成，形状和功用如匙，用以舀取食物。㉕醢：肉酱。㉖匴：盛放冠的竹器。㉗坫：屋内的土台。㉘升：上堂。

主人玄端爵_雀韠，立于阼阶下①，直东序②，西面。兄弟毕袗玄③，立于洗东，西面，北上_尚。摈_傧者玄端④，负东塾⑤。将冠者采衣⑥，紒⑦，在房中，南面。宾如主人服，赞者玄端从之，立于外门之外⑧。摈_傧者告⑨。主人迎，出门左⑩，西面再拜。宾答拜。主人揖赞者⑪，与宾揖，先入⑫。

注释：①阼：阼阶，即东阶，主人于此升降，又称主阶。②直：当。序：堂之（东、西）墙。③毕：全，都。袗：服装同一颜色。玄：指玄衣玄裳。④摈者：协助主人行礼的人。摈，通"傧"。玄端：黑色礼服。⑤负东塾：指站在门内的东边堂前，背向东堂面向北。⑥采衣：童子服。⑦紒：结发。⑧外门：大门之外。⑨告：告诉主人宾客已到。⑩左：东边。⑪揖：作揖，拱手行礼。赞者：赞冠者。赞，助。⑫先入：主人先走进门，以给宾客带路。

毳冕图　　　　　　玄冕图　　　　　　韦弁图

每曲揖^①，至于庙门，揖入。三揖^②，至于阶，三让^③。主人升，立于序端^④，西面。宾西序^⑤，东面。赞者盥于洗西^⑥，升，立于房中，西面，南上尚。

主人之赞者筵于东序^⑦，少北，西面。将冠者出房，南面。赞者奠纚、笄、栉于筵南端^⑧。宾揖将冠者，将冠者即筵坐^⑨。赞者坐，栉^⑩，设纚^⑪。宾降，主人降。宾辞，主人对^⑫。宾盥，卒^⑬，壹揖，壹让，升。主人升，复初位^⑭。宾筵前坐，正纚^⑮，兴^⑯，降西阶一等^⑰。执冠者升一等，东面授宾。宾右手执项^⑱，左手执前^⑲，进容^⑳，乃祝^㉑。坐如初，乃冠。兴，复位。赞者卒^㉒。冠者兴，宾揖之。适房^㉓，服玄端爵韠^㉔。

注释：①曲：转弯。②三揖：作揖三次。③让：谦让。④序端：堂的东墙尽头。⑤西序：西墙外。⑥盥：洗手。洗西：（在）用于洗手接水的承盘的西边。一说"于洗西"为衍文。⑦赞者：协助主人行冠礼的人。筵：铺设席位。东序：堂的东墙处。此处为主人的位置。⑧奠：安置。纚：包发用的帛。笄：簪，用以插定发髻或弁冕。栉：梳子、篦子等梳发用具。⑨即：就，走向。⑩栉：梳理头发。⑪设：施，安放。⑫对：致答辞。⑬卒：完毕。⑭复初位：站到原先的位置。⑮正：摆正。⑯兴：起身。⑰等：级。⑱项：冠的后部。⑲前：冠的前部。⑳进容：快步向前致礼。㉑祝：致祝辞。㉒卒：此处指给被加冠者系上皮弁的带子。㉓适：到，走进。㉔服：穿戴。

出房，南面。

宾揖之，即筵坐。栉，设笄。宾盥，正缅如初；降二等，受皮弁；右执项，左执前，进祝；加之如初，复位。赞者卒纮①。兴，宾揖之。适房，服素积素韠，容②，出房，南面。宾降三等，受爵雀弁，加之③。服纁裳韎韐。其他如加皮弁之仪。彻皮弁、冠、栉、筵④，入于房。筵于户西⑤，南面。赞者洗于房中⑥，侧酌醴⑦，加柶⑧，覆之⑨，面叶⑩。宾揖，冠者就筵⑪，筵西，南面。宾受醴于户东，加柶，面枋⑫，筵前北面。冠者筵西，拜受觯⑬，宾东面答拜。荐脯醢⑭。冠者即筵坐，左执觯，右祭脯醢，以柶祭醴三⑮，兴。筵末坐⑯，啐醴⑰，建柶⑱，

注释：①卒纮：即系纮。纮，冠上的带子。②容：装扮，打扮。③加之：给被加冠者戴上爵弁。④彻：同"撤"，换下。这里的动作由主人之赞者来做。⑤筵：铺席子。户：门。⑥洗：洗爵。⑦侧：特，独。醴：甜酒。⑧加柶：加到柶上。柶，古代礼器，形状和功用如匙，用以舀取食物。⑨覆：扣。⑩面：朝前。叶：柶的木头，即用来舀东西那头。⑪就：走到。⑫枋：同"柄"。⑬觯：饮酒器。⑭脯：干肉。醢：肉酱。⑮以柶祭醴三：用勺子从觯里舀取三次酒以行祭。⑯筵末：席子的后部。⑰啐：饮。⑱建：插。

13

兴。降筵①，坐，奠觯②，拜。执觯兴。宾答
拜。

　　冠者奠觯于荐东③，降筵，北面坐取
脯。降自西阶，适东壁④，北面见于母。母
拜受⑤，子拜送，母又拜⑥。宾降，直西序⑦，
东面。主人降，复初位。冠者立于西阶
东，南面。宾字之⑧，冠者对。宾出。主人

注释：①降筵：离席。②奠：放置。③荐东：即脯醢东。古代南面为正，东即左面。④东
壁：堂下东墙，有门，为一家女眷出入之门。⑤受：接过肉脯。⑥又拜：即侠
(jiā) 拜。古代男女间行礼，女先拜，男拜，女又拜，叫做侠拜。封建社会重男轻
女，虽母子相见也如此。⑦直：表示方位之词。⑧字：古代除有名之外，还有字、
号等。这里指给加冠者取字，代表其成年。

皮弁图

冠弁图

玄端图

送于庙门外，请醴宾①；宾礼辞，许。宾就次②。冠者见于兄弟，兄弟再拜，冠者答拜。见赞者，西面拜，亦如之③。入见姑、姊，如见母。乃易服④，服玄冠、玄端、爵雀韠，奠挚见于君⑤。遂以挚见于乡大夫、乡先生⑥。乃醴宾以壹献之礼⑦。主人酬宾，束帛、俪皮⑧。赞者皆与⑨。赞冠者为介⑩。宾出，主人送于外门外，再拜，归宾俎⑪。

若不醴⑫，则醮用酒⑬。尊于房户之间⑭，两甒，有禁⑮。玄酒在西⑯，加勺，南枋。洗⑰，有篚在西⑱，南顺⑲。始加⑳，醮用

注释：①**醴**：此处指用甜酒行礼。②**次**：休息室。③**之**：指和兄弟们行拜礼。④**易**：换。⑤**奠**：进献。**挚**：又作“贽”，初次见面的礼物。⑥**乡大夫**：本乡中任卿大夫之职的人。**乡先生**：本乡中曾任卿大夫但是已经退休的人。⑦**壹献**：主人向宾客行一次酒。饮酒时，士行一献之礼，卿大夫行三献之礼。⑧**束**：十端为一束。一端两丈，即半匹。**俪皮**：两张鹿皮。⑨**赞者**：众宾。**与**：参与。⑩**介**：副手。⑪**俎**：陈放牲体之类的礼器。⑫**醴**：依照周代礼仪，行冠礼时用醴酒。⑬**醮**：周代以前冠礼、婚礼的一种简单礼节，属于旧礼仪。指主人敬酒，宾客接受酒后喝尽，不需回敬。⑭**尊**：置酒，放置。**房户之间**：指耳房之西，室门之东。耳房，即堂屋两旁小屋，如人之两耳，故名。⑮**禁**：举行礼仪时陈放酒尊的器具。⑯**玄酒**：古祭祀用水。上古时期没有酒，行礼仪时只能用水。⑰**洗**：洗手的承盘。摆放位置在东边房檐翘起的地方。⑱**篚**：盛勺、觯的器物。⑲**南顺**：器物纵向放置，以北为上。⑳**加**：加冠。

脯醢。宾降，取爵于篚，辞降如初①。卒洗，升酌②。冠者拜受③，宾答拜如初④。冠者升筵⑤，坐。左执爵，右祭脯醢⑥，祭酒⑦，兴。筵末坐，啐酒⑧。降筵⑨，拜。宾答拜。冠者奠爵于荐东⑩，立于筵西。彻荐、爵，筵尊不彻⑪。加皮弁，如初仪⑫。再醮，摄酒⑬，其他皆如初。加爵雀弁，如初仪。三

注释：①辞降：指主人随宾客下台阶，宾客辞谢主人，让主人毋须动。初：指将加冠时宾客走下台阶去洗手的情形。②升酌：宾客上堂取酒。③受：接过酒爵。④初：即上述的周代加冠礼。⑤升：走到。筵：席位。⑥祭：供奉，举起。⑦祭酒：以酒洒地行祭神之礼。⑧啐：饮。⑨降：离。⑩荐东：脯醢的东边。⑪尊：酒尊。⑫初仪：上述的周代礼仪。⑬摄：重新整理，加满酒。

爵弁图

燕服图

上公衮冕图

醮，有干肉折俎①，啐之②，其他如初。北面取脯，见于母。若杀③，则特豚④，载合升⑤，离肺实于鼎⑥，设扃鼏⑦。始醮，如初。再醮，两豆⑧：葵菹⑨、蠃醢⑩；两笾⑪：栗、脯。三醮，摄酒如再醮，加俎，啐祭之⑫，皆如初，啐肺⑬。卒醮⑭，取笾脯以降，如初⑮。

若孤子⑯，则父兄戒⑰、宿⑱。冠之日，主人紒而迎宾⑲，拜，揖，让，立于序端⑳，皆如冠主㉑，礼于阼㉒。凡拜，北面于阼阶上。宾亦北面于西阶上答拜。若杀，则举鼎陈于门外，直东塾㉓，北面。若庶子㉔，则冠于房外㉕，南面，遂醮焉㉖。冠者母不在㉗，

注释：①干肉：冠礼上用作牺牲的动物的肉。折俎：将牲体分解、节折后陈放于俎上。俎，吃饭时用于切肉的砧板。②啐：尝。③杀：为行冠礼而杀牲。④特：一只。豚：小猪。⑤载合升：指一头猪的左右胖（pàn）都用上。胖，古代祭祀时用的半边牲肉。载，牲在俎上。升，牲在鼎中。⑥离：剥离，割下。实：充填。⑦扃：贯穿鼎耳的横杠。鼏：鼎盖。⑧豆：木制盛食器，形似高足盘。⑨葵：蔬菜名。我国古代的一种主要蔬菜。菹：腌菜。⑩蠃：通"螺"，蜗牛一类的软体动物。⑪笾：用竹子编成的用于盛食物的器皿。⑫啐：通"祭"。⑬啐：尝。⑭卒：结束。⑮初：指前面去见母亲的情形。⑯孤子：嫡子无父者。⑰父兄：伯父、叔父与堂兄弟。戒：告知，告请。指告知行冠礼的日期。⑱宿：邀请，通知。⑲紒：结发，束发。⑳序端：堂东壁的尽头。㉑冠主：被加冠者的亲生父亲或亲兄长。㉒礼于阼：指孤子在台阶上行礼。这与有亲生父亲或亲兄长的人不同，他们是在堂上行礼。㉓直：当，对着。㉔庶子：妾生之子。㉕房外：房户之外。㉖遂：于是，就。醮：行醮礼。㉗母不在：指生母因故（归宁或疾病等）不能出席。

则使人受脯于西阶下。

戒宾①，曰："某有子某②，将加布于其首③，愿吾子之教之也④。"宾对曰："某不敏⑤，恐不能共事⑥，以病吾子⑦，敢辞⑧。"主人曰："某犹愿吾子之终教之也⑨。"宾对曰："吾子重有命⑩，某敢不从？"宿曰⑪："某将加布于某之首，吾子将莅之⑫，敢宿⑬。"宾对曰："某敢不夙兴⑭？"

始加⑮，祝曰⑯："令月吉日⑰，始加元服⑱。弃尔幼志⑲，顺尔成德⑳。寿考惟祺㉑，介尔景福㉒。"再加，曰："吉月令辰㉓，乃申尔服㉔。敬尔威仪㉕，淑慎尔德㉖。眉寿

注释：①戒宾：通知负责加冠的宾客。②某(1)：主人之名。某(2)：将被加冠的儿子之名。③加布：第一次加的是缁布冠。④吾子：古代对别人的尊称。相当于现在的"您"。⑤敏：聪明干练。⑥共事：共同做好这件事。⑦病：辱。⑧敢：谦词。冒昧。⑨终：最终。⑩重：再。有：助词。命：叫，让。指让我负责行冠礼之事。⑪宿：再次通知（宾客）。⑫莅：临，到。⑬敢宿：冒昧地再次通知。⑭夙：早。兴：起。⑮始加：第一次加冠。⑯祝：祝祷词。⑰令：美好。⑱元：首。⑲幼志：年少戏玩之性情。⑳顺：修养（高尚的品德）。尔：你。成德：成年人的品德。㉑寿考：长寿。惟：语气词。祺：吉祥，幸福。㉒介：大。景：大。㉓辰：日。㉔申：再次。服：指加冠。㉕敬：恭谨地修饰。㉖淑：善。慎：谨慎。

万年^①，永受胡福^②。"三加，曰："以岁之正^③，以月之令，咸加尔服^④。兄弟具在^⑤，以成厥德^⑥。黄耇无疆^⑦，受天之庆^⑧。"

醴辞曰^⑨："甘醴惟厚，嘉荐令芳^⑩。拜受祭之，以定尔祥^⑪。承天之休^⑫，寿考不忘^⑬。"

醮辞曰^⑭："旨酒既清^⑮，嘉荐亶时^⑯。

注释：①眉寿：长寿。②胡：无穷。③正：善。④咸：都。⑤具：假借为"俱"。都，全。⑥成：促成。厥：其。表示领属关系。⑦黄耇：长寿。⑧庆：赐。⑨醴辞：加冠结束时向被加冠者敬醴酒的祝祷词。⑩嘉荐：脯醢芳香。嘉，美。⑪定：确保。祥：吉祥。⑫休：美。⑬不忘：指长有美名。⑭醮辞：加冠完毕行醮礼时的祝祷词。⑮旨：美。⑯亶：诚然。

侯伯鷩冕图　　　　　三公毳冕图　　　　　子男毳冕图

始加元服，兄弟具来。孝友时格①，永乃保之②。"再醮，曰："旨酒既湑③，嘉荐伊脯④。乃申尔服，礼仪有序。祭此嘉爵，承天之祜⑤。"三醮，曰："旨酒令芳，笾豆有楚⑥。咸加尔服，肴升折俎⑦。承天之庆，受福无疆⑧。"

字辞曰⑨："礼仪既备，令月吉日，昭告尔字⑩。爰字孔嘉⑪，髦士攸宜⑫。宜之

注释：①时：即是。格：来。②之：指"福"。③湑：清。④伊：惟，语助词。⑤承：接受。祜：福。⑥楚：整齐。⑦肴：佳肴。升：牲在鼎中。折俎：即被肢解的猪肉。⑧无疆：无穷无尽。⑨字辞：给被加冠者起字时的祝祷词。⑩昭：公开。⑪爰：于。孔：甚。⑫髦：英俊。攸：所。

孤缔冕图

卿大夫玄冕图

士皮弁图

20

^{yú jiǎ} ^{yǒng shòu bǎo zhī} ^{yuē bó mǒu fǔ} ^{zhòng shū}
于假①，永受保之，曰伯某甫②。"仲、叔、
^{jì} ^{wéi qí suǒ dàng}
季③，唯其所当④。

^{jù} ^{xià yòng gé} ^{xuán duān hēi jù} ^{qīng qú yì zhǔn}
屦⑤，夏用葛⑥。玄端黑屦，青絇繶纯⑦，
^{zhǔn bó cùn} ^{sù jī bái jù} ^{yǐ kuí fù zhī} ^{zī qú}
纯博寸⑧。素积白屦⑨，以魁柎之⑩，缁絇
^{yì zhǔn} ^{zhǔn bó cùn} ^{què biàn xūn jù} ^{hēi qú yì zhǔn}
繶纯，纯博寸。爵弁纁屦，黑絇繶纯，
^{zhǔn bó cùn} ^{dōng} ^{pí jù kě yě} ^{bú jù suì lǚ}
纯博寸。冬，皮屦可也。不屦繐屦⑪。

注释：①于：为。假：大。一作嘏。②伯：排行第一，老大。甫：男子的美称。③仲：老二。叔：老三。季：排行最小的。④唯：语首助词。所当：根据排行选择合适的字。⑤屦：麻鞋。⑥葛：多年生藤本植物。茎蔓生。可用来做鞋、绳以及编篮。纤维可以制葛布。⑦絇：鞋头的装饰。繶：鞋缝的圆条丝带。纯：缘，指鞋子的镶边。⑧博：宽。⑨素积：白色生绢制的下裳。积，下裳的腰部打的折子。⑩魁：大蛤。这里指蛤蜊灰。柎：涂附。⑪不屦：不穿。繐屦：丧服中的一种鞋。繐，细麻。

祎衣图

揄翟图

阙翟图

记：冠义^①。始冠，缁布之冠也^②。大^太古冠布^③，齐^斋则缁之^④。其緌也^⑤，孔子曰："吾未之闻也，冠而敝之可也^⑥。"適^嫡子冠于阼^⑦，以著代也^⑧。醮于客位，加有成也^⑨。三加弥尊^⑩，谕其志也^⑪。冠而字之，敬其名也。委貌^⑫，周道也。章甫^⑬，殷道也。毋追^⑭，夏后氏之道也。周弁^⑮，殷冔^⑯，夏收^⑰。三王共皮弁、素积^⑱。

无大夫冠礼，而有其昏礼^⑲。古者五十而后爵^⑳，何大夫冠礼之有？公侯之有冠礼也，夏之末造也^㉑。天子之元子^㉒，犹士也^㉓，天下无生而贵者也^㉔。继世以立

注释：①记：《仪礼》17篇中12篇的篇末有"记"，系后来儒生学经时增写的注释。②缁：黑色。③大古：唐、虞以前的远古时期。大，通"太"。④齐：通"斋"。古人在祭祀前或举行典礼前清心洁身以示庄敬。⑤緌：冠的缨带在领下打结后的下垂部分。⑥敝：抛弃。⑦適：通"嫡"。正妻称"嫡妻"，正妻所生的儿子称"嫡子"。⑧著：显明。⑨成：已经成年。⑩加：加冠。弥：更。⑪谕：教导，教诲。志：志向。此指修养良好品行的志向。⑫委貌：周代冠名。此种冠的样子安稳端正。委，犹"安"。⑬章甫：表明是丈夫、男子。章，表明。甫，古代对男子的美称。⑭毋追：夏代冠名。⑮弁：周代冠名。⑯冔：殷代冠名。⑰收：夏代冠名。⑱三王：指夏、殷、周三代。⑲昏：本义是"黄昏"。因古代婚礼在傍晚举行。引申出了"婚礼"一义。"昏"后多作"婚"。⑳爵：授爵。㉑末：末期。造：制定。㉒元子：世子，即嫡长子。㉓犹士：加冠时依然依照士加冠的礼仪。㉔生而贵：一出生就是地位显赫的。

诸侯①，象贤也②。以官爵人③，德之杀也④。
死而谥⑤，今也⑥。古者生无爵，死无谥。

注释：①继世：子弟继先世（父或兄）。立诸侯：泛指继承爵位。②象：法，效仿。贤：贤能。③以官爵人：用官爵授予他人。④杀：逐级降等。⑤谥：赐给谥号。⑥今也：这是现在的做法啊。

鞠衣图

展衣图

禄衣图

新娘启程图

士昏礼第二①

昏礼：下达②，纳采用雁③。主人筵于户西④，西上，右几⑤。使者玄端至⑥。摈者出请事⑦，入告。主人如宾服，迎于门外，再拜，宾不答拜。揖入。至于庙门，揖入。三揖，至于阶，三让⑧。主人以宾升⑨，西面。宾升西阶，当阿⑩，东面致命⑪。主人阼阶上⑫，北面，再拜。授于楹间⑬，南面。宾降，出。主人降。授老雁⑭。

摈者出请⑮。宾执雁，请问名⑯，主

注释：①士昏礼：士娶妻之礼。昏，古代时婚礼在黄昏时举行，故"昏"有"婚礼"之义。又昏，黄昏，是太阳刚落下山的时候，是阳（可代指男性）往阴（可代指女性）来之义，也可说有阴阳交接之义。②下：一般男为上，女为下，故曰"下"。达：通。指男方家欲与女方家成为亲家，一定先让媒人下通其言。③纳采：古婚礼六礼之一。男方送求婚的礼物，即行聘。④主人：女方的父亲。户西：室门的西边。⑤几：小桌子。此处乃为神设位。⑥使者：男方家派来的使者。玄端：一种黑色礼服。⑦摈者：即傧者。女方家协助行礼的人。出：出门。请事：请问为何事而来。⑧让：谦让。⑨以：连词。表示并列，相当于"和"。升：走上堂。⑩阿：屋栋。指堂屋顶上最高处的栋。⑪致命：转达男方家长的意思。⑫阼阶：大堂前东边的台阶，主人之阶。古代宾主相见，宾客升自西阶，主人立于东阶。⑬授：交给。指男方家使者在堂前两柱之间把雁交给主人。楹：厅堂的前柱。⑭老：家臣中尊贵者。⑮出请：走出大门请问来客有何贵干。⑯问名：问女子的姓氏。

人许^①。宾入，授^②，如初礼^③。

摈者出请，宾告事毕。入告，出请醴宾^④。宾礼辞^⑤，许。主人彻几改筵^⑥，东上。侧尊甒醴于房中^⑦。主人迎宾于庙门外，揖让如初，升。主人北面，再拜。宾西阶上，北面答拜。主人拂几^⑧，授校^⑨，拜送。宾以几辟^⑩，北面设于坐，左之^⑪，西阶上答拜。赞者酌醴，加角柶，面叶^⑫，出于房。主人受醴，面枋^⑬，筵前西北面。宾拜受醴，复位。主人阼阶上，拜送。赞者荐脯醢^⑭。宾即筵坐^⑮，左执觯^⑯，祭脯醢^⑰，以柶祭醴三^⑱，西阶上北面坐，啐醴^⑲，建柶^⑳，兴，坐奠觯^㉑，遂拜。主人答拜。宾

注释：①许：答应，同意。②授：把雁交给主人。③初礼：指纳采时所行之礼。④醴宾：以醴酒礼待宾客。⑤礼辞：按照礼仪的规矩表示推辞。⑥改：换。筵：酒席。⑦侧：独，特。尊：放置。甒：陶制容器，多用以盛酒。⑧拂几：用右边的袖子擦拭几。⑨校：几的脚部。⑩辟：通"避"，躲避。⑪左之：把几放在坐席的左边。⑫面叶：勺子的大头朝前。⑬面枋：勺柄朝前。⑭荐：进，献上。⑮即：就，走到。⑯觯：饮酒器。⑰脯：干肉。醢：肉酱。⑱以柶祭醴三：用勺子舀醴酒洒地祭先人。柶，古代礼器，用以舀取食物。⑲啐：尝。⑳建：竖起。这里指"插"。㉑奠：放置。

即筵，奠于荐左，降筵，北面坐，取脯，主人辞。宾降，授人脯[1]，出，主人送于门外，再拜。

纳吉[2]，用雁，如纳采礼。

纳征[3]，玄纁束帛、俪皮[4]，如纳吉礼。请期[5]，用雁。主人辞，宾许，告期[6]，如纳征礼。

注释：①授人脯：把脯交给自己的随从人员。人，指使者带来的随从人员。②纳吉：古婚礼六礼之一。纳币之前，卜得吉兆，备礼通知女家，婚姻乃定。③纳征：古婚礼六礼之一，也称纳币。纳聘之意。征，成，指让使者纳币以成昏（婚）礼。④俪皮：两张鹿皮。俪，双、两。⑤请期：请问举行婚礼的日期。这是男方家按礼仪客套地征求女方家的意见。⑥告期：男方家告知女方家娶亲的日期。

送妆奁图

仪礼

期①，初昏②，陈三鼎于寝门外东方③，北面，北上尚④。其实特豚⑤，合升⑥，去蹄⑦。举肺、脊二⑧，祭肺二⑨，鱼十有又四，腊一肫纯⑩，髀不升⑪。皆饪⑫。设扃鼏⑬。设洗于阼阶东南⑭。馔于房中：醯酱二豆⑮，菹醢四豆⑯，兼巾之⑰；黍稷四敦⑱，皆盖。大羹湆在爨⑲。尊于室中北墉下⑳，有禁㉑。玄酒在西。绤幂㉒。加勺，皆南枋。尊于房户之东㉓，无玄酒。篚在南，实四爵合卺㉔。

主人爵弁㉕，纁裳㉖，缁袘㉗。从者毕玄端㉘。乘墨车㉙，从车二乘，执烛前马㉚。

注释：①期：娶妻之日。②初昏：傍晚快要来临的时候。③陈：陈设，摆好。三鼎：三只鼎，分别放着烧好的猪、鱼和兔干。寝：新郎之室。④上：通"尚"，尊贵。⑤实：充实。这里指装的食物。特豚：一头猪。⑥合升：把猪的左右两半都放在同一鼎中。⑦去蹄：把猪蹄的甲壳弄去。⑧脊：脊骨。背部中间的骨。"肺者，气之主也，周人尚焉。脊者，体之正也，食时则祭之，饭必举之，贵之也。"二：夫妇各一。⑨祭肺：古人以牲肺祭祀。⑩腊：干肉。肫：通"纯"，全部。⑪髀：大腿，这里指后腿。不升：指去掉，不要放在鼎中。⑫饪：煮熟。⑬设：准备。扃：贯穿鼎上两耳的横木。鼏：鼎盖。⑭洗：洗手用的承盘。⑮醯：醋。⑯菹：腌菜。⑰兼巾：六豆用一条巾覆盖。⑱敦：俗称"西瓜鼎"，外形极似西瓜的铜制食器。⑲大羹：古祭祀时所用的肉汁。大，通"太"。湆：肉汁。爨：火上。⑳尊：放置酒尊。墉：墙。㉑禁：举行礼仪时承放酒尊的器具。㉒绤：粗葛布。幂：巾。㉓户：门。㉔爵：酒尊。合卺：旧时婚礼饮交杯酒。卺，一个葫芦分成的两个瓢。新夫妇各拿一瓢来饮酒。㉕主人：新郎。㉖纁：浅绛色。裳：下衣。㉗缁：黑色。袘：裳裙的下缘。㉘毕：都。玄端：缁布衣。古诸侯、大夫、士之祭服，其他冠、婚等礼亦用之。㉙墨车：漆车。㉚执烛：拿着火把。前马：在新郎的马车的前面。

28

妇车亦如之①，有裧②。至于门外。主人筵
于户西③，西上尚，右几。女次④，纯衣纁袡⑤，
立于房中，南面。姆纚、笄、宵绡衣⑥，在
其右。女从者毕袗玄⑦，纚笄，被披颖𧝓
黼⑧，在其后。主人玄端，迎于门外，西面
再拜。宾东面答拜⑨。主人揖入，宾执雁
从。至于庙门，揖入。三揖，至于阶，三

注释：①妇车：夫家迎娶新妇之车。②裧：车上的帷幕。③主人：新娘的父亲。④次：发饰。古时以受髡刑者或贱民的头发编成髻，供贵族妇女饰用。⑤纯衣：丝衣。袡：衣服的边缘。⑥姆：负责教新娘妇道的老妇人。纚：包发用的帛。笄：簪。宵衣：黑色的丝服。古代妇人助祭时所穿。宵，通"绡"，一种丝织品。⑦袗：衣服同色。⑧颖：通"褧"，麻布做的单衣。黼：礼服上黑白相间的斧形花纹。⑨宾：指新郎。

纯衣图

宵衣图

让。主人升，西面。宾升，北面，奠雁①，再拜稽首，降，出。妇从②，降自西阶。主人不降送。婿御妇车③，授绥④，姆辞不受。妇乘以几⑤，姆加景⑥，乃驱。御者代⑦。婿乘其车先⑧，俟娭于门外⑨。

妇至，主人揖妇以入⑩。及寝门⑪，揖入，升自西阶。媵布席于奥⑫。夫入于室，即席⑬。妇尊西⑭，南面，媵、御沃盥交⑮。赞者彻尊幂⑯。举者盥⑰，出，除幂，举鼎入，陈于阼阶南⑱，西面，北上尚。匕俎从设⑲。北面载⑳，执而俟娭㉑。匕者逆退㉒，复位于门东，北面，西上尚。赞者设酱于席前，菹醢在其北㉓。俎入，设于豆东，鱼次㉔。

注释：①奠：放置。②妇从：新娘跟随新郎。③婿：新郎。御：驾车。④绥：上车时拉手的绳子。⑤乘以几：踩着几登上车。⑥景：罩衣。⑦代：代替新郎驾车。⑧先：在前面引导。⑨俟：通"娭"，等候。⑩主人：新郎。⑪寝门：最里面的一层门。⑫媵：送。此处指陪嫁者。奥：屋内西南角。⑬即：就，走到。⑭尊西：酒尊的西边。⑮御：本作讶，迎。此处指夫家女侍。沃盥：以水浇手而洗。交：指交相为新娘新郎浇水以洗手。⑯彻：通"撤"。幂：用来盖酒尊的布。⑰举者：抬鼎的人。⑱陈：摆设。⑲匕：执匕者。俎：执俎者。设：安放。⑳载：以鼎盛放食物。㉑执：捧着俎。㉒逆退：指先进来的在后面退，后进来的先退出去。㉓菹：腌菜。醢：肉酱。㉔次：指更东的地方，在俎的东边。

腊特于俎北^①。赞设黍于酱东，稷在其东，设湆于酱南^②。设对酱于东^③，菹醢在其南，北上尚。设黍于腊北，其西稷。设湆于酱北。御布对席^④，赞启会^⑤，却于敦南^⑥，对敦于北。赞告具^⑦。揖妇，即对筵^⑧，皆坐，皆祭。祭荐、黍、稷、肺^⑨。赞尔迩黍^⑩，授肺脊。皆食，以湆、酱^⑪，皆祭举、食举也^⑫。三饭^⑬，卒食。赞洗爵^⑭，酳酢主人^⑮，主人拜受。赞户内北面答拜。酳妇亦如

注释：①腊：干肉。特：独。②湆：肉汁。③对酱：为新妇所设的酱。④御：指夫家女侍。对席：新娘所用的席。⑤赞：助。启会：打开盖子。会，盖子。⑥却：仰着放。敦：盛黍稷的器具。⑦具：准备。⑧即：就，走到。对筵：新郎自己的席。⑨荐：指菹醢。⑩尔：通"迩"，近，指移到近处。⑪以：用。⑫举：指肺。祭神时要举起肺来祭。食举：吃已经举起来祭过神的肺。⑬三饭：吃三次黍。⑭赞：协助行礼的人。⑮酳：饭毕以酒漱口。

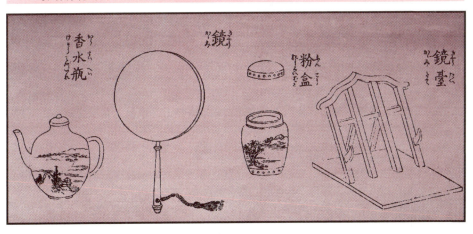

镜粉图

之。皆祭①。赞以肝从，皆振祭②，唶肝③，皆实于菹豆④。卒爵⑤，皆拜。赞答拜，受爵。再酳如初⑥，无从⑦。三酳用卺⑧，亦如之。赞洗爵，酌于户外尊。入户，西北面奠爵，拜。皆答拜。坐祭，卒爵，拜。皆答拜。兴。主人出，妇复位。乃彻于房中，如设于室，尊否⑨。主人说脱服于房⑩，媵受⑪；妇说脱服于室，御受⑫。姆授巾。御衽于奥⑬，媵衽良席在东⑭，皆有枕，北止⑮。主人入⑯，亲说脱妇之缨⑰。烛出⑱。媵馂主人之余⑲，御馂妇余，赞酌外尊酳之⑳。媵侍于户外㉑，呼则闻㉒。

夙兴㉓，妇沐浴。纚笄、宵绡衣以俟㔾

注释：①皆祭：新郎和新娘在漱口前都要用酒洒地祭神。②振祭：稍微抖动肝以祭神。③唶：尝。④实：加，放。⑤卒爵：用酒漱口的礼仪结束。⑥再：第二次。⑦无从：不接着递腊肝过去。⑧卺：婚礼用品。由一个葫芦分成的两个瓢。⑨尊否：不去移动室内的酒尊。⑩主人：指新郎。说：通"脱"，脱下。⑪媵：新娘的随嫁女子。⑫御：夫家女侍。⑬衽：卧席。这里指铺设新娘的卧席。奥：屋内西南角。⑭良：妇人对丈夫的称呼。良席，新郎的卧席。⑮止：同"趾"。足，脚。⑯入：由房进入室中。⑰缨：系在笄上的丝绳。⑱烛出：撤出室内的火烛。⑲馂：吃剩物。⑳外尊：房户外之东尊。之：指媵和御。㉑侍：侍奉。㉒呼则闻：新郎新娘有事呼唤就能听到。㉓夙兴：早上起来。

见①。质明②,赞见现妇于舅姑③。席于阼④,舅即席。席于房外,南面,姑即席。妇执笲枣、栗⑤,自门入,升自西阶,进拜,奠于席⑥。舅坐抚之,兴,答拜。妇还⑦,又拜。降阶,受笲腶修⑧,升,进,北面拜,奠于席。姑坐,举以兴⑨,拜,授人⑩。

赞醴妇⑪。席于户牖间,侧尊甒醴于

注释:①宵衣:黑色的丝服。古代妇人助祭时所穿。宵,通"绡",一种丝织品。②质明:平明。天刚亮的时候。③见:使……现。即介绍。舅姑:夫的父母。今称公婆。舅指公公,姑指婆婆。④席:布置席。阼:东阶。⑤笲:盛物的圆形竹器。⑥奠于席:将礼物置于席。⑦还:回到刚才行拜礼的地方。⑧腶修:加有姜、桂的肉末。⑨举以兴:接过竹器站起来。⑩人:指负责此事的人。⑪赞醴妇:协助行礼的人用醴酒礼遇新娘。

迎亲图

房中^①。妇疑立于席西^②。赞者酌醴，加柶，面枋，出房，席前北面。妇东面拜受。赞西阶上，北面拜送。妇又拜。荐脯醢。妇升席，左执觯，右祭脯醢，以柶祭醴三；降席，东面坐，啐醴^③；建柶，兴，拜。赞答拜。妇又拜，奠于荐东，北面坐，取脯，降，出，授人于门外^④。

舅姑入于室，妇盥馈^⑤。特豚^⑥，合

注释：①侧：独，特。尊：放置。②疑立：同"凝立"。正立不动。③啐：饮。④人：指妇家之人。⑤盥：洗手。馈：进献食品。⑥特豚：一头猪。

新人花轿图

升①，侧载②，无鱼腊③，无稷，并南上尚。其他如取娶女礼④。妇赞成祭⑤，卒食，一酳，无从⑥。席于北墉下⑦。妇彻，设席前如初，西上尚。妇馂，舅辞，易酱⑧。妇馂姑之馔。御赞祭豆、黍、肺，举肺、脊，乃食，卒。姑酳之，妇拜受，姑拜送。坐祭，卒爵，姑受，奠之。妇彻于房中，媵御馂，姑酳之。虽无娣⑨，媵先。于是与始饭之错⑩。

舅姑共飨妇以一献之礼⑪。舅洗于南洗⑫，姑洗于北洗⑬，奠酬⑭。舅姑先降自西阶，妇降自阼阶⑮。归妇俎于妇氏人⑯。

舅飨送者以一献之礼⑰，酬以束锦。姑飨妇人送者⑱，酬以束锦。若异邦⑲，则赠丈夫送者以束锦⑳。

注释：①合升：猪的两半都放入鼎中。②侧载：指右边一半放在公公之俎，左边一半放在婆婆之俎。③腊：兔肉干。④取：通"娶"。女：妇。⑤赞：协助。成祭：完成祭礼。⑥无从：不送上肝。⑦墉：墙。这里指室中北墙下。⑧易酱：换酱。⑨虽：如果。娣：古代姐妹共嫁一夫，幼为娣。⑩错：交错。指新郎的随从吃婆婆的剩饭，随嫁的女子吃公公的剩饭。⑪飨：用酒食款待。⑫洗：洗爵。南洗：洗盆，设于庭院。⑬北洗：洗盆，设于北堂。⑭奠：献。酬：敬酒。⑮阼阶：东阶，主人之阶。⑯妇氏人：娘家男子。⑰送者：负责送新娘来的女方家的人。⑱送者：送新娘来的妇人。⑲异邦：娶外邦女子。⑳丈夫送者：送婚者中的男子。

若舅姑既没（殁）①，则妇入三月②，乃奠菜③。席于庙奥④，东面，右几。席于北方，南面。祝盥⑤，妇盥于门外⑥。妇执笲菜⑦，祝帅妇以入⑧。祝告⑨，称妇之姓，曰："某氏来妇⑩，敢奠嘉菜于皇舅某子⑪。"妇拜，扱地⑫，坐奠菜于几东席上，还（旋）⑬，又拜如初。妇降堂，取笲菜入。祝曰："某氏来妇，敢告于皇姑某氏。"奠菜于席，如初礼⑭。妇出，祝阖牖户⑮。老醴妇于房中⑯，南面，如舅姑醴妇之礼。婿飨妇送者丈夫、妇人，如舅姑飨礼。

记：士昏礼，凡行事，必用昏昕⑰，受诸祢庙⑱。辞无不腆⑲，无辱⑳。挚不用死㉑，

注释：①没：通"殁"。死。②入三月：结婚三个月以后。③奠菜：设菜以祭。多用菫，以示谨敬。④庙：此处为先姑之庙。奥：屋内西南角。⑤祝：掌管礼仪的人。⑥门：庙门。⑦笲菜：竹器所盛之菜。⑧帅：带领。⑨告：向先人报告。⑩来妇：来作媳妇。⑪皇：君。子：对男子的美称。⑫扱地：手至地。扱，至。⑬还：通"旋"。转身。⑭初礼：指向公公献菜的礼仪。⑮阖：关闭。⑯老：家臣中有德且年长者。醴：用甜酒行礼。⑰用昏昕：用昏指婿迎亲的时候。用昕指男方使者向女方家纳采、问名、纳吉、纳征、请期的时候。昕，黎明。⑱受诸祢庙：指女方在近祖的庙里举行礼仪接待男方。⑲腆：善，美。⑳无辱：都不说一些不雅听的话。指男方使者不说礼物不够丰盛，女方不说使你枉顾之类的话。㉑挚：初次见面的礼物，指雁。

皮帛必可制①。腊必用鲜②，鱼用鲋③，必
殺全④。女子许嫁⑤，笄而醴之⑥，称字⑦。
祖庙未毁⑧，教于公宫⑨，三月。若祖庙已
毁，则教于宗室⑩。问名，主人受雁，还旋⑪，
西面对。宾受命乃降。

　　祭醴，始扱壹祭⑫，又扱再祭。宾右

注释：①制：指制作衣服。②鲜：新鲜的，指刚制成的。③鲋：鲫鱼。④殺全：牲体完整。"必殺全"疑当作"殺必全"。⑤许嫁：已受纳征礼，表示已经同意这门婚事。⑥笄：插在头发上的用以挽住头发的簪子。古代女孩子头发上插上簪子，表示已经成年。⑦称字：同男子冠礼中的"称字"。⑧祖庙：妇家高祖之庙。⑨教：教之以妇言、妇容、妇德、妇功。公宫：尊者之宫。⑩宗室：从族分出来即为宗，一宗之嫡长者即为宗人，宗室即为宗人之室。⑪还：转身到台阶上。⑫扱：舀取，挹取。

迎亲归路行位图

取脯，左奉之①，乃归，执以反返命②。

纳征③，执皮④，摄之⑤，内文⑥，兼执足⑦，左首⑧。随入⑨，西上尚，参叁分庭一在南⑩。宾致命⑪，释外足见现文⑫。主人受币⑬，适受皮者自东出于后，自左受，遂坐摄皮，逆退⑭，适东壁。

父醴女而俟竢迎者⑮，母南面于房外。女出于母左，父西面戒诫之⑯，必有正焉⑰。若衣、若笄，母戒诫诸西阶上⑱，不降。妇乘以几⑲。从者二人坐持几⑳，相对㉑。

妇入寝门㉒，赞者彻尊幂㉓，酌玄酒㉔，三属于尊㉕，弃余水于堂下阶间，加勺㉖。

注释：①奉：捧着。②反命：使者问名、纳吉、纳征、请期之后回来告诉男方的父亲。反，通"返"。③纳征：古婚礼六礼之一，也称纳币，纳聘之意。④执：持，拿。皮：鹿皮。⑤摄：对折后叠合在一起。一说摄犹辟也。⑥文：同"纹"。⑦兼执足：左手执前两足，右手执后两足。兼，同时。⑧左首：鹿的头在左边。⑨随入：跟随男方家的使者进入女方的家门。⑩参：通"叁"，即三。⑪宾：男方家的使者。致命：向女方家长转达男方家长的意思。⑫释：放松，放开。外足：鹿的两只右足。见文：露出鹿皮的花纹。见，通"现"。⑬币：束帛。⑭逆退：先进来的后出去，后进来的先出去。⑮醴：用甜酒行礼。⑯戒：通"诫"，告诫。⑰必有正焉：一定有所指正、告诫，使之不忘。⑱诸：之于。⑲乘以几：上车时用几垫足。⑳坐持：坐在地上扶着。㉑相对：面对面。㉒寝：洞房。㉓彻：同"撤"。尊幂：盖在酒尊上的布。㉔玄酒：充当酒的清水。㉕属：灌入。㉖加勺：在尊上放一只勺子。

笄^①，缁被纁里^②，加于桥^③。舅答拜，宰彻笲。

妇席荐馔于房，飨妇，姑荐焉。妇洗在北堂，直室东隅^④；篚在东^⑤，北面盥^⑥。妇酢舅^⑦，更爵^⑧，自荐^⑨。不敢辞洗，舅降则辟避于房^⑩，不敢拜洗。凡妇人相飨，无降。

注释：①笲：古代一种圆形盛物器具。当新妇向舅姑行赘礼时常用来装干果等食品。②缁：黑色。被：表面。纁：浅绛色。③桥：可以承托笲的器具，具体不详。④直：当，对着。隅：角落。⑤篚：竹器。方曰筐，圆曰篚。⑥盥：洗手。⑦酢：以酒回敬。⑧更爵：换酒杯。⑨自荐：妇亲自进献。⑩辟：通"避"，回避。

鼓乐待客图

妇入三月，然后祭行。

庶妇①，则使人醮之②。妇不馈③。

昏辞曰④："吾子有惠⑤，贶室某也⑥。某有先人之礼⑦，使某也请纳采⑧。"对曰⑨："某之子蠢愚⑩，又弗能教。吾子命之⑪，某不敢辞⑫。"

致命⑬，曰："敢纳采⑭。"问名⑮，曰："某既受命⑯，将加诸卜⑰，敢请女为谁氏⑱？"对曰："吾子有命⑲，且以备数而择之⑳，某不敢辞。"

醴㉑，曰："子为事故㉒，至于某之室。某有先人之礼，请醴从者㉓。"对曰："某

注释：①庶妇：庶子之妻。②醮：指主人敬酒，宾客接受酒后喝尽，不需回敬。③不馈：指不洗手进献特豚（一头猪）。④昏辞：纳采时，女方协助行礼的人向女方家长转告男方使者的话语。⑤吾子：指新娘之父。⑥贶：赐予。室：妻。以女许人称贶室。某：婿名。⑦某：婿父之名。⑧某：使者之名。⑨对：应答。这是女方协助行礼的人应答。⑩某：女孩子父亲之名。蠢：愚蠢。⑪吾子：使者。⑫某：女方协助行礼者。⑬致命：男方使者转达男方的意思。⑭敢：谦词。犹冒昧。⑮问名：指问名时所要说的话。⑯某：使者之名。既：已经。受命：得到了答应这门亲事的回复。⑰卜：通过女孩子的名来占卜这门亲事的吉凶。⑱谁氏：约等于说"哪一房的"。这是问女孩是否真是主人之女，或者是收养的外人之女。这是谦词，意思是不敢必娶主人之女。⑲吾子：指使者。有命：带着使者主人的意思前来。⑳备数而择之：谦辞，称自家女儿只是男子多个选择对象之一。㉑醴：以甜酒礼敬来使。㉒事：指两家的亲事。㉓醴从者：用甜酒礼敬随从人员。从者当指使者本人，只是礼节上的客套话才不直说使者本人。

既得将事矣①，敢辞。""先人之礼，敢固以请。""某辞不得命，敢不从也？"

纳吉，曰："吾子有贶命②，某加诸卜③，占曰'吉'。使某也敢告。"对曰："某之子不教，唯恐弗堪④。子有吉⑤，我与在⑥，某不敢辞。"

纳征，曰："吾子有嘉命⑦，贶室某

注释：①将：行。②贶命：许以女名。③某：婿父名。④堪：担当，承担。⑤子：指男方家主人。⑥与：犹兼。⑦嘉命：美好的意愿。

新人拜天地图

也。某有先人之礼，俪皮束帛①，使某也请纳征②。"致命，曰："某敢纳征。"对曰："吾子顺先典③，贶某重礼，某不敢辞。敢不承命④！"

请期，曰："吾子有赐命，某既申受命矣⑤。惟是三族之不虞⑥，使某也请吉日⑦。"对曰："某既前受命矣，唯命是听。"曰："某命某听命于吾子。"对曰："某固唯命是听。"使者曰："某使某受命，吾子不许，某敢不告期！"曰："某日⑧。"对曰："某敢不敬须⑨！"

凡使者归，反返命⑩，曰："某既得将事矣，敢以礼告。"主人曰："闻命矣。"父醮子⑪，命之⑫，曰："往迎尔相⑬，承我宗

注释：①俪皮：两张鹿皮。俪，双，两。束：帛五匹为束。②某：男方使者。③顺：沿袭。典：常法。④敢：不敢，岂敢。⑤某：男方家主人。申：重新，再次。⑥惟：只。三族：父、己、子的兄弟。不虞：不可意度。⑦某：男方使者。⑧某日：以十日配十二辰，类似于十天干与十二地支相搭配而形成的甲子、乙丑、丙寅之类日期。⑨须：等待。⑩反命：向男方家长复命。反，通"返"。⑪醮：古代冠礼、婚礼所行的一种简单仪式。尊者对卑者酌酒，卑者接受敬酒后饮尽，不需回敬。⑫命：指教，指点。⑬相：指妻。

事^①。勖帅以敬先妣之嗣^②，若则有常^③。"
子曰："诺。唯恐弗堪，不敢忘命。"

宾至^④，摈者请^⑤，对曰："吾子命某^⑥，以兹初昏^⑦，使某将^⑧，请承命^⑨。"对曰："某固敬具以须^⑩。"

父送女，命之^⑪，曰："戒之敬之^⑫，夙夜毋违命^⑬。"母施衿结帨^⑭，曰："勉之敬

注释：①宗事：宗庙之事。②勖：勉励。帅：导引。先妣之嗣：倒装句，即嗣先妣。先妣，祖辈主妇。嗣，继承。③若：你。常：伦常，纲常。④宾：新郎。⑤请：请问有何贵干。⑥吾子：新娘之父。命：告诉。某：新郎之父。⑦以：在，于。兹：此。初昏：黄昏刚降临的时候。⑧将：行。指行迎娶婚礼之事。⑨承命：接受并完成使命。⑩某：新娘之父。固：本来。敬具：恭恭敬敬地准备。须：等候。⑪命：告诫。⑫戒：戒慎，谨慎。⑬夙夜：早晚。命：舅姑之教命。⑭衿：带子。帨：佩巾。

合卺图

仪礼

之，夙夜无违宫事①。"庶母及门内②，施鞶③，申之以父母之命④，命之曰："敬恭听，宗尔父母之言⑤。夙夜无愆⑥，视诸衿鞶⑦。"

婿授绥，姆辞曰："未教，不足与为礼也。"

宗子无父⑧，母命之⑨。亲皆没〔殁〕，己躬命之⑩。支子，则称其宗。弟称其兄⑪。

若不亲迎⑫，则妇入三月然后婿见⑬，曰："某以得为外昏姻⑭，请觌⑮。"主人对曰⑯："某以得为外昏姻之数〔速〕⑰，某之子未得濯溉于祭祀，是以未敢见。今吾子辱⑱，请吾子之就宫⑲，某将走见⑳。"对曰："某以非他故㉑，不足以辱命，请终赐

注释：①宫：家中。②庶母：父亲的妾。及：至。③鞶：革带。古人以此带束衣，或用来佩玉饰及其他饰物。④申：重复。⑤宗：尊重。⑥愆：过错。⑦鞶：盛帨巾的囊。⑧宗子：封建宗法，嫡长子及继承先祖的儿子为宗子。其余的儿子为支子。⑨之：使者。⑩躬：亲自。⑪弟：宗子同母弟。⑫亲迎：新郎亲自前往迎接新娘。⑬婿见：新郎去拜见新娘的父母。⑭昏：女氏称昏。姻：婿氏称姻。⑮觌：见。⑯主人：新娘之父。⑰数：通"速"。⑱辱：以洁白之物置于黑色之中。这里是说屈尊前来。⑲就宫：就家，回家去。⑳走见：往见。㉑非他故：并不是以其他身份前来，而是以女婿的身份前来。

见。"对曰:"某得以为昏姻之故,不敢固辞,敢不从①。"主人出门左②,西面。婿入门③。东面,奠挚④,再拜,出。摈者以挚出,请受。婿礼辞,许。受挚⑤,入。主人再拜受,婿再拜送,出。见主妇⑥,主妇阖扉⑦,立于其内⑧。婿立于门外,东面。主妇一拜,婿答再拜。主妇又拜,婿出。主人请醴⑨,及揖让入⑩,醴以一献之礼。主妇荐⑪,奠酬⑫,无币⑬。婿出,主人送,再拜。

注释:①敢:不敢,岂敢。②出门:出内门。③入门:入大门。④奠挚:放好见面礼物。⑤受挚:接过礼物。⑥主妇:主人之妻。即新娘之母。⑦阖:关闭。扉:门扉,一门由左、右二扉组成。⑧立于其内:因妇人迎新不出门,故立于其内。⑨请醴:请新郎喝甜酒。⑩及:与。让:互相谦让。⑪荐:献上脯醢。⑫奠:放置。酬:主妇赠给婿的礼品。⑬无币:不赠送币帛。

寒食归宁图 清·袁江

45

德及婚友图

士相见礼第三①

士相见之礼：挚②，冬用雉③，夏用腒④。左头奉之⑤，曰："某也愿见⑥，无由达⑦。某子以命命某见⑧。"主人对曰："某子命某见，吾子有又辱⑨。请吾子之就家也⑩，某将走见⑪。"宾对曰："某不足以辱命⑫，请终赐见⑬。"主人对曰："某不敢为仪⑭，固请吾子之就家也，某将走见。"宾对曰："某不敢为仪，固以请⑮。"主人对曰："某也固辞⑯，不得命⑰，将走见。闻吾子称挚⑱，敢辞挚⑲。"宾对曰："某不以

注释：①士相见礼：士与其他各等级的人初次见面的礼节。本篇主要记士与士相见之礼，由此附带记述士见大夫、大夫相见、士大夫见君等的仪礼。②挚：同"贽"。见面礼，古代初次求见人时所持的礼物。③雉：鸟名，通称野鸡。④腒：风干的野鸡。⑤左：左边，以左为尊。⑥愿见：希望见到您。⑦无由达：没有中间人来通达彼此之意。⑧某子：中间人姓名。⑨有：通"又"。辱：屈尊到我家。⑩就家：回家，打道回府。⑪走见：前往拜见。⑫命：就家之命。⑬终：最终。赐见：允许我拜见。⑭仪：威仪。⑮请：请允许接见。⑯固辞：坚决辞谢接见。⑰得命：得到允许。⑱称：举。⑲敢：此处指冒昧。辞挚：免去礼物。

挚，不敢见。"主人对曰："某不足以习礼①，敢固辞。"宾对曰："某也不依于挚②，不敢见，固以请。"主人对曰："某也固辞，不得命③，敢不敬从④！"出迎于门外，再拜。宾答再拜。主人揖，入门右。宾奉挚，入门左。主人再拜受，宾再拜送挚，出。主人请见，宾反返见⑤，退。主人送于门外，再拜。

注释：①不足以习礼：宾客带礼物来见自己，主人不敢当。②依：倚，靠。③命：此指同意。④敢：不敢，岂敢。⑤反：通"返"，返归，返回。

宾客坐位图

厅堂下首排设图

主人复见之^①，以其挚^②，曰："向者吾子辱^③，使某见^④。请还挚于将命者^⑤。"主人对曰："某也既得见矣，敢辞^⑥。"宾对曰："某也非敢求见^⑦，请还挚于将命者。"主人对曰："某也既得见矣，敢固辞。"宾对曰："某不敢以闻^⑧，固以请于将命者。"主人对曰："某也固辞，不得命，敢不从？"宾奉挚入，主人再拜受。宾再拜送挚，出。主人送于门外，再拜。

士见于大夫，终辞其挚^⑨。于其入也，一拜其辱也^⑩。宾退，送，再拜。若尝为臣者，则礼辞其挚，曰："某也辞，不得命，不敢固辞。"宾入，奠挚^⑪，再拜。主人答壹拜。宾出，使摈者还其挚于门外，

注释：①复见之：礼尚往来之举。指到来客家中去拜见。②挚：指当初客人带去的礼物。③向：不久前。辱：屈尊到我家。④某：来访的主人（现在作为宾客）。⑤将：传达。⑥敢：愿意。辞：辞谢所退还的礼物。⑦敢：谦词。犹冒昧。⑧不敢以闻：谦辞，不敢以还挚之事使主人听闻。⑨挚：指士初次见面的礼物。⑩辱：谦词。辱临。⑪奠：放置。

49

曰：“某也使某还挚。”宾对曰：“某也既得见矣，敢辞①。”摈侯者对曰：“某也命某，某非敢为仪也②。敢以请③。”宾对曰：“某也，夫子之贱私④，不足以践礼⑤，敢固辞。”摈侯者对曰：“某也使某，不敢为仪也，固以请。”宾对曰：“某固辞，不得命，敢不从⑥！”再拜受。

下大夫相见⑦，以雁，饰之以布⑧，维之以索⑨，如执雉⑩。上大夫相见，以羔⑪，饰之以布，四维之⑫，结于面⑬，左头，如麛执之⑭。如士相见之礼。

始见于君，执挚，至下⑮，容弥蹙⑯。庶人见于君⑰，不为容⑱，进退走⑲。士大

注释：①辞：辞谢退还礼物。②为仪：摆出主人的样子。③敢：愿意。以：助词。在句中的作用相当于一个音节，不表义。请：请接受主人的盛意。④私：指大夫的家臣。⑤践：行。⑥敢：不敢，岂敢。⑦下大夫：周代大夫有上、下之分。上大夫指三卿，下大夫指士。⑧之：指雁。⑨维：系。索：绳索。⑩如执雉：像前面士执雉一样左其头奉之。⑪羔：羊羔。⑫四维之：用绳把羊羔的四只脚绑好。⑬结于面：指绑了腿的绳子绕过羊羔的背，在其胸前打结。⑭麛：幼鹿。⑮下：君的堂下。⑯容：体态表情。弥：更加。蹙：促，恭谨的样子。⑰庶人：此指做官的庶人。⑱容：奔走之貌。⑲进退：前进与后退。走：快步走。

夫则奠挚，再拜稽首，君答壹拜。

若他邦之人，则使摈者还其挚，曰："寡君使某还挚。"宾对曰："君不有其外臣①，臣不敢辞。"再拜稽首，受。

凡燕见于君②，必辩君之南面③。若不得④，则正方⑤，不疑君⑥。君在堂，升见无方阶⑦，辩君所在⑧。

凡言⑨，非对也⑩，妥而后传言⑪。与

注释：①不有其外臣：不愿以他邦之臣为臣。②燕见：私见。③辩：正。④不得：不得南面。指国君不是面向南。⑤正方：指君东、西面，臣亦正方向之。⑥疑：猜测君之面位。⑦方：常。⑧辩：分辨。⑨凡言：谓己为君言事。⑩对：回答。⑪妥：安坐。指待君安坐后。传言：说话。

侍席鲁君图·孔子圣迹图

君言，言使臣①。与大人言②，言事君③。与老者言，言使弟子④。与幼者言，言孝弟悌于父兄⑤。与众言⑥，言忠信慈祥⑦。与居官者言⑧，言忠信。凡与大人言，始视面⑨，中视抱⑩，卒视面⑪，毋改⑫。众皆若是⑬。若父⑭，则游目⑮，毋上于面，毋下于带。若不言，立则视足⑯，坐则视膝。

凡侍坐于君子⑰，君子欠伸⑱，问日之早晏⑲，以食具告。改居⑳，则请退可也。夜侍坐㉑，问夜㉒，膳荤㉓，请退可也。

若君赐之食，则君祭先饭㉔，遍尝膳，饮而俟竢㉕。君命之食，然后食。若有将食者㉖，则俟竢君之食，然后食。若君赐

注释：①使臣：用人的道理。②大人：卿大夫。③事君：侍奉国君的道理。④使：使用。⑤弟：通"悌"，顺从和敬爱兄长。⑥众：民众，一般平民。⑦祥：善。⑧居官者：指士以下的在职官员。⑨面：脸色。⑩抱：袷、带之间（即颈至腰的部位）。⑪卒：结束。指谈话结束的时候。⑫改：改变恭敬的姿势和表情。⑬众：众人。指众卿大夫。是：代词。指恭敬的姿势和表情。⑭父：和父亲谈话。⑮游目：目光游移。⑯足：父亲的脚。下文的"膝"指父亲的膝盖。⑰君子：指卿大夫和国中贤者。⑱欠伸：打哈欠，伸懒腰。⑲晏：晚。⑳改居：自己变动坐姿（示有倦意）。㉑侍：侍奉卿大夫。㉒问夜：问夜里的时数。㉓荤：指辛味的菜，如葱、蒜、韭、薤之类。据说吃这样的食物有助于晚间安睡养神。㉔先饭：先吃祭饭。这里指先为君尝食。㉕俟：等待（君始吃，臣再吃）。㉖将食者：指膳宰。专为君尝食。

之爵，则下席①，再拜稽首，受爵，升席祭②，卒爵而俟竢，君卒爵，然后授虚爵③。退，坐取屦④，隐辟避而后屦⑤。君为之兴⑥，则曰："君无为兴，臣不敢辞⑦。"君若降送之，则不敢顾辞⑧，遂出。大夫则辞，退下，比及门⑨，三辞⑩。

若先生⑪、异爵者请见之⑫，则辞。辞不得命⑬，则曰："某无以见，辞不得命，将走见⑭。"先见之⑮。

非以君命使，则不称寡。大夫士⑯，则曰"寡君之老"。

凡执币者⑰，不趋⑱，容弥蹙以为仪⑲。执玉者，则唯舒武⑳，举前曳踵㉑。

注释：①下席：离开自己的坐席。②升席：回到自己的坐席。③虚爵：空爵。④屦：履，草鞋。⑤隐辟：俯着身子回转，回避。辟，通"避"。屦：此处名词活用为动词。穿鞋。⑥兴：站起来。⑦不敢辞：不敢辞尊者。⑧顾：回头。⑨比：等到。⑩三辞：对国君起身、下堂、相送三次表示辞谢。⑪先生：指退休的卿大夫。⑫异爵者：有职的卿大夫。因《士相见礼》篇讲的是士，故以卿大夫为异爵。⑬命：答应，允许。⑭走见：往见。⑮先见：先拜见。⑯大夫士：指大夫以君命出使，士任其傧介时。⑰币：币帛。⑱不趋：不快步奔跑，而是小步快走。表示对尊者的谨慎敬重。⑲容：体态表情。弥：更加。蹙：恭敬谨慎的样子。仪：容止仪表。⑳舒：慢。武：脚步。㉑举前：抬起脚掌前半部。曳踵：脚后跟在地上拖。

凡自称于君①，士大夫则曰"下臣"。宅者在邦②，则曰"市井之臣"；在野，则曰"草茅之臣"；庶人则曰"刺草之臣"③；他国之人则曰"外臣"④。

注释：①自称：说到自己。②宅者：退休的官员。③刺草：除草。④他国之人：与"内臣"相对而言。

仿韩熙载夜宴图　明·唐　寅

民归一德图

乡饮酒礼第四①

乡饮酒之礼：主人就先生而谋宾②、介③。主人戒宾④，宾拜辱⑤；主人答拜，乃请宾⑥。宾礼辞⑦，许⑧。主人再拜，宾答拜。主人退⑨，宾拜辱。介亦如之⑩。

乃席宾⑪、主人、介。众宾之席⑫，皆不属焉⑬。尊两壶于房户间⑭，斯禁⑮。有玄酒⑯，在西。设篚于禁南⑰，东肆⑱，加二勺于两壶⑲。设洗于阼阶东南⑳，南北以堂深㉑，东西当东荣㉒。水在洗东，篚在洗

注释：①乡饮酒礼：周代诸侯之乡有乡学，学制三年，学成者被推荐给诸侯。每三年的正月，乡大夫都要举行"乡饮酒礼"，款待乡中的贤士、耆旧，饮酒尽欢。乡饮酒礼的主要仪式有：谋宾、迎宾、献宾、乐宾、旅酬、无筭爵乐以及宾返拜谢等。②**先生**：本乡中退休的官员，乡学一般聘请他们做乡学的老师。**宾**：先生中的贤者。③**介**：先生中稍次于宾的。④**主人**：乡大夫。**戒**：告知。⑤**拜辱**：出拜主人自为屈辱至己门。⑥**请**：告知来此的目的。⑦**礼辞**：按礼节辞谢。⑧**许**：答应，应允。⑨**退**：去，离开。⑩**介**：此指去通知介。⑪**席**：铺席。⑫**众**：一般的。⑬**不属**：不相连。⑭**尊**：放置。**房户**：房与室户。⑮**斯禁**：即棜，木器名。⑯**玄酒**：充当酒的清水。⑰**设**：摆设。**篚**：一种圆形的盛物竹器。**禁**：一种用以盛放酒尊的器具。⑱**肆**：陈列，排列。⑲**加**：置彼于此之上。⑳**洗**：古代盥洗时用以接水的金属器皿。㉑**以堂深**：按照堂的深度。㉒**荣**：屋翼。

xī nán sì
西，南肆。

gēng dìng　　zhǔ rén sù bīn　　　bīn bài rǔ　　zhǔ rén
羹定①，主人速宾②，宾拜辱③，主人
dá bài　huán　　bīn bài rǔ　　jiè yì rú zhī　　bīn jí zhòng
答拜，还④，宾拜辱。介亦如之⑤。宾及众
bīn jiē cóng zhī　　zhǔ rén yí xiàng yíng yú mén wài　　zài bài
宾皆从之⑥。主人一相迎于门外⑦，再拜
bīn　bīn dá bài　　bài jiè　jiè dá bài　yī zhòng bīn　zhǔ
宾，宾答拜；拜介，介答拜。揖众宾⑧。主
rén yī　xiān rù　bīn yì　jiè　rù mén zuǒ　jiè yì
人揖，先入。宾厌揔介⑨，入门左，介厌揔

注释：①羹：五味调和的肉汤，也泛指一般浓汤。定：煮熟。②速：召，邀请。③拜
辱：拜谢主人到自己的住处来。下面的"拜辱"是再次拜谢。④还：退。⑤介：主
人去请介。⑥从：随。⑦相：主人之吏，乃摈赞传命者。⑧揖：作揖礼。⑨厌：通
"揔"，长揖。指拱着双手并拉至胸前。

德将无醉图

57

众宾，入，众宾皆入门左，北上。主人与宾三揖，至于阶，三让①。主人升，宾升。主人阼阶上当楣北面再拜②。宾西阶上当楣北面答拜。

主人坐取爵于篚③，降洗④。宾降。主人坐奠爵于阶前⑤，辞⑥。宾对⑦。主人坐取爵，兴⑧，适洗⑨，南面坐，奠爵于篚下，盥洗⑩。宾进⑪，东北面，辞洗。主人坐奠爵于篚，兴对。宾复位⑫，当西序⑬，东面。主人坐取爵，沃洗者西北面⑭。卒洗，主人壹揖、壹让，升。宾拜洗⑮。主人坐奠爵，遂拜⑯，降盥⑰。宾降，主人辞，宾对，复位，当西序。卒盥，揖让升⑱。宾西阶上

注释：①三让：三次谦让。②楣：堂的前梁。③坐：双膝跪地，臀部落于脚后跟。④降：走下堂。⑤奠：放置。⑥辞：辞谢，一种礼节。与上文中的"让"相对，上文中主人与宾俱升阶曰"让"，这里主人有事，宾无事曰"辞"。⑦对：答。⑧兴：起身。⑨适：走到，走向。洗：接水的承盘。⑩盥：洗手。洗：洗爵。⑪进：向前走。⑫复位：上文中降时在此位置。⑬西序：堂的西墙。⑭沃洗：洗涤，浇水洗手。⑮拜洗：行拜礼感谢主人洗爵。⑯遂：于是。⑰降盥：走下堂洗手。⑱揖让升：相互作揖、谦让、走上堂。

níng lì ① 。主人坐取爵，实之宾之席前 ② ，西

běi miàn xiàn bīn　　bīn xǐ jiē shàng bài　zhǔ rén shǎo tuì　bīn
北面献宾。宾西阶上拜，主人少退 ③ 。宾

jìn shòu jué　yǐ fù wèi　zhǔ rén zuò jiē shàng bài sòng jué　bīn
进受爵，以复位。主人阼阶上拜送爵，宾

shǎo tuì　jiàn fǔ hǎi ④ 　bīn shēng xí ⑤ 　zì xī fāng　nǎi shè
少退。荐脯醢 ④ 。宾升席 ⑤ ，自西方。乃设

zhé zǔ ⑥ 　zhǔ rén zuò jiē dōng níng lì　bīn zuò　zuǒ zhí jué
折俎 ⑥ 。主人阼阶东疑立。宾坐，左执爵，

注释：①疑立：肃立不动。宾肃立时，是等待主人先用洗净之爵自行先饮。主人自行先
饮，是为了表忠信，是为了让宾能放心饮酒。疑，同"凝"。②实：往爵中酌酒。
③少退：稍微后退。④荐：进献。⑤升：由下位走到上位。这里的席在东边，由于
习惯上以东为上，以西为下，从西边走到东边的席，就叫升。⑥折俎：放有分解
了的干肉的俎。俎，陈置牲体或其他食物的礼器。

洗腆用酒图

祭脯醢。奠爵于荐西①，兴，右手取肺，却左手执本②，坐，弗缭③，右绝末以祭④，尚左手⑤，嚌之⑥。兴，加于俎；坐挩手⑦，遂祭酒；兴，席末坐，啐酒⑧；降席⑨，坐奠爵；拜，告旨⑩，执爵，兴。主人阼阶上答拜⑪。宾西阶上北面坐，卒爵，兴，坐奠爵，遂拜，执爵，兴。主人阼阶上答拜。

宾降洗⑫，主人降。宾坐奠爵，兴辞⑬，主人对⑭。宾坐取爵，适洗南⑮，北面。主人阼阶东，南面，辞洗⑯。宾坐奠爵于篚，兴对。主人复阼阶东，西面。宾东北面盥，坐取爵，卒洗，揖让如初，升。主人拜洗。宾答拜，兴，降盥，如主人礼⑰。宾实爵主人之席前⑱，东南面酢主人⑲。主人阼阶上拜，宾少退。主人进受爵，复位，宾西阶上拜送爵，荐脯醢。主人升席自北方，设折俎①，祭如宾礼，不告旨。自席前适阼阶上，北面坐卒爵，兴，坐奠爵。遂拜，执爵兴。宾西阶上答拜。主人坐奠爵于序端②，阼阶上北面再拜，崇酒③，宾西阶上答拜。

　　主人坐取觯于篚④，降洗⑤。宾降，主人辞降。宾不辞洗⑥，立当西序⑦，东面。卒洗，揖让升。宾西阶上疑立。主人实觯酬宾⑧，阼阶上北面坐奠觯⑨，遂拜，执觯兴。宾西阶上答拜。坐祭⑩，遂饮，卒觯，兴；坐奠觯，遂拜，执觯兴。宾西阶上答拜。主人降洗，宾降辞，如献礼。升，不拜洗。宾西阶上立，主人实觯宾之席前，北

注释：①折俎：放有分解了的干肉的俎。俎，古代宴飨时陈置牲体或其他食物的礼器。一说指切肉用的砧板，恐非。②序端：堂的东墙南头。③崇：实，充满。④觯：饮酒器。⑤降洗：走下堂去洗觯。⑥辞洗：辞谢主人下堂去洗觯。⑦西序：堂的西墙。⑧实觯：给觯里舀好酒。酬：劝酒。⑨奠：放置。⑩坐祭：主人坐下来祭神。

面，宾西阶上拜，主人少退①，卒拜，进②，坐奠觯于荐西③。宾辞，坐取觯，复位。主人阼阶上拜送，宾北面坐奠觯于荐东，复位。

主人揖，降④。宾降⑤，立于阶西，当序⑥，东面。主人以介揖让升⑦，拜如宾

注释：①少：稍微。②卒拜，进：喝完觯中的酒，行拜礼，向前走。③荐：指脯醢。④降：下堂。⑤宾降：宾谦，不敢居堂上。⑥序：堂的西墙处。⑦以：连词。表并列，相当于"和"。介：先生中稍次于宾的。

克羞馈祀图

礼。主人坐取爵于东序端①，降洗。介降，主人辞降，介辞洗，如宾礼。升，不拜洗②。介西阶上立。主人实爵介之席前，西南面献介。介西阶上北面拜，主人少退。介进，北面受爵，复位。主人介右北面拜送爵③，介少退。主人立于西阶东，荐脯醢。介升席自北方，设折俎。祭如宾礼，不啐肺④，不啐酒⑤，不告旨。自南方降席，北面坐卒爵⑥，兴，坐奠爵，遂拜，执爵兴。主人介右答拜。

介降洗，主人复阼阶⑦，降辞如初。卒洗⑧，主人盥⑨。介揖让升⑩，授主人爵于两楹之间⑪。介西阶上立。主人实爵⑫，酢于西阶上⑬，介右坐奠爵，遂拜，执爵

注释：①东序端：堂东墙头的一端。②拜洗：对主人洗爵行拜礼感谢。③介右：介的右侧。④啐：尝。⑤啐：饮。不啐肺，不啐酒，乃因介为下宾。⑥卒爵：把爵中的酒饮完。⑦复：返回。⑧卒洗：洗完爵。⑨盥：洗手。⑩揖让升：作揖，谦让，走上堂。⑪授主人爵：以爵授主人。楹：厅堂前部的柱子。⑫实爵：向爵里舀酒。⑬酢：以酒回敬主人。此句讲介在西阶上回敬主人。

63

仪礼

兴。介答拜。主人坐祭，遂饮，卒爵，兴；坐奠爵，遂拜，执爵兴。介答拜。主人坐奠爵于西楹南，介右再拜，崇酒①。介答拜。

主人复阼阶②，揖降③。介降立于宾南④。主人西南面三拜众宾，众宾皆答壹

注释：①崇：充实，充满。一说看重，恐非。②复：返回。③揖：向介作揖。降：走下堂。④宾南：宾的南边。

楚王大宴重耳图

64

拜。主人揖升①，坐取爵于西楹下，降洗，升实爵，于西阶上献众宾。众宾之长升拜受者三人②。主人拜送。坐祭，立饮，不拜既爵③。授主人爵，降复位。众宾献，则不拜受爵，坐祭，立饮④。每一人献⑤，则荐诸其席⑥。众宾辩遍有脯醢⑦。主人以爵降，奠于篚⑧。

揖让升⑨。宾厌擅介升⑩，介厌擅众宾升，众宾序升⑪，即席⑫。一人洗⑬，升，举觯于宾。实觯⑭，西阶上坐奠觯⑮，遂拜，执觯兴，宾席末答拜⑯。坐祭⑰，遂饮，卒觯兴；坐奠觯，遂拜，执觯兴。宾答拜。降洗，升实觯，立于西阶上，宾拜。进⑱，坐

注释：①揖：向一般的宾作揖。②众宾之长：众宾之中年长、德高望重者。堂下众宾不拜受。③既爵：即卒爵，把爵中的酒饮完。④立：站着。众宾之德劣于宾、介及宾客长者，故礼仪简单。⑤每一人献：指向上述三位长者中的每一位献爵。⑥荐：进献。⑦辩：通"遍"。全，都。⑧篚：盛物的竹器。⑨揖让升：主人、宾揖让后，主人先升堂。⑩厌：通"擅"，长揖。指拱着双手并拉至胸前。⑪序：顺着次序。⑫即：就。⑬一人：指主人的赞礼者。⑭实觯：向觯里舀酒。觯，饮酒器。⑮奠：放置。⑯末：近西为末，非指席上。⑰坐祭：指协助主人行礼的人坐下祭神。⑱进：协助主人行礼的人向前走。

奠觯于荐西。宾辞①，坐受以兴②。举觯者西阶上拜送③，宾坐奠觯于其所④。举觯者降⑤。

设席于堂廉⑥，东上。工四人⑦，二瑟⑧，瑟先⑨。相者二人⑩，皆左何瑟⑪，后首⑫，挎越⑬，内弦⑭，右手相。乐正先升⑮，立于西阶东。工入，升自西阶。北面坐。相者东面坐，遂授瑟，乃降⑯。工歌《鹿鸣》、《四牡》、《皇皇者华》⑰。卒歌⑱，主人献工⑲。工左瑟⑳，一人拜㉑，不兴㉒，受爵㉓。主人阼阶上拜送爵㉔。荐脯醢㉕，使人相祭㉖。工饮，不拜既爵㉗，授主人爵。众工则不拜，受爵，祭饮㉘，辩遍有脯醢㉙，不

注释：①辞：辞谢。②受：亲手接受。③送：把觯送过去。④所：指荐西。⑤降：走下堂。⑥设席：为乐工铺席。堂廉：堂的侧部。自此下至"乐正告于宾，乃降"论主人乐宾之事。⑦工：指乐工。⑧二瑟：二人鼓瑟。⑨先：首先（进入）。⑩相者：扶乐工的人。⑪左：左手。何瑟：持瑟。何，通"荷"。⑫后首：把瑟的首（头）放在后。⑬挎：持。越：瑟底的孔。⑭内弦：瑟弦朝向里面。⑮乐正：乐官之长。⑯降：走下堂。⑰《鹿鸣》、《四牡》、《皇皇者华》：均《诗经·小雅》之篇章。今存。⑱卒歌：唱完歌。⑲献工：向乐工献酒。⑳左瑟：把瑟放在自身的左边。㉑一人：指乐正。㉒兴：站起来。㉓受爵：接过酒爵。㉔送爵：把酒爵递送过去。㉕荐：进献。㉖使人相祭：指主人派人帮助乐工祭神。相，帮助。㉗既爵：尽爵，把爵中之酒饮尽。㉘祭饮：祭神之后饮酒。㉙辩：通"遍"。全，都。

祭。大太师则为之洗①，宾、介降，主人辞降。工不辞洗②。

笙入堂下③，磬南，北面立，乐《南陔》、《白华》、《华黍》④。主人献之于西阶上⑤。一人拜⑥，尽阶⑦，不升堂，受爵，主人拜送爵。阶前坐祭，立饮⑧，不拜既爵，升授主人爵⑨。众笙则不拜⑩，受爵，坐祭，立饮，辩遍有脯醢⑪，不祭。

乃间歌《鱼丽罶》⑫，笙《由庚》⑬；歌

注释：①大师：国君曾赐予其乐的大夫。大，通"太"。②工：指大师。③笙：吹笙者。④乐：奏乐。《南陔》、《白华》、《华黍》：《诗经·小雅》之篇章，今已佚。《白华》之"华"同"花"。⑤献之：向吹笙的乐工献酒。⑥一人：指吹笙的四个人中的年老者。⑦尽阶：走到台阶的最后一级。⑧立饮：站着喝酒。⑨升：指走上台阶的最后一级。⑩众笙：除"一人"外的其他三位吹笙者。⑪辩：通"遍"。全，都。⑫间：代，指一歌则一吹。⑬笙：用笙吹奏。

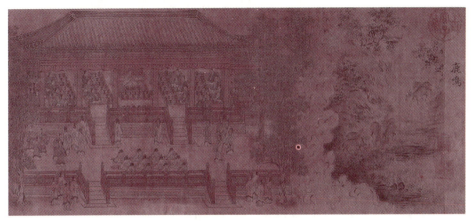

鹿鸣图　宋·马和之

《南有嘉鱼》，笙《崇丘》；歌《南山有台》，笙《由仪》①。乃合乐②，《周南》：《关雎》、《葛覃》、《卷耳》，《召南》：《鹊巢》、《采蘩》、《采蘋》。工告于乐正曰："正歌备③。"乐正告于宾，乃降。

主人降席自南方④，侧降⑤。作相为司正⑥。司正礼辞⑦，许诺。主人拜，司正答拜。主人升，复席⑧。司正洗觯，升自西阶，阼阶上北面受命于主人。主人曰："请安于宾⑨。"司正告于宾，宾礼辞，许⑩。司正告于主人，主人阼阶上再拜，宾西阶上答拜。司正立于楹间以相拜⑪。皆揖⑫，复席。

司正实觯⑬，降自西阶，阶间北面坐

注释：①《鱼丽》、《由庚》、《南有嘉鱼》、《崇丘》、《南山有台》、《由仪》：均为《诗经·小雅》之篇章，其中《由庚》、《崇丘》、《由仪》今已佚。《鱼丽》之丽，通"罹"，遭遇，落入。②合乐：歌、器声音合起来。③正歌：献酬时的特定乐歌。备：完善。④降席：离开席位。⑤侧降：独自一人走下堂。侧，特，独。⑥作：使。司正：正宾主之礼的官。⑦礼辞：按照礼仪作出辞谢的样子。⑧复：返回。⑨安：止。⑩许：同意司正的意见，留下。⑪楹：厅堂前部的柱子。⑫揖：指主人对宾作揖。⑬实觯：往觯里舀酒。觯，饮酒器。

奠觯[①]，退共拱[②]，少立[③]。坐取觯，不祭，遂饮，卒觯兴[④]，坐奠觯，遂拜，执觯兴，盥洗，北面坐奠觯于其所[⑤]，退立于觯南。

宾北面坐取俎西之觯[⑥]，阼阶上北面酬主人[⑦]。主人降席[⑧]，立于宾东。宾坐奠觯，遂拜，执觯兴，主人答拜。不祭，立饮，不拜；卒觯，不洗；实觯，东南面授主人。主人阼阶上拜，宾少退。主人受觯，宾拜送于主人之西。宾揖，复席。

主人西阶上酬介[⑨]。介降席自南方，立于主人之西，如宾酬主人之礼。主人揖，复席。

司正升相旅[⑩]，曰："某子受酬[⑪]。"受酬者降席。司正退立于序端[⑫]，东面。受酬者自介右[⑬]，众受酬者受自左，拜，兴，

注释：①阶间：两阶之间。②共：通"拱"，拱手。③少立：自正，慎其位。④卒觯：把觯里的酒喝光。⑤其：指司正。所：所坐之处。⑥俎：陈置牲体或其他食物的礼器。⑦酬：回敬酒。⑧降：离开。⑨酬：劝酒，回敬酒。⑩相：助。旅：次序。⑪某：众宾姓，同姓则以伯仲别之。⑫序端：堂西墙的南端。⑬右：这里指东边。

饮，皆如宾酬主人之礼。辩遍，卒受者以觯降①，坐奠于篚②。司正降，复位。

使二人举觯于宾、介③，洗④，升实觯于西阶上⑤，皆坐奠觯，遂拜，执觯兴。宾、介席末答拜⑥。皆坐祭，遂饮，卒觯⑦，兴；坐奠觯，遂拜，执觯兴；宾、介席末答拜。逆降⑧，洗，升实觯，皆立于西阶上，宾、介皆拜。皆进⑨，荐西奠之⑩，宾辞⑪，坐取觯以兴⑫。介则荐南奠之。介坐受以兴⑬。退，皆拜送，降。宾、介奠于其所⑭。

司正升自西阶，受命于主人⑮。主人曰："请坐于宾⑯。"宾辞以俎⑰。主人请彻俎⑱，宾许。司正降阶前，命弟子俟彻俎⑲。

注释：①卒受者：最后一位接受敬酒的人。以觯降：拿着觯走下堂。②奠：放置。篚：盛物的竹器。③二人：主人的小吏。④洗：指二人到堂上洗觯。⑤升：走上堂。实觯：往觯里舀酒。⑥宾、介席末答拜：宾于席西南面答拜，介于席东南面答拜。⑦卒觯：把觯里的酒喝光。⑧逆降：与上阶梯的顺序相反而下。⑨进：向前进。⑩荐西奠之：把觯放在宾的脯醢西边。⑪辞：辞谢。⑫取：尊者得卑者物。⑬受：受觯，接过觯。⑭其所：指脯醢的西边和南边。⑮受命：接受吩咐。⑯请坐于宾：请宾落座。此为使司正传语。⑰宾辞以俎：宾以堂上有俎而辞谢。⑱彻：同"撤"。⑲弟子：宾中的年轻人。俟：准备。

sī zhèng shēng lì yú xí duān bīn jiàng xí běi miàn zhǔ
司正升，立于席端①。宾降席②，北面。主

rén jiàng xí zuò jiē shàng běi miàn jiè jiàng xí xī jiē shàng
人降席，阼阶上北面③。介降席，西阶上

běi miàn zūn zhě jiàng xí xí dōng nán miàn bīn qǔ zǔ
北面。遵者降席④，席东、南面。宾取俎，

xuán shòu sī zhèng sī zhèng yǐ jiàng bīn cóng zhī zhǔ rén
还旋授司正⑤，司正以降⑥，宾从之⑦。主人

qǔ zǔ xuán shòu dì zǐ dì zǐ yǐ jiàng zì xī jiē zhǔ
取俎，还旋授弟子，弟子以降自西阶。主

注释：①席端：疑当作序端。序端，指堂的西墙南端。②降：离开。③上：上方。④遵
者：指本乡中官至大夫者。遵，俊才，英才。⑤还：通"旋"。回转身。⑥以降：
捧着俎下堂。⑦从：跟随。

公孙宴韦尽饮图

仪礼

人降自阼阶。介取俎，还旋授弟子，弟子以降，介从之。若有诸公①、大夫，则使人受俎，如宾礼。众宾皆降。说脱屦②，揖让如初，升，坐。乃羞③。无筭爵④。无筭乐⑤。

宾出，奏《陔》⑥。主人送于门外，再拜。

宾若有遵者，诸公⑦、大夫则既一人举觯⑧，乃入。席于宾东⑨，公三重⑩，大夫再重⑪。公如大夫入⑫，主人降，宾、介降，众宾皆降，复初位。主人迎⑬，揖让升。公升如宾礼，辞一席⑭，使一人去之⑮。大夫则如介礼，有诸公，则辞加席⑯，委于席端⑰，主人不彻；无诸公，则大夫辞加席，主人对⑱，不去加席⑲。

注释：①公：公卿。②说：通"脱"。③羞：进献醢（肉酱）以致敬。④无筭爵：不计爵数地饮酒（力求尽兴）。⑤无筭乐：乐工连续奏乐和歌唱，不计其数（务求尽兴）。⑥《陔》：《陔夏》，《九夏》之一。以钟鼓奏，用于客醉而出时奏。⑦诸公：指公卿、国君或食邑大夫等。⑧既：已经。⑨席：铺席。⑩三重：三层。⑪再：二。⑫如：若。⑬迎：在门内迎接公卿、大夫。⑭辞一席：请求减去一席。与大夫同。⑮去之：撤去一层席。⑯加席：凡铺席之法，初在地者谓之筵，重在上者谓之席。⑰委：卷曲。席端：席的北端。⑱对：回答。⑲去：撤去。

明日，宾服乡服以拜赐①，主人如宾服以拜辱②。主人释服③。乃息司正④。无介，不杀⑤，荐脯醢，羞唯所有⑥。征唯所欲⑦，以告于先生、君子可也⑧。宾、介不与⑨。乡乐唯欲⑩。

记：乡⑪，朝服而谋宾、介⑫，皆使能⑬，不宿戒⑭。

蒲筵⑮，缁布纯⑯。尊绤幂⑰，宾至彻之⑱。其牲⑲，狗也，亨烹于堂东北⑳。献用

注释：①服：穿。乡服：昨日与乡大夫饮酒时穿的朝服。拜赐：谢恩。②如宾服：和宾穿着一样的朝服。拜辱：拜谢宾又屈尊前来。③释服：脱去朝服，改玄端服。④息：慰劳。⑤杀：专门宰牲。⑥羞唯所有：进献脯醢所用的食物，以家中现有的来准备。⑦征唯所欲：按主人的愿望召请亲友。⑧先生：老人教学者。君子：国中有盛德者。⑨与：参加。⑩乡乐唯欲：《周南》、《召南》六章随便点奏，不依顺序。⑪乡：乡大夫。⑫朝服：冠玄端，缁带，素韠，白屦。谋：商议。⑬使能：兴举贤才。⑭宿戒：古代举行祭祀等礼仪之前十日，与祭者先斋戒两次，第二次在祭前三日，称为宿戒。⑮蒲筵：以蒲草编的席子。⑯纯：边缘。⑰尊：酒杯。绤：葛。幂：盖巾。⑱彻：撤。⑲其牲：供应宾客的牲。⑳亨：通"烹"。

幽风·七月图　宋·马和之

爵^①，其他用觯。荐脯，五挺脡^②，横祭于其上^③，出自左房^④。俎由东壁^⑤，自西阶升。宾俎^⑥：脊、胁、肩、肺^⑦。主人俎：脊、胁、臂、肺^⑧。介俎：脊、胁、肫、胳、肺^⑨。肺皆离^⑩。皆右体，进腠^⑪。

以爵拜者不徒作^⑫。坐卒爵者拜既爵，立卒爵者不拜既爵。凡奠者于左，将举，于右。众宾之长一人辞洗^⑬，如宾礼。立者东面北上^⑭，若有北面者，则东上。乐正与立者皆荐以齿^⑮。凡举爵，三作而不徒爵^⑯。乐作，大夫不入。献工与笙^⑰，取爵于上篚^⑱。既献^⑲，奠于下篚^⑳。其笙^㉑，则献诸西阶上。磬，阶间缩霤^㉒，北面鼓

注释：①献：主人第一次敬酒。②挺：通"脡"，肉干。③祭：指用来祭神的半挺脯。④房：此处指放馔（饭食）的地方。⑤东壁：庭院的东墙处。⑥宾俎：凡为俎，以骨为主，前贵后卑，故宾、主、介所取部位不同。⑦脊：动物背部中间的骨肉。胁：身躯西侧自腋下至腰上的部分。亦指肋骨。肩：四足动物的前腿根部。⑧臂：动物的前肢。⑨肫、胳：四肢动物后腿的上部、下部。⑩离：切割但不切断。⑪进腠：进献时肉皮向上。⑫不徒作：不白白起身（即起身必有事）。⑬辞洗：劝阻主人下堂洗爵。⑭立者：堂下站立的众宾。人少则东面北上，人多则北面东上。⑮荐：用肴馔。以齿：按次序。⑯三作：三次执爵或觯，并起身。徒：空。⑰献：献酒。工：乐工。笙：吹笙者。⑱上篚：堂上的竹篚。⑲既：已经。⑳奠：放置。下篚：堂下的竹篚。㉑其笙：指向吹笙者献酒。㉒缩：纵。一说缩应为蹙。霤：屋檐的滴水处（霤以东西为纵）。

之^①。主人、介，凡升席自北方，降自南方。司正，既举觯而荐诸其位^②。凡旅^③，不洗^④。不洗者不祭。既旅，士不入^⑤。彻俎：宾、介、遵者之俎，受者以降，遂出授从者^⑥。主人之俎，以东^⑦。乐正命奏《陔》，宾出，至于阶，《陔》作^⑧。若有诸公，则大夫于主人之北，西面。主人之赞者^⑨，西面北上，不与^⑩。无算爵^⑪，然后与。

注释：①鼓：击。②举：拿。荐：进献脯醢。③旅：旅酬，即交错相酬。④洗：——洗酒器。⑤士不入：没有赶上旅酬仪式（此被看作正礼）的士不再进入。⑥从者：（宾、介、遵者的）随从。⑦以东：藏于东方。⑧作：奏响。⑨赞者：协助行礼者。⑩不与：不及（即不献酒）。⑪算：数。

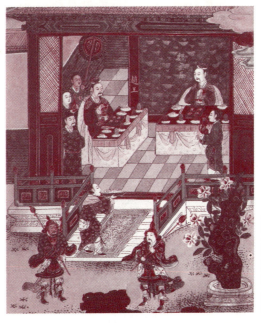

赵王欲封无忌图

若射有志图

乡射礼第五①

乡射之礼：主人戒宾②。宾出迎③，再拜。主人答再拜，乃请④。宾礼辞⑤，许⑥。主人再拜，宾答再拜。主人退⑦，宾送，再拜。无介⑧。

乃席宾⑨，南面，东上。众宾之席继而西⑩。席主人于阼阶上⑪，西面。尊于宾席之东⑫，两壶，斯禁⑬。左玄酒⑭，皆加勺。篚在其南，东肆⑮。设洗于阼阶东南⑯，南北以堂深⑰，东西当东荣⑱。水在洗东，

注释：①乡射礼：乡大夫、士在乡饮酒礼之后举行的重要活动。主要内容是"三番射"，参加射箭的除了司射的弟子六人（分为三组，称为"上耦"、"次耦"、"下耦"）外，还有主人、宾、众宾。②主人：州长或乡大夫。一乡管五州，乡大夫或宅居一州之内。③出迎：出序之学门。④请：告。告宾以射事。⑤礼辞：按照礼节辞谢。⑥许：答应，同意邀请。⑦退：回到（射宫，以检查射礼的准备工作）。⑧无介：指主人向宾发出邀请时没有介。介，辅助宾的人。⑨席宾：给宾安排席位。⑩继而西：依次相继而西。⑪阼阶：东阶。上：上方。⑫尊：酒尊。⑬斯禁：即棜。木器名，用以承托酒尊。⑭左：以左为尊。⑮肆：陈放。⑯设：摆放。洗：洗手用的接水盘。⑰南北：南北走向的位置。以堂深：按照堂的深度。⑱荣：屋翼。

仪礼

篚在洗西，南肆。县悬于洗东北①，西面。乃张侯②，下纲不及地武③。不系左下纲④。中掩束之⑤。乏参叁侯道⑥，居侯党之一⑦，西五步⑧。

羹定⑨。主人朝服，乃速宾⑩。宾朝服出迎，再拜。主人答再拜，退⑪，宾送，再拜。宾及众宾遂从之⑫。

及门⑬。主人一相出迎于门外⑭，再拜。宾答再拜。揖众宾。主人以宾揖⑮，先入⑯。宾厌擅众宾⑰，众宾皆入门左，东面北上。宾少进⑱。主人以宾三揖，皆行。及阶，三让，主人升一等，宾升。主人阼阶上当楣北面再拜⑲，宾西阶上当楣北面答再拜。

注释：①县：通"悬"。谓悬磬。②侯：射箭用的靶子，用布做成。③纲：用来固定侯的绳。武：足迹。此指脚长。④下纲：系靶的下端的绳索。⑤束：系上。⑥乏：古代行射礼时报靶人用来护身的器具，类似盾牌。参：通"叁"（三）。侯道：射者至箭靶的距离。⑦党：旁。⑧西：指在侯道西边。⑨羹：带汁的肉。定：熟。⑩速：召。⑪退：退回来。⑫遂：于是，接着。从：跟随。⑬门：学门。⑭相：主人家臣。⑮以：与。⑯先入：入门右西面。⑰厌：通"擅"。长揖，指拱着双手并拉至胸前。⑱少进：稍稍向前。⑲当楣：走到堂檐时。楣，屋檐口椽端的横板，这里指屋檐。

78

zhǔ rén zuò qǔ jué yú shàng fěi　　yǐ jiàng　　bīn jiàng
主人坐取爵于上篚①，以降②。宾降。

zhǔ rén zuò jiē qián xǐ miàn zuò diàn jué　xīng cí jiàng　bīn
主人阼阶前西面坐奠爵，兴辞降③。宾

duì　　zhǔ rén zuò qǔ jué xīng　shì xǐ　nán miàn zuò diàn
对④。主人坐取爵，兴，适洗⑤，南面坐奠

jué yú fěi xià guàn xǐ　bīn jìn　dōng běi miàn cí xǐ　zhǔ
爵于篚下，盥洗⑥。宾进，东北面辞洗。主

rén zuò diàn jué yú fěi xīng duì　bīn fǎn　wèi　　zhǔ rén zú
人坐奠爵于篚，兴对，宾反返位⑦。主人卒

xǐ　yī yī yī ràng yǐ bīn shēng　bīn xī jiē shàng běi miàn
洗⑧，壹揖壹让以宾升⑨。宾西阶上北面

bài xǐ　zhǔ rén zuò jiē shàng běi miàn diàn jué　suì dá bài　nǎi
拜洗。主人阼阶上北面奠爵，遂答拜，乃

jiàng　bīn jiàng　zhǔ rén cí jiàng　bīn duì　zhǔ rén zú guàn
降。宾降，主人辞降，宾对。主人卒盥⑩，

yī yī yī ràng shēng　bīn shēng　xī jiē shàng níng　lì　zhǔ rén
壹揖壹让升，宾升，西阶上疑凝立⑪。主人

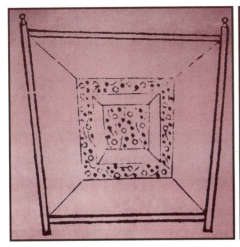

豹侯图

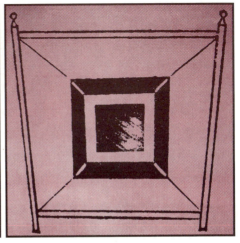

畿内诸侯熊侯图

坐取爵，实之宾席之前①，西北面献宾。宾西阶上北面拜，主人少退②。宾进受爵于席前，复位。主人阼阶上拜送爵，宾少退。荐脯醢。宾升席，自西方。乃设折俎③。主人阼阶东疑立。宾坐，左执爵，右祭脯醢，奠爵于荐西④，兴，取肺，坐绝祭⑤，尚左手⑥，啐之⑦。兴，加于俎⑧，坐挩手⑨，执爵，遂祭酒⑩，兴，席末坐啐酒⑪，降席，坐奠爵，拜，告旨⑫。执爵兴，主人阼阶上答拜。宾西阶上北面坐，卒爵，兴，坐奠爵，遂拜，执爵兴。主人阼阶上答拜。

宾以虚爵降⑬。主人降。宾西阶前东面坐奠爵，兴，辞降⑭，主人对。宾坐取爵，适洗，北面坐奠爵于篚下，兴，盥洗。

注释：①实：指给爵装满酒。②少退：稍稍退后。③设：摆设。折俎：放有牲体的俎。俎，一种四脚方形的青铜盘或木漆盘。④荐西：脯醢的西边。⑤绝祭：左手握祭肺的上部，右手将肺的下部扯断，用以祭祀。⑥尚：尊崇。⑦啐：品尝。⑧加：放置。⑨挩：拭。⑩祭酒：以酒祭神。⑪啐：品尝。⑫告旨：告诉主人说酒甜美。旨，美。⑬虚爵：空的酒爵。⑭辞降：辞谢主人下堂。

主人阼阶之东，南面辞洗①。宾坐奠爵于篚，兴对。主人反位。宾卒洗，揖让如初，升。主人拜洗，宾答拜，兴，降盥，如主人之礼。宾升。实爵主人之席前②，东南面酢主人③。主人阼阶上拜，宾少退。主人进受爵，复位。宾西阶上拜送爵，荐脯醢。主人升席自北方④。乃设折俎。祭如宾礼。不告旨⑤。自席前适阼阶上⑥，北面坐卒爵，兴；坐奠爵，遂拜，执爵兴。宾西阶上北面答拜。主人坐奠爵于序端⑦，阼阶上再拜，崇酒⑧，宾西阶上答再拜。

主人坐取觯于篚，以降。宾降，主人奠觯辞降⑨。宾对，东面立。主人坐取觯，洗，宾不辞洗。卒洗，揖让升。宾西阶上疑立。主人实觯，酬之⑩，阼阶上北面坐

注释：①辞洗：对宾洗爵加以辞谢。②实爵：给爵倒满酒。③酢：回敬酒。④升席：走到席上。⑤旨：（酒）甜美。⑥适：走到。⑦序端：东墙的尽头。⑧崇：充实，充满。一说"看重"，恐非。⑨奠：放置。辞降：辞谢宾下堂。⑩酬：劝酒。

奠觯，遂拜，执觯兴。宾西阶上北面答拜。主人坐祭，遂饮，卒觯①，兴，坐奠觯，遂拜，执觯兴。宾西阶上北面答拜。主人降洗。宾降辞，如献礼②。升，不拜洗③。宾西阶上立。主人实觯宾之席前，北面。宾西阶上拜。主人坐奠觯于荐西。宾辞④，坐取觯以兴，反位。主人阼阶上拜送。宾北面坐，奠觯于荐东⑤，反位。

　　主人揖降⑥。宾降，东面立于西阶西，当西序⑦。主人西南面三拜众宾，众宾皆答壹拜。主人揖升，坐取爵于序端⑧，降洗，升，实爵，西阶上献众宾。众宾之长升拜受者三人，主人拜送。坐祭，立饮，不拜，既爵⑨，授主人爵，降复位⑩。众宾皆不拜，受爵，坐祭，立饮。每一人献⑪，

^{zé jiàn zhū qí xí}
则荐诸其席^①。^{zhòng bīn biàn}众宾辩遍^{yǒu fǔ hǎi}有脯醢^②。^{zhǔ rén yǐ}主人以^{xū jué jiàng diàn yú fěi}虚爵降^③，奠于篚。

^{yī ràng shēng}揖让升。^{bīn yì}宾厌擅^{zhòng bīn shēng}众宾升^④，^{zhòng bīn jiē shēng}众宾皆升，^{jiù xí}就席。^{yì rén xǐ}一人洗^⑤，^{jǔ zhì yú bīn}举觯于宾。^{shēng shí zhì}升，实觯，^{xī}西^{jiē shàng zuò diàn zhì}阶上坐奠觯，^{bài}拜，^{zhí zhì xīng}执觯兴。^{bīn xí mò dá bài}宾席末答拜^⑥。^{jǔ zhì zhě zuò jì}举觯者坐祭，^{suì yǐn}遂饮，^{zú zhì}卒觯，^{xīng}兴。^{zuò diàn zhì}坐奠觯，^{bài}拜，^{zhí zhì xīng}执觯兴。^{bīn dá bài}宾答拜。^{jiàng xǐ}降洗^⑦，^{shēng shí zhī}升实之，^{xī}西^{jiē shàng běi miàn}阶上北面。^{bīn bài}宾拜。^{jǔ zhì zhě jìn}举觯者进^⑧，^{zuò diàn zhì yú}坐奠觯于^{jiàn xī}荐西^⑨。^{bīn cí}宾辞^⑩，^{zuò qǔ yǐ xīng}坐取以兴，^{jǔ zhì zhě xī jiē shàng}举觯者西阶上

注释：①诸：之于。②辩：通"遍"。脯醢：佐酒的食品。脯，干肉。醢，肉酱。③虚：空。④厌：通"擅"。长揖，指拱着双手并拉至胸前。⑤一人：指主人的赞礼者。⑥末：末端。⑦降洗：指举觯者走下堂洗觯。⑧进：向前走。⑨荐西：宾的脯醢的西边。⑩辞：辞谢。

观乡人射图·孔子圣迹图

拜送①。宾反返奠于其所②。举觯者降③。大夫若有遵者④，则入门左⑤。主人降。宾及众宾皆降，复初位。主人揖让⑥，以大夫升⑦，拜至⑧，大夫答拜。主人以爵降⑨，大夫降。主人辞降⑩。大夫辞洗⑪，如宾礼。席于尊东⑫。升⑬，不拜洗。主人实爵，席前献于大夫。大夫西阶上拜⑭，进受爵⑮，反返位。主人大夫之右拜送，大夫辞加席⑯。主人对，不去加席⑰。乃荐脯醢。大夫升席。设折俎。祭如宾礼；不啐肺，不啐酒，不告旨，西阶上卒爵，拜。主人答拜。大夫降洗。主人复阼阶⑱，降辞如初⑲。卒洗。主人盥，揖让升。大夫授主人爵于两楹间⑳，复位。主人实爵，以酢

注释：①拜送：行拜礼送宾返回。②反：通"返"，返回。其所：指脯醢的西边。③降：走到堂下。④遵者：本乡的杰出人物。⑤入门左：从门的左侧进入。⑥揖让：指向大夫作揖与谦让。⑦以：和。⑧拜至：对大夫前来行拜礼表示欢迎与感谢。⑨以爵：拿着爵。⑩辞降：劝阻大夫下堂。⑪辞洗：辞谢主人洗爵。⑫席：指给大夫所设的席。⑬升：大夫走上堂。⑭上：上方。⑮进：向前。⑯加席：铺两层席。⑰不去加席：不撤去加席。去，撤，除。⑱复：回到。阼阶：东阶，主人之阶。⑲降辞：走下堂辞谢大夫下堂。⑳楹：厅堂前部的柱子。

于西阶上①，坐奠爵，拜，大夫答拜。坐祭②，卒爵③，拜，大夫答拜。主人坐奠爵于西楹南，再拜崇酒④，大夫答拜。主人复阼阶，揖降⑤。大夫降，立于宾南⑥。主人揖让，以宾升⑦，大夫及众宾皆升，就席⑧。

席工于西阶上⑨，少东⑩。乐正先升⑪，北面立于其西。工四人，二瑟⑫，瑟先⑬。相者皆左何荷瑟⑭，面鼓⑮，执越⑯，内弦⑰，右手相⑱。入，升自西阶，北面东上。工坐，相者坐授瑟，乃降⑲。笙入⑳，立于县悬中㉑，西面。乃合乐㉒：《周南》：《关雎》、《葛覃》、《卷耳》、《召南》：《鹊巢》、《采蘩》、《采蘋》。工不兴，告于乐正曰："正歌备㉓。"乐正告于宾，乃降。

注释：①以：连词，表承接。相当于"而"。酢：以酒回敬主人。这里指饮完大夫所回敬之酒。②祭：祭神。③卒爵：饮尽爵中之酒。④崇：充实，充满。⑤揖降：主人向大夫作揖，然后走下堂。⑥宾南：宾的南边。⑦以：和。⑧就：走到。⑨席工：给乐工铺席。⑩少东：乐工的席位在西阶稍东的方位。⑪乐正：官名。周代乐官之长。⑫二瑟：两个人奏瑟。⑬瑟先：奏瑟的乐工走在前面。⑭相者：扶助乐工走路的人。左：左手。何：通"荷"。拿着。⑮面鼓：瑟的鼓部在前面。⑯越：瑟下边的孔。⑰内弦：使弦贴近瑟身。⑱相：协助挽扶奏瑟的乐工。⑲降：指相者下堂。⑳笙：吹笙的乐工。㉑县：通"悬"。指悬挂磬的架子。㉒合乐：一起奏乐。㉓正歌备：用于主官相互敬酒的乐曲已经演奏完毕。

85

主人取爵于上篚①，献工②。大太师则为之洗③。宾降④，主人辞降。工不辞洗。卒洗，升实爵。工不兴，左瑟⑤；一人拜受爵⑥。主人阼阶上拜送爵。荐脯醢。使人相祭⑦。工饮，不拜既爵，授主人爵。众工不拜，受爵，祭饮⑧，辩遍有脯醢⑨，不祭⑩。

注释：①上篚：堂上的竹器。②献工：向乐工献酒。③大师：即太师，乐工的首领。他可获国君赐予的乐器，并管理一批乐工。而国君赏赐的音乐，也由太师来演奏。大，通"太"。④宾：指太师。⑤左瑟：把瑟放在自身的左边。⑥一人：乐工。⑦使人相祭：主人派人帮助奏瑟的乐工祭神。⑧祭饮：祭神后饮酒。⑨辩：通"遍"。全，都。⑩祭：用脯醢祭神。

历朝贤后故事册之葛覃亲采图 清·焦秉贞

不洗^①，遂献笙于西阶上^②。笙一人拜于下^③，尽阶^④，不升堂。受爵，主人拜送爵。阶前坐祭，立饮，不拜既爵，升，授主人爵。众笙不拜^⑤。受爵，坐祭，立饮；辩(遍)有脯醢，不祭。主人以爵降，奠于篚；反(返)升^⑥，就席^⑦。

主人降席自南方，侧降^⑧。作相为司正^⑨。司正礼辞，许诺。主人再拜，司正答拜。主人升就席。司正洗觯^⑩，升自西阶，由楹内适阼阶上^⑪，北面受命于主人^⑫。西阶上北面请安于宾^⑬。宾礼辞，许。司正告于主人，遂立于楹间以相拜^⑭。主人阼阶上再拜。宾西阶上答再拜，皆揖就

注释：①不洗：不必为乐工洗爵。②献笙：给吹笙的乐工献酒。③笙一人：四位吹笙人中最年长的一位。④尽阶：受爵后在阶上稍立，主人拜后随即下阶。⑤众笙：其余三位吹笙人。⑥反升：走回到堂上。反，通"返"。⑦就席：走到自己的席位。⑧侧：独，特。⑨作：使。相：门口迎宾的人。司正：正宾主之礼的官，饮酒时临时设立。⑩觯：饮酒器名。⑪楹内：堂柱的北边。楹，厅堂前部的柱子。适：走到。阼阶上：东阶的上方。⑫受命：接受吩咐。⑬安：止。⑭相拜：协助主人与宾相互拜。

87

席。司正实觯，降自西阶，中庭北面坐奠觯，兴，退，少立①；进，坐取觯，兴；反坐②，不祭，遂卒觯，兴，坐奠觯，拜，执觯兴；洗③，北面坐奠于其所④，兴；少退，北面立于觯南。未旅⑤。

三耦俟于堂西⑥，南面，东上⑦。司射适堂西⑧，袒、决、遂⑨，取弓于阶西⑩，兼挟乘矢⑪，升自西阶。阶上北面告于宾，曰："弓矢既具⑫，有司请射。"宾对曰："某不能⑬，为二三子许诺⑭。"司射适阼阶上，东北面告于主人，曰："请射于宾，宾许⑮。"

司射降自西阶，阶前西面，命弟子纳射器⑯。乃纳射器，皆在堂西。宾与大

注释：①少立：司正稍微端正一下自己的站姿（以提醒宾主勿懈怠）。②反坐：回到刚才坐的地方。反，通"返"。③洗：洗觯。④其所：指刚才所站的庭院中间的地方。⑤旅：按次序敬酒。⑥耦：两人。⑦东上：以东为上位，按年纪大小排列。⑧司射：主人的手下。适：往，到。⑨袒：裸露出左臂。决：扳指。古代射箭时套在右手大拇指上的骨质套子，以便钩弦。遂：射鞴，射箭时所穿的一种皮制臂衣。⑩阶西：堂阶的西边。⑪乘：四个。矢：箭。⑫具：准备，齐备。⑬不能：不善于（射）。谦词。⑭二三子：指众宾以下的人。⑮许：许诺，答应。⑯纳：拿进来。射器：射箭所用的各种器具。

夫之弓倚于西序①，矢在弓下，北括栝②。众弓倚于堂西，矢在其上。主人之弓矢在东序东③。

司射不释弓矢④，遂以比三耦于堂西⑤。三耦之南⑥，北面，命上射曰⑦："某御于子⑧。"命下射曰："子与某子射。"

司正为司马⑨。司马命张侯⑩，弟子说脱束⑪，遂系左下纲⑫。司马又命获者倚

注释：①倚：倚靠。西序：堂西边的墙壁。②括：通"栝"。箭末端与弦接触的部位。③东序：堂的东墙。④释：放下。⑤比：合。⑥之南：往南排列。⑦上射：一耦两人，一为上射，一为下射。⑧御：侍射。⑨司正：饮酒时负责监督到场人员所行礼仪的人。司马：军队中负责执行军法的官，这里指负责执行射礼的人。⑩张侯：张立箭靶。⑪说：通"脱"。解开。束：捆着的箭。⑫纲：绳，用来把靶布系到两边的柱子上，上下共两根。

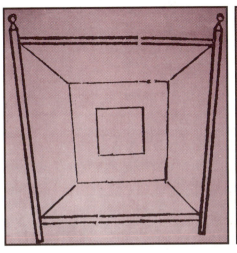

畿内卿大夫麋侯图

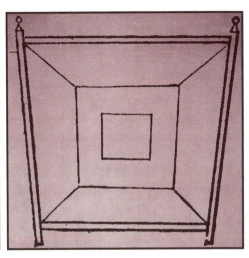

畿外诸侯大侯图

旌于侯中①。获者由西方坐取旌，倚于侯中，乃退。

乐正适西方，命弟子赞工②，迁乐于下③。弟子相工如初入④。降自西阶，阼阶下之东南，堂前三笴⑤，西面北上坐⑥。乐正北面立于其南⑦。

司射犹挟乘矢⑧，以命三耦："各与其耦让取弓矢⑨，拾⑩。"三耦皆袒、决、遂。有司左执弣⑪，右执弦而授弓⑫，遂授矢。三耦皆执弓，搢三而挟一个⑬。司射先立于所设中之西南⑭，东面。三耦皆进⑮，由司射之西⑯，立于其西南，东面北上而俟竢。

司射东面立于三耦之北，搢三而挟

一个。揖进①，当阶②，北面揖。及阶③，揖。升堂，揖。豫榭则钩楹内④，堂则由楹外⑤。当左物⑥，北面揖；及物⑦，揖。左足履物⑧，不方足⑨，还旋⑩，视侯中⑪，俯正足⑫。不去旌⑬。诱射⑭，将乘矢⑮。执弓不挟⑯，右执弦⑰。南面揖，揖如升射⑱。降，出于其位南，适堂西，改取一个⑲，挟之。遂适阶西，取扑⑳，搢之㉑，以反返位㉒。

司马命获者执旌以负侯㉓。获者适侯㉔，执旌负侯而侯竢㉕。司射还旋㉖，当上耦㉗，西面作上耦射㉘。司射反返位。上耦揖进，上射在左㉙，并行。当阶北面揖。及

注释：①揖进：作揖并往前走。②当阶：对着西阶的地方。③及阶：到达堂阶的地方。④豫：通"榭"，古州学之名，又称"序"。钩：绕。⑤堂则由楹外：如果不在州学（例如在乡学），就从堂的前柱向东走。⑥物：用红、黑笔在地上划的"十"字（以便让射者能取正其位）。⑦及物：走到标志之处。⑧履物：踩在标志上。⑨不方足：不并足。⑩还：通"旋"。立即，马上。⑪侯中：靶布的中央。⑫俯正足：俯身察看双足所立位置是否符合要求。⑬去：去掉，移走。旌：倚靠在靶布上的旗子。⑭诱：教导。⑮将：行。⑯挟：用拇指勾弦。⑰右：右手。⑱升射：指升堂与射箭时所行的礼仪。⑲改：换。⑳扑：刑杖（用以处罚违者）。㉑搢之：把扑插在腰间。㉒以：连词，表承接，相当于"而"。反位：回到自己的位置。反，通"返"。㉓获者：报靶之人。负侯：背靠着靶布。㉔适：走到。㉕竢：等候。㉖还：通"旋"。转身。㉗当：对着。上耦：第一对射手。㉘作：叫，让。㉙上射：处于上位的射手。

仪礼

阶①，揖。上射先升三等②，下射从之③，中等④。上射升堂，少左⑤。下射升，上射揖，并行。皆当其物⑥，北面揖；及物，揖。皆左足履物，还旋，视侯中，合足而俟竢⑦。司马适堂西，不决、遂⑧，袒执弓⑨，出于司射之南，升自西阶。钩楹⑩，由上射之后，西南面立于物间⑪。右执箫⑫，南扬弓⑬，命去侯⑭。获者执旌许诺，声不绝以至于乏⑮。坐，东面偃旌⑯，兴而俟竢。司马出于下射之南，还其后⑰，降自西阶；反返由司射之南，适堂西，释弓，袭⑱，反返位，立于司射之南。司射进，与司马交于阶前⑲，相左⑳；由堂下西阶之东，北面视上射，命曰："无射获㉑，无猎获㉒。"上射揖，司

注释：①及阶：走到台阶前。②三等：三级台阶。③从之：跟着上射登台阶。④中等：中间空一级台阶。⑤少左：稍微偏左。⑥物：射位符号。⑦合足：两脚并在一起。⑧不决、遂：不戴扳指和护袖。⑨袒：露出左臂。⑩钩楹：绕过堂前的柱子。⑪物间：两个标志之间。⑫箫：弓的末端。⑬扬：举起。⑭去：离开。⑮乏：古代行射礼时报靶者用以防箭的护身物。⑯偃：放倒。⑰还其后：回到下位射手的后面。⑱袭：穿衣。⑲交：相遇。⑳相左：都走对方的左侧。㉑无射获：不得射伤人。㉒无猎获：不得惊吓人。

92

射退，反返位。乃射。上射既发①，挟弓矢；而后下射射，拾发②，以将乘矢。获者坐而获③，举旌以宫④，偃旌以商⑤。获而未释获⑥。卒射，皆执弓不挟⑦，南面揖，揖如升射。上射降三等，下射少右，从之，中等，并行，上射于左。与升射者相左⑧，交于阶前⑨，相揖。由司马之南适堂西，释弓⑩，说脱决拾⑪，袭而俟竢于堂西⑫，南面，东上。三耦卒射亦如之。司射去扑⑬，倚于西阶之西，升堂，北面告于宾曰："三耦卒射。"宾揖。

司射降⑭，搢扑⑮，反返位。司马适堂西，袒，执弓，由其位南进⑯；与司射交于阶前，相左，升自西阶；钩楹⑰，自右物之

注释：①既发：已经射出一支箭。②拾：轮流。③坐：坐着。获(2)：报道说"获"（即射中）。④宫：指用宫调呼喊。⑤商：指用商调呼喊。⑥获而未释获：只报射中，但不报射中的次数。⑦不挟：不再加箭于弦（表示已射完）。⑧相左：都走对方的左侧。⑨交：相遇。⑩释：放下。⑪决：扳指。拾：同"遂"。射鞲，古代射箭时用的皮制护袖。⑫袭：穿衣。⑬去扑：放下刑杖。⑭降：下堂。⑮搢扑：把刑杖插在腰带里。⑯由其位南进：从他的位置的南边向前走。⑰钩楹：绕过堂前的柱子。

后^①，立于物间^②；西南面，揖弓^③，命取矢。获者执旌许诺，声不绝，以旌负侯而俟。司马出于左物之南，还其后^④，降自西阶，遂适堂前，北面立于所设楅之南^⑤，命弟子设楅。乃设楅于中庭，南当洗，东肆^⑥。司马由司射之南退，释弓于堂西，袭，反位。弟子取矢，北面坐委于楅^⑦，北括^⑧，乃退。司马袭，进，当楅南^⑨，北面坐，左右抚矢而乘之^⑩。若矢不备^⑪，则

注释：①自右物之后：从右边的标志后边走过。②物间：两个标志之间。③揖：推。指以左手执弓推至前方，朝向侯（靶布），意思是叫弟子取箭。④还：绕。⑤楅：盛箭器具。⑥东肆：楅呈东西向陈放。⑦委：陈放。⑧括：通"栝"。箭的末端，与弓弦交会处。⑨当：正对着。⑩抚矢而乘之：把箭分为每四支一组。⑪备：足够。

五正侯图　　　　三正侯图

司马又袒执弓如初，升，命曰："取矢不索①！"弟子自西方应曰："诺②。"乃复求矢③，加于楅④。

司射倚扑于阶西⑤，升，请射于宾，如初⑥。宾许诺。宾、主人、大夫若皆与射⑦，则遂告于宾，适阼阶上告于主人，主人与宾为耦⑧。遂告于大夫，大夫虽众⑨，皆与士为耦。以耦告于大夫，曰："某御于子⑩。"西阶上北面作众宾射⑪。司射降，搢扑，由司马之南适堂西，立，比众耦⑫。众宾将与射者皆降，由司马之南适堂西，继三耦而立⑬，东上。大夫之耦为上，若有东面者，则北上。宾、主人与大夫皆未降，司射乃比众耦辩遍⑭。

遂命三耦拾取矢⑮，司射反返位。三

注释：①不索：不够。②诺：表示同意、遵命的答应声。③求：取。④加：放置。⑤倚：倚靠。扑：刑杖（木棒）。惩罚用具。⑥初：指开始请宾射箭时的礼仪。⑦与：参与，参加。⑧为耦：组成一对射手。⑨众：众多。⑩御于子：侍奉您射箭。⑪作：叫，让。⑫比众耦：按照众宾的情况，分别配合为"耦"（二人一组）。⑬继：接。⑭辩：通"遍"。全，都。⑮拾：轮流。

耦拾取矢，皆袒、决、遂，执弓，进立于司马之西南①。司射作上耦取矢②，司射反[返]位。上耦揖进，当福北面揖，及福揖。上射东面③，下射西面。上射揖进，坐，横弓④，却手自弓下取一个⑤，兼诸弣⑥，顺羽⑦，且兴⑧，执弦而左还[旋]⑨，退反[返]位，东面揖。下射进，坐，横弓，覆手自弓上取一个⑩，兴，其他如上射。既拾取乘矢，揖，皆左还[旋]，南面揖，皆少进，当福南，皆左还[旋]，北面，搢三挟一个⑪。揖，皆左还[旋]，上射于右。与进者相左⑫，相揖，反[返]位。三耦拾取矢亦如之。后者遂取诱射之矢⑬，兼乘矢而取之⑭，以授有司于西方，而后反[返]位。

注释：①进：向前走。②作：叫，让。上耦：第一对射手。③上射：处于上位的射手。④横弓：弓南北向横放。⑤却手：手心向上。⑥兼：并。弣：弓把的中部。⑦顺羽：手贴着矢羽由上而下，将矢羽理齐。⑧且兴：一边理顺箭羽，一边起身。⑨左还：向左转身。还，通"旋"。⑩覆手：手心向下。⑪搢三：把三支箭插在腰带间。挟：用手指夹住。⑫进者：走向前取箭的人。相左：从对方的左侧走过。⑬诱射之矢：教导射箭时使用的箭。⑭兼：并。乘矢：四支箭。

众宾未拾取矢①，皆袒、决、遂，执弓，搢三挟一个；由堂西进，继三耦之南而立②，东面，北上。大夫之耦为上③。

司射作射如初④。一耦揖升如初⑤。司马命去侯⑥，获者许诺⑦。司马降，释弓反返位⑧。司射犹挟一个，去扑，与司马交于阶前⑨，升⑩，请释获于宾⑪；宾许，降⑫，搢扑，西面立于所设中之东⑬，北面命释获者设中⑭，遂视之⑮。释获者执鹿中⑯，一人执筭以从之⑰。释获者坐设中，南当楅，西当西序⑱，东面。兴受筭，坐实八筭于中⑲，横委其余于中西⑳，南末㉑；兴，共拱而俟竢㉒。司射遂进，由堂下，北面命曰：

注释：①未拾取矢：不按照次序轮流取箭。②继：接。③大夫之耦：大夫的那一对搭档射手。为上：在众射手中排在上位。④作射：让射手射箭。初：开始射箭时所行的礼仪。⑤一耦：一对搭档射手。⑥命去侯：叫报靶人离开靶布。⑦获者：报靶者。⑧释：放下。⑨交：相遇。⑩升：司射走上堂。⑪释获：置筹于地，计算靶数。⑫降：司射走下堂。⑬中：一种容器，用来盛放计算射箭的筹码，样子像趴着的兽。⑭设：摆设。⑮视：察看。⑯鹿中：盛筹之器具。⑰筭：代表射中之筹。⑱西序：堂的西壁。⑲八筭：八枚筹（每耦二人，每人四支箭）。⑳委：放置。中西：盛放筹的容器的西边。㉑南末：筹的末端朝南。㉒共：通"拱"，拱手。

仪礼

"不贯不释①！"上射揖。司射退反位。释获者坐取中之八筭，改实八筭于中，兴，执而俟竢。

乃射。若中②，则释获者坐而释获③，每一个释一筭。上射于右④，下射于左，若有余筭，则反委之⑤。又取中之八筭，改实八筭于中，兴，执而俟竢。三耦卒射⑥。

宾、主人、大夫揖，皆由其阶降，揖。主人堂东袒、决、遂⑦，执弓，搢三挟一个。宾于堂西亦如之⑧。皆由其阶⑨，阶下揖，升堂揖。主人为下射，皆当其物⑩，北面揖，及物揖⑪，乃射。卒，南面揖，皆由其阶，阶上揖，降阶揖⑫。宾序西⑬，主人序东，皆释弓，说决、拾，袭⑭，反位，升，及阶揖，升堂揖，皆就席。

注释：①不贯不释：箭不贯穿靶不得释筹。②中：射中。③释获者：计算靶数的人。释获，把筹码放到地上，计算靶数。④上射于右：射箭时上射在右边，释筹时也一样。⑤反委之：指把多余的筹放到中的西边，与前面"委其余于中西"同。⑥卒：结束。⑦堂东：堂的东边。⑧之：指主人。⑨皆由其阶：各从其阶。⑩当：正对。物：堂上的标志。⑪及：走到。⑫降：走下。⑬序：堂的东、西两边墙。⑭袭：穿衣。

98

大夫袒、决、遂，执弓，搢三挟一个，由堂西出于司射之西，就其耦①。大夫为下射，搢进②，耦少退。搢如三耦③。及阶，耦先升。卒射，搢如升射④，耦先降。降阶，耦少退⑤。皆释弓于堂西，袭，耦遂止于堂西，大夫升就席⑥。

众宾继射⑦，释获皆如初⑧。司射所作⑨，唯上耦⑩。卒射，释获者遂以所执余获，升自西阶，尽阶⑪，不升堂。告于宾曰："左右卒射⑫。"降，反返位，坐，委余获于中西⑬，兴，共恭而俟竢⑭。

司马袒、决、执弓升，命取矢，如初。获者许诺，以旌负侯⑮，如初。司马降，释弓，反返位。弟子委矢⑯，如初。大夫之

注释：①就其耦：归位于耦之南。耦指与大夫相配为耦的士。②搢进：行搢礼，向前走。③搢如三耦：搢让之礼与三耦相同。④升射：升堂和射箭时所行的搢礼。⑤少：稍微。⑥升：登堂。⑦众宾：不与大夫配合为耦的众宾。⑧初：刚才大夫耦射箭时的情况。⑨作：请。⑩上耦：其他来宾中的第一对射手。⑪尽阶：走到最后一级台阶。⑫左右：指所有参加射箭的人。⑬委：放置。⑭兴：站起来。共：通"恭"，恭敬。⑮负：倚靠，背靠。侯：靶布。⑯委矢：放下箭。

矢，则兼束之以茅①，上握焉②。司马乘矢如初。

司射遂适西阶西，释弓，去扑，袭，进由中东，立于中南，北面视筹。释获者东面于中西坐，先数右获③。二筹为纯④，一纯以取⑤，实于左手⑥。十纯则缩而委之⑦，每委异之⑧。有余纯，则横于下⑨。一筹为奇⑩，奇则又缩诸纯下⑪。兴，自前适左，东面；坐，兼敛筹⑫，实于左手；一纯

注释：①兼束之以茅：将箭四支一束地用茅草扎好。②上握：束茅之处在箭的中部手握处的下端。③右获：右边（处于上位的射手）的筹码。④纯：全，一双。⑤一纯以取：一双一双地拿。⑥实：放。⑦缩：纵。委：放置。⑧每委异之：每次放的时候都一纵一横地改变方向。⑨横于下：横向（南北向）放在下手（西边）。⑩奇：单数。⑪诸：之于。纯：指余纯，剩余的成对的筹码。⑫兼敛筹：把筹码都拿到手中。

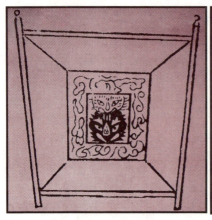

兽侯鹿豕首图

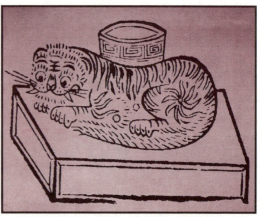

虎中图

以委，十则异之，其余如右获。司射复位。释获者遂进取贤获①，执以升，自西阶，尽阶，不升堂，告于宾。若右胜，则曰："右贤于左。"若左胜，则曰："左贤于右。"以纯数告②。若有奇者亦曰奇；若左右钧均③，则左右皆执一筹以告，曰："左右钧均。"降复位，坐，兼敛筹，实八筹于中④，委其余于中西，兴，共恭而俟竢。

司射适堂西，命弟子设丰⑤。弟子奉丰升⑥，设于西楹之西⑦，乃降。胜者之弟子洗觯，升酌⑧，南面坐奠于丰上⑨，降，袒执弓，反返位。司射遂袒执弓，挟一个⑩，搢扑⑪，北面于三耦之南，命三耦及众宾："胜者皆袒、决、遂，执张弓⑫。不胜者

注释：①贤获：胜利一方的筹码。②以纯数告：把获胜一方超过对方的纯的数量报告给宾。一说把双方的筹码数报告给宾。③钧：通"均"。相等。④实八筹于中：把八支筹码放到用于盛放箭的容器中。⑤丰：古代放酒器的托盘。⑥奉丰升：捧着丰走上堂。⑦设：安放。楹：堂前部的柱子。⑧升酌：上堂舀酒。⑨奠：放置。⑩挟：用手指夹。⑪搢扑：把刑杖插在腰带中。⑫张弓：拉紧弦的弓。

101

皆袭①，说脱决拾②，却左手③，右加弛弓于其上④，遂以执弣⑤。"司射先反返位。三耦及众射者皆与其耦进，立于射位⑥，北上。司射作升饮者⑦，如作射。一耦进，揖如升射，及阶，胜者先升，升堂，少右⑧。不胜者进，北面坐取丰上之觯，兴，少退，立卒觯，进，坐奠于丰下，兴，揖。不胜者先降，与升饮者相左⑨，交于阶前，相揖，出于司马之南，遂适堂西，释弓，袭而俟竢。有执爵者⑩。执爵者坐取觯，实之⑪，反奠于丰上⑫。升饮者如初。三耦卒饮⑬。宾、主人、大夫不胜，则不执弓，执爵者取觯，降洗，升实之，以授于席前。受觯，以适西阶上，北面立饮。卒觯，授

注释：①袭：穿衣。②决：扳指。拾：古代射箭时所用的皮制护袖。③却：收回。④弛弓：放松弦的弓。⑤弣：弓的中央。⑥射位：最初射箭的位置。⑦作：叫，请。升饮者：指下一批上堂饮酒的人。⑧少右：稍微靠右。⑨相左：指相遇时都走对方的左侧。⑩有执爵者：指主人所指使的协助行礼者代替弟子们拿着爵酌酒。⑪实之：给觯倒满酒。⑫反：转身，回身。⑬卒饮：把酒喝完。

执爵者，反返就席。大夫饮，则耦不升①。若大夫之耦不胜，则亦执弛弓，特升饮②。众宾继饮，射爵者辩遍，乃彻丰与觯③。

司马洗爵，升实之以降④，献获者于侯⑤。荐脯醢，设折俎⑥，俎与荐皆三祭⑦。获者负侯，北面拜受爵，司马西面拜送爵。获者执爵，使人执其荐与俎从之⑧；适右个⑨，设荐俎。获者南面坐，左执爵，祭脯醢，执爵兴；取肺，坐祭，遂祭酒⑩；兴，适左个，中皆如之⑪。左个之西北三步，东面设荐、俎。获者荐右东面立饮⑫，不拜既爵⑬。司马受爵，奠于篚，复位。获者执其荐，使人执俎从之⑭，辟避设于乏南⑮。获者负侯而侯竢。

注释：①耦：大夫的搭档射手。②特：单独。升：登堂。③彻：同"撤"，撤去。④实之：把爵舀满酒。以降：拿着舀满酒的爵下堂。⑤获者：报靶的人。侯：靶布。⑥折俎：放有牲体的俎。⑦三祭：在侯的中部、左、右三处设荐与俎，并以酒相祭。⑧人：协助主人的人。⑨适：走到。个：古代射礼用的箭靶两旁上下伸出的部分，又叫舌。⑩祭酒：用酒祭神。⑪中：指靶布的中心。皆：一作亦，误。⑫立饮：站着喝酒。⑬既爵：尽爵，饮完酒。⑭使：此乃司马指使。⑮辟：通"避"，避开。乏：古代行射礼时报靶人用来护身的器具，用皮革制成，像小屏风，箭矢射到时力已减弱，故称乏。

司射适阶西，释弓矢，去扑，说（脱）决、拾，袭；适洗，洗爵；升实之，以降，献释获者于其位，少南。荐脯醢，折俎，有祭①。释获者荐右东面拜受爵，司射北面拜送爵。释获者就其荐坐②，左执爵，祭脯醢；兴，取肺，坐祭，遂祭酒；兴，司射之西③，北面立饮，不拜既爵。司射受爵奠于篚。释获者少西辟（避）荐④，反（返）位。

司射适堂西，袒、决、遂⑤，取弓于阶西，挟一个⑥，搢扑⑦，以反（返）位。司射去扑⑧，倚于阶西，升，请射于宾，如初。宾许。司射降，搢扑，由司马之南适堂西，命三耦及众宾⑨："皆袒、决、遂，执弓就位⑩！"司射先反（返）位。三耦及众宾皆袒、

注释：①有：助词，作为动词词头，无意。祭：祭神。②就：走到。荐：脯醢。③司射：负责乡射礼事务的人之一种。此指主人之吏。诸侯大射礼中，以士为司射，此乃大夫士礼，不得用士，乃用主人之吏。④少西：稍向西部。⑤袒、决、遂：露出左臂，戴上扳指和护袖。⑥挟：用手指夹。⑦搢扑：把扑（刑杖）插在腰间。⑧去：放下。⑨三耦：三对射手。⑩位：射位。

决、遂，执弓，各以其耦进^①，反返于射位。

司射作拾取矢^②。三耦拾取矢如初，反返位。宾、主人、大夫降揖如初。主人堂东，宾堂西，皆袒、决、遂，执弓；皆进^③，阶前揖，及楅揖^④，拾取矢如三耦。卒^⑤，北面揖三挟一个，揖退。宾堂西，主人堂东，皆释弓矢^⑥，袭，及阶揖^⑦，升堂揖，就席^⑧。大夫袒、决、遂，执弓，就其耦^⑨；揖皆进，如三耦。耦东面，大夫西面。大夫

注释：①以：和，与。②司射作拾取矢：司射对上耦宣布拾取矢的命令，其余人则依次进行，不再一一命令。拾，依次，轮流。③进：向前走（到台阶前）。④及楅揖：宾和主人自阶前向南走到楅的旁边，彼此行揖。⑤卒：取完箭。⑥释：放下。⑦及：走到。⑧就席：走到席位。⑨耦：搭档射手。

鹿中图

闾中图

进，坐，说^脱矢束^①，兴，反返位。而后耦揖进，坐，兼取乘矢^②，顺羽而兴^③，反返位，揖。大夫进，坐，亦兼取乘矢，如其耦。北面，揎三挟一个，揖退。耦反返位。大夫遂适序西^④，释弓矢，袭，升即席。众宾继拾取矢，皆如三耦，以反返位。

司正犹挟一个以进^⑤，作上射如初^⑥。一耦揖升如初^⑦。司马升，命去侯^⑧。获者许诺^⑨。司马降，释弓反返位。司射与司马交于阶前，去扑，袭，升，请以乐乐于宾^⑩。宾许诺。司射降，揎扑，东面命乐正曰^⑪："请以乐乐于宾，宾许。"司射遂适阶间，堂下北面命曰："不鼓不释^⑫。"上射揖。司射退反返位。乐正东面命大太师曰^⑬：

注释：①说矢束：将四支一束的箭解开。说，通"脱"。②兼取乘矢：一次取四支箭。③顺羽：手贴着矢羽由上而下，将矢羽理齐。④序西：堂的西墙的西边。⑤正：一作射。⑥作：使，让。上射：处于上位的射手。此句指让上位射手上堂。⑦一耦：指第一对射手。⑧去侯：去掉靶布。⑨获者：报靶的人。⑩请以乐乐于宾：请示宾，可否奏乐以使之欢娱。⑪乐正：周代乐官之长。⑫不鼓不释：不按照鼓的节奏发射者，不得释筹计数。⑬大师：即太师。获君颁发给乐器以及乐工的大夫。君所赐之乐曲通常由太师主持演奏。大，通"太"。

"奏《驺虞》①，间若一②"。大（太）师不兴③，许诺。乐正退反（返）位。

乃奏《驺虞》以射④。三耦卒射，宾、主人、大夫、众宾继射，释获如初⑤。卒射，降⑥。释获者执余获⑦，升告左右卒射，如初。

司马升，命取矢，获者许诺。司马降，释弓反（返）位。弟子委矢⑧，司马乘之⑨，皆如初。

司射释弓视筭，如初。释获者以贤获与钧（均）告⑩，如初。降复位。

司射命设丰⑪，设丰、实觯如初⑫。遂命胜者执张弓⑬，不胜者执弛弓⑭，升饮如初。

注释：①《驺虞》：《诗经》中的篇名。②间若一：音乐节奏的间隔始终如一。③兴：起身。④以：连词，表承接，相当于"而"。⑤释获：计算靶数。⑥降：下堂脱去扳指、护臂等。降者包括宾、主人、大夫和众宾。⑦余获：剩下的算筹。⑧委：放置。⑨乘之：把箭按四支一组分好。⑩以贤获与钧告：把胜利一方多射中的靶数或双方射中靶数相同的情况向司射报告。钧，通"均"，相同，相等。⑪丰：古代放酒器的托盘。⑫实：倒满，装满。觯：饮酒器名。⑬张弓：拉紧弦的弓。⑭弛弓：放松弦的弓。

司射遂袒、决、遂①，左执弓，右执一个②，兼诸弦③，面镞④。适堂西，以命拾取矢⑤，如初。司射反返位。三耦及宾、主人、大夫、众宾皆袒、决、遂，拾取矢，如初；矢不挟⑥，兼诸弦拊以退⑦，不反返位，遂授有司于堂西⑧。辩遍拾取矢⑨，揖，皆升就席。

司射乃适堂西，释弓，去扑，说脱决、拾，袭，反返位。司马命弟子说脱侯之左下纲而释之⑩，命获者以旌退，命弟子退福⑪。司射命释获者退中与筹而俟竢。

司马反为司正⑫，退复觯南而立。乐正命弟子赞工即位⑬。弟子相工⑭，如其降也⑮，升自西阶，反返坐⑯。宾北面坐，取俎西之觯①，兴，阼阶上北面酬主人②。主人降席③，立于宾东。宾坐奠觯，拜，执觯兴。主人答拜。宾不祭④，卒觯，不拜，不洗⑤，实之⑥，进东南面⑦。主人阼阶上北面拜，宾少退。主人进受觯，宾主人之西，北面拜送。宾揖，就席。主人以觯适西阶上酬大夫，大夫降席，立于主人之西，如宾酬主人之礼。主人揖，就席。若无大夫⑧，则长受酬⑨，亦如之。司正升自西阶，相旅⑩，作受酬者曰⑪："某酬某子⑫。"受酬者降席。司正退立于西序端，东面。众受酬者拜，兴、饮，皆如宾酬主人之礼。辩遍⑬，遂酬在下者⑭；皆升⑮，受酬于西阶上。卒受者以觯降⑯，奠于篚⑰。

注释：①俎西之觯：指射事开始前，宾从一人手中接过后放在俎之西边的觯。②酬：敬酒。③降席：离开席位。④祭：祭神。⑤洗：洗觯。⑥实之：往觯里酙酒。⑦进东南面：往东南方向前进。⑧无大夫：指当时没有大夫在场。⑨长受酬：三位众宾之长以长幼之序受主人酬。⑩相旅：协助众宾客行礼。⑪作：请，让。⑫某：指代酬者之字。某子：指代受酬者之氏，系尊称。⑬辩：通"遍"。指主人、宾、大夫、众宾都劝过酒后。⑭在下者：指主人一方的有司、执事、赞礼者等人。⑮皆升：指接受敬酒的人都走上堂。⑯卒受者：最后一位接受劝酒的人。⑰奠：放置。

司正降复位，使二人举觯于宾与大夫①。举觯者皆洗觯，升，实之②，西阶上北面，皆坐奠觯，拜，执觯兴。宾与大夫皆席末答拜③。举觯者皆坐祭，遂饮，卒觯，兴；坐奠觯，拜，执觯兴。宾与大夫皆答拜。举觯者逆降④，洗，升实觯，皆立于西阶上，北面，东上⑤。宾与大夫拜。举觯者皆进，坐奠于荐右⑥。宾与大夫辞，坐受觯以兴。举觯者退反返位，皆拜送⑦，乃

注释：①二人：主人的赞礼者。②实之：往觯里舀酒。③末：末端。④逆降：指先上来的后退下，后上来的先退下。⑤东上：以东为上。⑥荐右：脯醢的右边。⑦拜送：行拜礼以表示把觯送过去时的敬意。

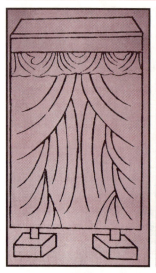

次图

并夹图

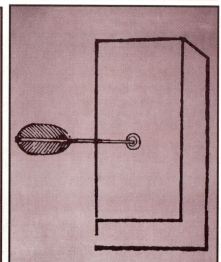

椹质图

降。宾与大夫坐，反返奠于其所①，兴。若无大夫，则唯宾②。

司正升自西阶，阼阶上受命于主人③，适西阶上④，北面请坐于宾，宾辞以俎⑤。反返命于主人⑥，主人曰："请彻俎。"宾许。司正降自西阶，阶前命弟子俟竢彻俎。司正升，立于序端⑦。宾降席，北面。主人降席自南方，阼阶上北面。大夫降席，席东南面⑧。宾取俎，还旋授司正⑨。司正以降自西阶⑩，宾从之降，遂立于阶西，东面。司正以俎出⑪，授从者⑫。主人取俎，还旋授弟子。弟子受俎，降自西阶，以东⑬。主人降自阼阶⑭，西面立。大夫取俎，还旋授弟子。弟子以降自西阶，

注释：①其所：指脯醢的右边。②唯宾：只向宾献觯。③阼阶：东阶。礼仪上是主人之阶。④适：走到。⑤辞以俎：以盛佳肴的俎板还在为理由加以辞谢。⑥反命：复命。反，通"返"。⑦序端：堂的西墙的南端。⑧席东南面：站在席的东边，面向南。⑨还：通"旋"，转身。⑩以降：捧着俎下堂。⑪俎：菜肴中最尊贵的物品。⑫授从者：授给宾的随从人员。⑬以东：向东走。⑭阼阶：东阶。

遂出授从者。大夫从之降，立于宾南。众宾皆降，立于大夫之南，少退①，北上。

主人以宾揖让②，说屦③，乃升。大夫及众宾皆说屦，升，坐。乃羞④。无算爵⑤。使二人举觯⑥。宾与大夫不兴。取奠觯饮，卒觯不拜。执觯者受觯，遂实之⑦。宾觯以之主人⑧，大夫之觯长受⑨，而错⑩，皆不拜。辩遍⑪，卒受者兴⑫，以旅在下者于西阶上⑬。长受酬⑭，酬者不拜，乃饮，卒觯，以实之⑮。受酬者不拜受。辩遍旅，皆不拜。执觯者皆与旅。卒受者以虚觯降⑯，奠于篚，执觯者洗，升实觯，反返奠于宾与大夫。无算乐。

注释：①少退：略为后退（表示不敢与宾、大夫并列）。②以：连词，表示并列，相当于"和"。③说屦：脱鞋。上堂之前须在阶前脱鞋，因为要坐下饮酒。④羞：进献食物。⑤无算爵：不计算爵数。即没有爵数的限制。⑥二人：二位赞礼者，负责在堂上举觯、执觯。⑦实之：往觯里斟酒。⑧宾觯以之主人：给宾饮酒用的觯斟入酒后敬献给主人。⑨长：众宾之长。⑩错：交错相酬。⑪辩：通"遍"。全，都。这里指所有在场的人都敬了酒。⑫卒受者：最后接受敬酒的人。⑬旅：众。指向众人逐一敬酒。⑭长：堂下众人中的年长者。⑮以：连词，表承接，相当于"而"。⑯虚觯：空酒杯。

宾兴。乐正命奏《陔》。宾降及阶[1]，《陔》作。宾出，众宾皆出，主人送于门外，再拜。

明日，宾朝服以拜赐于门外[2]，主人不见[3]。如宾服，遂从之，拜辱于门外[4]，乃退。

主人释服[5]，乃息司正。无介[6]。不杀[7]。

注释：[1]降：离席。[2]拜赐：对主人在乡射中的盛情款待予以拜谢。[3]主人不见：主人不再请宾入门相见（因为昨天已见过，并致了欢迎辞）。[4]拜辱：对宾屈尊前来予以拜谢。[5]释服：脱下朝服。[6]无介：不设副介。[7]不杀：不宰牲。

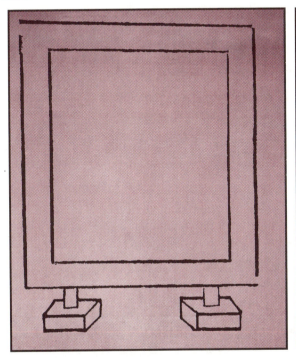

乏图

获旌图

使人速①。迎于门外，不拜；入，升。不拜至，不拜洗。荐脯醢，无俎。宾酢主人②，主人不崇酒③，不拜众宾；既献众宾，一人举觯，遂无算爵。无司正④。宾不与⑤。征唯所欲⑥，以告于乡先生、君子可也。羞唯所有。乡乐唯欲⑦。

记：大夫与，则公士为宾⑧。使能⑨，不宿戒⑩。其牲，狗也。亨烹于堂东北⑪。尊，绤幂⑫。宾至，彻之。蒲筵⑬，缁布纯⑭。西序之席⑮，北上。献用爵，其他用觯。以爵拜者⑯，不徒作⑰。荐：脯用笾⑱，五臘⑲，祭半臘，横于上。醢以豆⑳，出自东房。臘长尺二寸。

注释：①速：催请。②酢：回敬酒。③崇：充实，充满。④无司正：不另设司正。⑤宾不与：昨天的嘉宾不参与今天的慰劳礼仪。与，参加。⑥征唯所欲：请谁来饮酒全凭主人的个人意愿。⑦乡乐：乡饮酒礼中演奏的《周南》、《召南》中的六首乐曲。⑧公士：担任官职的士。⑨能：有德行、才艺而且能够射箭者。⑩宿戒：古代举行祭祀等礼仪之前十日，与祭者先斋戒两次，第二次在祭前三日，称为宿戒。⑪亨：通"烹"。烹煮。⑫绤幂：用粗葛布做的巾覆盖。⑬蒲筵：用蒲草编织成的席。⑭缁布纯：边缘用黑布包裹。纯，边缘。⑮西序之席：众宾之长的席位设在宾的西部，排至西序处。⑯以爵拜：为饮完爵中之酒而行拜礼。⑰不徒作：不白白站起来。意思是站起来就必定要回敬主人。⑱脯：干肉。笾：竹编器，用以盛水果、肉干等。⑲臘：又作脡，干肉条。⑳醢：肉酱。

俎由东壁，自西阶升。宾俎①：脊、胁、肩、肺②。主人俎③：脊、胁、臂、肺。肺皆离④。皆右体也⑤。进腠⑥。凡举爵，三作而不徒爵⑦。凡奠者于左⑧，将举者于右⑨。众宾之长，一人辞洗⑩，如宾礼。若有诸公，则如宾礼，大夫如介礼⑪。无诸公，则大夫如宾礼。乐作，大夫不入。

乐正与立者齿⑫。三笙一和而成声⑬。献工与笙⑭，取爵于上篚⑮。既献，奠于下篚⑯。其笙⑰，则献诸西阶上。立者，东面北上⑱。司正既举觯，而荐诸其位⑲。三耦者⑳，使弟子㉑，司射前戒之㉒。司射之弓矢与扑，倚于西阶之西。

注释：①宾俎：端给宾的菜品。②脊：脊骨。背部中间的骨。胁：从腋下至胁骨尽处。③主人俎：端给主人的菜品。④肺皆离：肺要用刀划成块，但不切断。⑤右体：牲的右半边。⑥进腠：摆放时肉皮向上。腠，皮下肌肉之间的空隙。⑦三作：谓献宾、献大夫、献工。不徒爵：不单纯以爵敬酒，还要献上脯醢。⑧凡奠者于左：凡是不饮用之爵觯，一律放在席的左边。⑨将举者：准备用来饮酒的酒器。⑩辞洗：辞谢主人为众宾洗爵。⑪如介礼：按照宾的礼仪行事。介，次于宾者。⑫立者：其他站着的客人。齿：按年龄大小的次序排列。⑬和：古代乐器。⑭献：敬酒。工：乐工。笙：吹笙者。⑮上篚：堂上的竹筐。⑯奠：放置。下：堂下。⑰其笙：指向吹笙者敬酒。⑱北上：以北为上。⑲荐诸其位：进献脯醢放在觯的南边。⑳三耦：三对射手。㉑弟子：众宾中的年轻人。㉒戒：告知注意事项。

　　sī shè jì tǎn 、jué 、suì ér shēng①，sī mǎ jiē qián
　　司射既袒、决、遂而升①，司马阶前

mìng zhāng hóu②，suì mìng yǐ jīng③。fán hóu：tiān zǐ xióng hóu④
命张侯②，遂命倚旌③。凡侯：天子熊侯④，

bái zhì⑤；zhū hóu mí hóu⑥，chì zhì⑦；dà fū bù hóu⑧，
白质⑤；诸侯麋侯⑥，赤质⑦；大夫布侯⑧，

huà yǐ hǔ bào；shì bù hóu，huà yǐ lù shǐ。fán huà zhě，
画以虎豹；士布侯，画以鹿豕。凡画者，

dān zhì⑨。shè zì yíng jiān⑩，wù cháng rú gǎn⑪。qí jiān róng
丹质⑨。射自楹间⑩，物长如笴⑪。其间容

gōng⑫，jù suí cháng wǔ⑬。xù zé wù dāng dòng⑭，táng zé wù
弓⑫，距随长武⑬。序则物当栋⑭，堂则物

注释：①升：走上堂。②张侯：张开靶布。③倚旌：把报靶用的旗子倚靠在靶布上。④熊侯：指箭靶正面正鹄之处画有熊的头像。⑤白质：白色底子。⑥麋侯：这里所说的熊、麋、虎、豹、鹿、豕，都是在箭靶正面中心之处画上此类动物的头像。君画一，臣画二，因数目上奇为阳而偶为阴之故。⑦赤质：红色的底子。⑧布侯：布制的靶布。⑨凡画者，丹质：凡是靶布周围画云气图案的都要用比赤色浅的丹砂作底色。⑩楹：堂前部的柱子。⑪笴：箭杆，长三尺。⑫其间：指两个标志之间的距离。容弓：能容下一张弓的长度（六尺）。⑬距随：谓射者站立时两足间的距离。武：足迹。⑭序则物当栋：如果堂后无室，标志在南北向上就正对着顶上的栋。

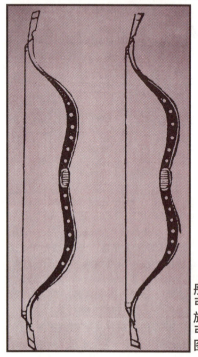

彤弓旅弓图

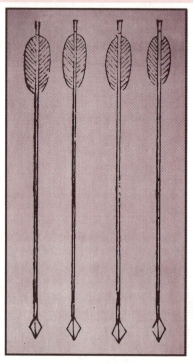

彤矢旅矢图

当楣^①。命负侯者^②，由其位^③。凡适堂西，皆出入于司马之南。唯宾与大夫降阶^④，遂西取弓矢。

旌^⑤，各以其物。无物^⑥，则以白羽与朱羽糅^⑦，杠长三仞^⑧，以鸿脰韬翿上^⑨，二寻^⑩。凡挟矢，于二指之间横之^⑪。司射在司马之北。司马无事不执弓^⑫。

始射，获而未释获^⑬；复^⑭，释获；复，用乐行之^⑮。上射于右^⑯。福^⑰，长如笴^⑱，博三寸^⑲，厚寸有又半，龙首^⑳，其中蛇交^㉑，韦当^㉒。福髤^㉓，横而拳之^㉔，南面坐而奠之，南北当洗^㉕。

射者有过则挞之^㉖。众宾不与射者

注释：①堂：指有室的堂。楣：房屋的横梁，即二梁。②负侯：张开靶布。③位：在司射之南。④降阶：走下台阶。⑤旌：旗帜。⑥无物：没有相应旗物的人。⑦糅：混杂。⑧杠：旗杆。⑨脰：颈脖。韬：通"翿"。古代行射礼时用以指挥进退的大旗。⑩寻：长度单位，八尺。⑪二指：食指和中指。⑫无事：没有任务。⑬获：报靶。释获：计算射中的靶数。⑭复：再次。⑮行：伴奏。⑯上射：上位射手。⑰福：盛箭器具。⑱笴：箭杆。⑲博：宽。⑳龙首：两头做成龙头的形状。㉑中：中间。蛇交：蛇身纠缠在一起的形象。㉒韦当：古射者所用，以红色熟皮制成，形如今之背心，设于福上以承矢。㉓髤：也作髹。赤黑色的漆。㉔拳：疑当作奉。奉，用双手捧着。㉕南北：指南北向上。洗：接水用的承盘。㉖过：射箭时过失伤人。挞：用刑杖责打。

不降^①。取诱射之矢者^②，既拾取矢^③，而后兼诱射之乘矢而取之^④。宾、主人射，则司射摈**傧**升降^⑤，卒射即席，而反**返**位卒事^⑥。鹿中^⑦：髤，前足跪，凿背容八筭^⑧。释获者奉之^⑨，先首^⑩。大夫降，立于堂西以俟**竢**射。大夫与士射，袒薰襦^⑪。耦少退于物^⑫。司射释弓矢^⑬，视筭。与献释获者释弓矢^⑭。

　　礼射不主皮^⑮。主皮之射者，胜者又射，不胜者降^⑯。主人亦饮于西阶上^⑰。获者之俎，折脊、胁、肺、臑^⑱。东方谓之右个^⑲。释获者之俎，折脊、胁、肺。皆有祭^⑳。大夫说**脱**矢束^㉑，坐说**脱**之。歌《驺虞》，若

注释：①众宾：指堂上的三位众宾之长。②诱射之矢：供示范射法用的箭。③拾：轮流。④乘矢：四支箭。⑤摈：通"傧"，协助行礼者。⑥卒事：指司射完成了相关事务。⑦鹿中：鹿形的放筹码用的器具。⑧筭：筹码。⑨释获者：计算筹码的人。⑩先首：头部朝前。⑪袒：去外衣露短襦。薰：当为"纁"。浅绛色。襦：短衣。⑫耦：大夫的搭档射手。⑬释：置，放。⑭与：参与。献：献酒。⑮礼射：古代射礼有主皮之射、不主皮之射两种。主皮之射的箭靶以皮革制成，须射穿为胜；不主皮之射用布制作，以射中靶心为胜。⑯降：下堂去，不再射。⑰上：上方。⑱折脊：折断的脊。臑：动物前肢臂的上部。⑲东方：靶布东边的立柱。一说此句疑当在下一句的"肺"字后面。⑳祭：祭神。㉑说：通"脱"，解开。矢束：用茅草捆着的箭。

《采蘋》①，皆五终②。射无筭。古者于旅也语③。凡旅不洗④。不洗者不祭。既旅⑤，士不入。大夫后出⑥。主人送于门外，再拜。乡侯，上个五寻⑦，中十尺⑧。侯道五十弓⑨，弓二寸，以为侯中。倍中以为躬⑩，倍躬以为左右舌⑪。下舌半上舌⑫。箭筹八十⑬。长尺有握，握素⑭。楚扑长如笴⑮。刊本尺⑯。

君射，则为下射⑰。上射退于物一笴⑱，既发，则答君而俟埃⑲。君乐作而后就物⑳。君袒朱襦以射㉑。小臣以巾执矢以授。若饮君如燕，则夹爵㉒。君国中射㉓，

注释：①若：或。②终：唱一遍诗篇为一终。③旅：众，指众人射的时候。语：说话。④凡旅不洗：凡是堂下众人，主人不为他们洗觯。⑤既旅：已经轮到众人射箭。⑥后出：在宾出门后，再出门。⑦上个：箭靶的上幅。⑧中：靶心的布。⑨五十弓：即五十步，每弓长六尺。⑩躬：指靶心的上下幅。⑪舌：靶向左右上下伸出的部分。⑫半：长度的一半。⑬箭筹：竹筹，即筭筹。⑭握素：筹的手握处（此处因被刮削为素白色而得名）。⑮楚朴：刑杖。笴：箭杆。⑯刊本尺：手持处一尺经过刊削。刊，砍斫，削除。⑰下射：处于下位的射手。⑱物：画在地上的标志。一笴：三尺长。⑲答：面对。俟：等待。⑳就物：走到地上的标志。㉑袒：去外衣露短襦。襦：短衣。㉒夹爵：敬酒人先后两次自酌自饮，而敬国君的爵酒夹在这两次中间。㉓国中射：在城中射。

则皮树中①，以翿旌获②，白羽与朱羽糅③；于郊，则闾中④，以旌获；于竟⑤，则虎中，龙旝⑥。大夫，兕中⑦，各以其物获⑧。士，鹿中，翿旌以获。唯君有射于国中，其余否。君在，大夫射则肉袒⑨。

注释：①皮树：一种野兽名。中：古代举行射礼时装计数筹码的器皿。②翿旌：顶上以羽毛为饰的旗。获：射中鹄的。③糅：混杂。④闾：兽名。⑤于竟：在边境上。竟，通"境"。⑥龙旝：旗名。赤色曲柄的旗。⑦兕：兽名。⑧其物：各人不同的级别。⑨肉袒：露出左臂。

射猎图　清·郎世宁

贵黍贱桃图·孔子圣迹图

燕(宴)礼第六①

燕(宴)礼。小臣戒与者②。膳宰具官馔于寝东③。乐人县(悬)④。设洗、篚于阼阶东南⑤，当东霤⑥。罍水在东⑦，篚在洗西，南肆⑧。设膳篚在其北⑨，西面。司宫尊于东楹之西⑩，两方壶⑪，左玄酒⑫，南上。公尊瓦大两⑬，有丰⑭，幂用绤若锡(緆)⑮，在尊南，南上。尊士旅食于门西⑯，两圆壶。司宫筵宾于户西⑰，东上，无加席也⑱。射人告具⑲。

注释：①燕礼：周代贵族宴请下属的礼节。燕，通"宴"。②戒：告。与者：参与燕礼的群臣。③膳宰：掌饮食和膳事的小吏。官馔：国君的肴馔，如酒、牲等。④县：即悬，指悬挂的乐器。⑤洗：接水的承盘。篚：盛物的竹筐。⑥霤：屋檐的滴水处。⑦罍：水器。⑧南肆：面向南陈放。肆，陈放。⑨膳篚：盛放国君饮酒器的竹筐。⑩司宫：负责宫寝事务的官员。尊：酒杯。⑪两方壶：两个方形的壶。⑫左玄酒：左边的方壶盛装充当酒的清水。⑬瓦大：酒尊名。⑭丰：形状似豆，用作酒器的托盘。⑮幂：盖尊布。绤：粗葛布。若：或。锡：通"緆"，细麻布。⑯士旅食：士众食。指未得正式禄位者，即在官的庶人。旅，众。⑰筵宾：铺设宾的坐席。户：门。⑱无加席：没有多加一层席。意思是只铺一层席。⑲射人：掌管大臣的位次和射礼的官。具：齐备。

小臣设公席于阼阶上①，西乡向②。设加席。公升，即位于席，西乡向。小臣纳卿大夫③，卿大夫皆入门右，北面东上。士立于西方，东面北上。祝史立于门东④，北面东上。小臣师一人⑤，在东堂下南面，士旅食者立于门西，东上。公降，立于阼阶之东南，南乡向尔迩卿⑥；卿西面北上，尔迩大夫；大夫皆少进⑦。

注释：①小臣：此处指掌管所有小臣的官长。②乡：通"向"，面对着。③纳：使人入内，指奉国君之命引入。④祝史：主管祭祀的官。⑤小臣师：小臣之长的副手。⑥尔：通"迩"。移近。⑦少进：稍稍向前移。

有驺图　宋·马和之

射人请宾①。公曰："命某为宾②。"射人命宾③。宾少进，礼辞④。反返命⑤，又命之。宾再拜稽首⑥，许诺。射人反返命。宾出⑦，立于门外，东面。公揖卿大夫，乃升就席。

小臣自阼阶下，北面，请执幂者与羞膳者⑧。乃命执幂者，执幂者升自西阶，立于尊南，北面，东上。膳宰请羞于诸公卿者。

射人纳宾⑨。宾入，及庭，公降一等揖之⑩。公升就席。宾升自西阶。主人亦升自西阶⑪，宾右北面至再拜；宾答再拜⑫。主人降洗，洗南，西北面。宾降，阶西，东面。主人辞降⑬，宾对。主人北面盥⑭，

注释：①射人：掌管大臣的位次和射礼的官。②某：某一位大夫。③命宾：向宾宣布国君的命令。④礼辞：以自己才德不配而谦辞。⑤反命：射人向国君复命。反，通"返"。⑥稽首：古代一种极其恭敬的礼节。双手抚地，头叩至手。⑦宾出：被选定的宾必须先出门。⑧执幂者：执"瓦大"之幂的人。幂，盖尊巾。羞：同"馐"，美味的食品。膳：指国君的膳食，脯醢。⑨纳宾：迎接宾。⑩降一等：走下一级台阶。⑪主人：指宰夫（掌国君饮食的小吏）。⑫答：回拜。⑬辞降：辞谢宾下堂。⑭盥：洗手。

坐取觚洗①；宾少进，辞洗。主人坐奠觚于篚，兴对②。宾反[返]位。主人卒洗，宾揖，乃升。主人升。宾拜洗。主人宾右奠觚答拜，降盥。宾降，主人辞，宾对。卒盥，宾揖升。主人升，坐取觚。执幂者举幂③，主人酌膳④，执幂者反[返]幂⑤。主人筵前献宾⑥。宾西阶上拜，筵前受爵，反[返]位。主人宾右拜送爵。膳宰荐脯醢⑦，宾升筵⑧。膳宰设折俎⑨。宾坐，左执爵，右祭脯醢，奠爵于荐右，兴；取肺，坐绝祭⑩，哜之⑪，兴，加于俎⑫；坐挩手⑬，执爵，遂祭酒⑭，兴；席末坐，啐酒⑮，降席，坐奠爵，拜，告旨⑯，执爵兴。主人答拜。宾西阶上北面坐卒爵，兴；坐奠爵，遂拜。主

注释：①觚：古代饮酒器。青铜制，长身侈口，口部与底部呈喇叭状，细腰，圈足。盛行于商代和西周初期。②兴：起身。③举幂：掀开巾。④酌膳：从国君的酒尊里舀酒。⑤反幂：用巾重新把尊盖好。反，通"返"。⑥献宾：向宾敬酒。⑦荐：进献。脯：干肉。醢：肉酱。⑧升筵：走到自己的席位。⑨设：陈设，摆设。折俎：放有牲体的俎。⑩坐绝祭：坐下，扯下一块肺祭神。⑪哜：尝。⑫加于俎：把手中之肺放到俎上。⑬挩：擦，拭。⑭祭酒：以酒祭神。⑮啐酒：饮酒。⑯告旨：告诉主人酒味香醇。

人答拜。

宾以虚爵降①。主人降。宾洗南坐奠觚②，少进，辞降。主人东面对。宾坐取觚，奠于篚下，盥洗③。主人辞洗。宾坐奠觚于篚，兴对，卒洗④，及阶，揖，升。主人升，拜洗如宾礼。宾降盥，主人降。宾辞降，卒盥，揖升；酌膳⑤，执幂如初⑥，以酢主人于西阶上⑦。主人北面拜受爵，宾主人之左拜送爵⑧。主人坐祭，不啐酒，不

注释：①虚：空。②觚：因为爵是饮酒器的总称，所以文中觚、爵互用。③盥洗：洗手与洗觚。④卒洗：洗好觚。⑤酌膳：从国君的尊里舀酒。⑥执幂：掀开蒙盖尊的巾，又盖上。⑦酢：回敬。⑧宾主人之左拜送爵：把爵授人之后，宾走到主人左侧，面朝北而将主人送走。拜送爵，行拜礼以表示送过去时的敬意。

仿韩熙载夜宴图　明·唐　寅

拜酒^①，不告旨。遂卒爵，兴，坐奠爵，拜，执爵兴。宾答拜。主人不崇酒^②，以虚爵降奠于篚。

宾降，立于西阶西。射人升宾^③，宾升立于序内^④，东面。主人盥，洗象觚^⑤，升实之^⑥，东北面献于公^⑦。公拜受爵。主人降自西阶，阼阶下北面拜送爵。士荐脯醢。膳宰设折俎^⑧，升自西阶。公祭如宾礼，膳宰赞授肺^⑨，不拜酒^⑩，立卒爵^⑪，坐奠爵，拜，执爵兴。主人答拜，升受爵以降，奠于膳篚^⑫。

更爵^⑬，洗，升，酌膳酒以降^⑭，酢于阼阶下^⑮，北面坐奠爵，再拜稽首，公答再拜^⑯。主人坐祭，遂卒爵，再拜稽首^⑰。

注释：①拜酒：为宾敬酒而行拜礼。②不崇酒：不因酒味香醇而拜谢宾（因此甘美之酒乃君之物）。③升宾：请宾走上堂。④序内：堂的西墙里。⑤象觚：饰有象牙的觚，是国君专用的饮酒器。⑥升实之：上堂往觚里舀酒。⑦公：国君。⑧折俎：放有牲体的俎。⑨赞：协助。⑩拜酒：为宾敬酒而行拜礼。⑪立卒爵：站着把觚中之酒喝光。⑫膳篚：盛放国君饮酒器用的竹篚。⑬更：换。⑭酌膳酒：把国君尊里的酒舀到觚里。⑮酢：敬酒。⑯答再拜：用再拜礼答谢。⑰稽首：古代一种极其恭敬的礼节。双手抚地，头叩至手。

公答再拜，主人奠爵于篚。主人盥洗，升，媵觚于宾①，酌散②，西阶上坐奠爵，拜宾。宾降筵③，北面答拜。主人坐祭，遂饮，宾辞④。卒爵，拜，宾答拜。主人降洗，宾降，主人辞降，宾辞洗。卒洗，揖升。不拜洗。主人酌膳⑤。宾西阶上拜，受爵于筵前，反位。主人拜送爵。宾升席⑥，坐祭酒，遂奠于荐东⑦。主人降复位。宾降筵西，东南面立。

小臣自阼阶下请媵爵者⑧，公命长⑨。小臣作下大夫二人媵爵⑩。媵爵者阼阶下皆北面，再拜稽首，公答再拜。媵爵者立于洗南⑪，西面北上，序进⑫，盥洗角觯⑬；升自西阶，序进，酌散；交于楹北⑭，

注释：①媵：致送。②酌散：从方壶中舀取酒。散，方壶中的酒。③降筵：离开席位。④宾辞：宾（提出）辞谢（表示不敢当）。⑤酌膳：从国君的酒尊中舀取酒。⑥升席：走到自己的席位。⑦荐东：脯醢的东边。⑧请媵爵者：献酬之后为旅酬，需要选定向国君进爵的人。⑨长：下大夫之长。由于上大夫即卿的地位尊贵，不便差使，故使下大夫。⑩作：叫，让。⑪洗南：接水承盘的南边。⑫序进：依次序上前。⑬盥：洗手。洗角觯：洗用牛角制作成的觯。⑭交：相遇。楹：厅堂的前柱。

降；阼阶下皆奠觯，再拜稽首，执觯兴。
公答再拜。媵爵者皆坐祭，遂卒觯，兴，
坐奠觯，再拜稽首，执觯兴。公答再拜。
媵爵者执觯待于洗南。小臣请致者①。若
君命皆致②，则序进③，奠觯于篚，阼阶下
皆再拜稽首，公答再拜。媵爵者洗象觯④，
升实之⑤，序进，坐奠于荐南⑥，北上，降
阼阶下，皆再拜稽首，送觯。公答再拜。
公坐，取大夫所媵觯⑦，兴以酬宾⑧。

注释：①致者：致送爵的人。②命皆致：让两个送酒人都过去送酒。③序进：依次向前。④象觯：以象牙装饰的觯。⑤之：指象觯。⑥荐南：指国君的右手处。⑦媵：致送。⑧酬宾：劝宾饮酒。

仿韩熙载夜宴图　明·唐　寅

宾降，西阶下再拜稽首①。公命小臣辞②，宾升成拜③。公坐奠觯，答再拜，执觯兴，立卒觯。宾下拜④，小臣辞。宾升，再拜稽首。公坐奠觯，答再拜，执觯兴。宾进受虚爵，降奠于篚，易觯洗⑤。公有命，则不易不洗，反 返 升酌膳觯⑥，下拜，小臣辞。宾升，再拜稽首。公答再拜。宾以旅酬于西阶上⑦。射人作大夫长升受旅⑧。宾大夫之右坐奠觯，拜，执觯兴；大夫答拜。宾坐祭，立饮，卒觯，不拜。若膳觯也⑨，则降更觯洗⑩，升实散⑪。大夫拜受，宾拜送。大夫辩 遍 受酬⑫，如受宾酬之礼，不祭⑬。卒受者以虚觯降⑭，奠于篚。

主人洗，升，实散，献卿于西阶上。

注释：①再拜稽首：再拜，磕头。②辞：辞谢宾行如此重礼。③宾升成拜：宾上堂，再次行再拜稽首，于是完成了拜礼。④下拜：下堂拜国君。⑤易觯洗：改换一只觯洗。易，换。⑥反升：回到堂上。反，通"返"。酌膳觯：从国君的尊里舀酒。⑦以旅酬：按照次序劝卿大夫饮酒。旅，次序。⑧作：请，让。受旅：接受敬酒。⑨膳觯：国君所用之觯。⑩更：换。⑪实散：把方壶里的酒舀到觯里。⑫受酬：得到（宾的）劝酒。⑬祭：以酒祭神。⑭卒受者：最后一位接受敬酒的人。虚觯：空酒杯。

司宫兼卷重席①，设于宾左②，东上。卿升，拜受觚，主人拜送觚。卿辞重席③，司宫彻之，乃荐脯醢。卿升席坐，左执爵，右祭脯醢，遂祭酒，不啐酒④；降席，西阶上北面坐卒爵，兴；坐奠爵，拜，执爵兴。主人答拜，受爵。卿降复位。辩遍献卿，主人以虚爵降，奠于篚。射人乃升卿⑤，卿皆升就席。若有诸公⑥，则先卿献之⑦，如献卿之礼。席于阼阶西⑧，北面东上，

注释：①司宫：负责宫寝事务的官员。兼卷重席：把卿的上下两重席全部卷起来。②设：铺设。③辞重席：请求撤去上面的一层席子。④啐：饮，尝。⑤射人：古官名。掌射法以习礼仪。升卿：请卿上堂。⑥诸公：对国君之外有公爵者的统称。⑦先：先于。献：献酒。之：指诸公。⑧席：动词，铺设席位。

仿韩熙载夜宴图　明·唐　寅

131

无加席①。

小臣又请媵爵者②，二大夫媵爵如初。请致者若命长致③，则媵爵者奠觯于篚，一人待于洗南④，长致。致者阼阶下再拜稽首，公答再拜。洗象觯，升实之，坐奠于荐南⑤，降，与立于洗南者二人皆再拜稽首送觯。公答再拜。公又行一爵，若宾若长⑥，唯公所酬⑦。以旅于西阶上⑧，如初。大夫卒受者以虚觯降，奠于篚。

主人洗，升，献大夫于西阶上⑨。大夫升，拜受觚。主人拜送觚。大夫坐祭，立卒爵⑩，不拜既爵⑪。主人受爵。大夫降复位。胥荐主人于洗北⑫，西面，脯醢，无脀⑬。辩遍献大夫⑭，遂荐之，继宾以西⑮，

注释：①无加席：不多加一层席。即只铺设一层席。②又请媵爵者：再次请问（国君）媵爵者的人选。媵爵，古代一种献酒礼节。燕礼献酬礼毕，命年长的大夫再给诸侯献酒称媵爵。爵，酒器。③长致：由年长的大夫给国君送酒。④待：等候。洗南：接水承盘的南边。⑤荐：指进献的脯醢。⑥若：或。⑦唯公所酬：尊重公的意愿，同意他将觯授给宾或卿、大夫中的长官，任由他们去劝酒。⑧旅：次序。指依照一定顺序向大夫们一一敬酒。⑨献：敬酒。⑩立卒爵：站起来把觚里的酒喝光。⑪不拜既爵：不为饮尽主人送的这觚酒而行拜礼。⑫胥：膳宰的属吏。荐：进献食物。⑬脀：盛有牲体的俎。⑭献：献上酒。⑮继：接。

东上。卒^①，射人乃升大夫^②，大夫皆升就席。

席工于西阶上^③，少东^④。乐正先升，北面立于其西^⑤。小臣纳工^⑥，工四人，二瑟^⑦。小臣左何荷瑟^⑧，面鼓^⑨，执越^⑩，内弦^⑪，右手相^⑫。入，升自西阶，北面东上坐。小臣坐授瑟^⑬，乃降。工歌《鹿鸣》、《四牡》、《皇皇者华花》。

注释：①卒：铺设好席位。②射人：掌管大臣的位次和射礼的官。升大夫：请大夫走上堂。③席工：给乐工铺设席位。④少东：稍微偏向东。⑤其：指乐工。⑥纳：迎接。⑦二瑟：（其中）两位是鼓瑟者。⑧何：通"荷"，挟。⑨面鼓：瑟可以弹奏的部分朝前。⑩执越：手指勾入瑟底的孔中。⑪内弦：瑟弦朝内。⑫右手相：右手搀扶着乐工。⑬授瑟：把瑟交给乐工。

皇皇者华图　宋·马和之

仪礼

卒歌①，主人洗，升献工。工不兴②，左瑟③，一人拜受爵④。主人西阶上拜送爵。荐脯醢。使人相祭⑤。卒受不拜⑥。主人受爵。众工不拜⑦，受爵，坐祭，遂卒爵。辩遍有脯醢，不祭⑧。主人受爵，降奠于篚。公又举奠觯⑨。唯公所赐⑩。以旅于西阶上⑪，如初。卒⑫，笙入⑬，立于县悬中⑭。奏《南陔》、《白华花》、《华黍》。主人洗，升，献笙于西阶上。一人拜，尽阶⑮，不升堂；受爵，降；主人拜送爵。阶前坐祭，立卒爵，不拜既爵，升授主人。众笙不拜⑯，受爵，降，坐祭，立卒爵。辩遍有脯醢，不祭。

乃间歌《鱼丽罹》⑰，笙《由庚》⑱；歌

注释：①卒歌：乐工唱完歌。②兴：站起来。③左瑟：把瑟放在自身的左边。④一人：指年纪较长者。⑤使人相祭：主人命人帮助（乐工）祭祀。⑥受：疑当作爵。⑦众工：其他乐工。⑧不祭：乐工不用脯醢来祭神。⑨公又举奠觯：国君又举起送爵者放置在席南的觯。⑩唯公所赐：国君将觯赐给某位大夫，请他代为劝酒。⑪旅：依次。⑫卒：敬酒结束。⑬笙：演奏笙的乐工。⑭县中：即悬中。诸侯之三面皆悬钟、磬，悬中就是三面所围的中央。县，通"悬"。⑮尽阶：走到台阶的尽头。⑯众笙：其他吹笙的乐工。⑰间歌：交替演奏。⑱笙：指用笙演奏。

134

《南有嘉鱼》，笙《崇丘》；歌《南山有台》①，笙《由仪》。遂歌乡乐②：《周南》：《关雎》、《葛覃》、《卷耳》；《召南》：《鹊巢》、《采蘩》、《采蘋》。大（太）师告于乐正曰③："正歌备④。"乐正由楹内、东楹之东告于公⑤，乃降复位。

射人自阼阶下，请立司正⑥。公许。射人遂为司正⑦。司正洗角觯⑧，南面坐奠于中庭⑨，升，东楹之东受命⑩，西阶上北面命卿、大夫⑪："君曰'以我安⑫'！"卿、大夫皆对曰："诺⑬。敢不安⑭！"司正降自西阶，南面坐取觯，升酌散⑮；降，南面坐奠觯；右还（旋）⑯，北面少立⑰，坐取觯，

注释：①台：莎草。一种果实附根而生的草。②乡乐：地方民歌。指《诗经》中的"风"。③大师：即太师。指获国君赏赐乐器和乐工的大夫。国君所赐的乐曲通常亦由太师主持演奏。乐正：周代乐官之长。④备：演奏完毕。⑤楹内：堂前部柱子的内侧（北侧）。楹，厅堂前柱。⑥司正：宴饮时监督礼仪举止的人。⑦为：这里指充当、担任。⑧角觯：牛角制作成的觯。⑨奠：放置角觯。⑩受命：接受国君的吩咐。⑪命：转达旨意。⑫以我安：以我的命令让卿大夫安坐。安，安坐。⑬诺：是（表示同意）。⑭敢：岂敢，不敢。⑮酌散：从方壶中舀取酒。⑯右还：向右转身。还，通"旋"。⑰少立：稍微站一会儿。

135

兴；坐不祭，卒觯，奠之；兴，再拜稽首；
左还旋，南面坐取觯，洗。南面反返奠于
其所；升自西阶，东楹之东，请彻俎，降，
公许。告于宾，宾北面取俎以出。膳宰彻
公俎，降自阼阶以东。卿、大夫皆降，东
面北上。宾反返入，及卿、大夫，皆说脱
屦①，升，就席。公以宾及卿、大夫皆坐②，
乃安。羞庶羞③。大夫祭荐④。司正升受
命，皆命⑤："君曰'无不醉'。"宾及卿大

注释：①屦：鞋。②以：连词，表并列，相当于"和"。③羞庶羞：有司进上各种佐酒的肴馔。羞（1），进献。庶，众。羞（2），美食。④祭荐：用脯醢祭神。⑤皆命：对所有的宾、卿、大夫宣布。

仿韩熙载夜宴图　明·唐　寅

136

夫皆兴，对曰："诺。敢不醉！"皆反返坐。

主人洗，升，献士于西阶上①。士长升②，拜受觯，主人拜送觯。士坐祭，立饮，不拜既爵③。其他不拜④，坐祭、立饮。乃荐司正与射人一人、司士一人、执幂二人⑤，立于觯南，东上。辩遍献士。士既献者立于东方⑥，西面北上，乃荐士。祝史、小臣师亦就其位而荐之。主人就旅食之尊而献之⑦。旅食不拜，受爵，坐祭，立饮。若射，则大射正为司射⑧，如乡射之礼。

宾降洗，升媵觚于公⑨，酌散⑩，下拜。公降一等⑪，小臣辞⑫。宾升，再拜稽首⑬，公答再拜。宾坐祭，卒爵⑭，再拜稽

注释：①献士：向士敬酒。②士长：士中年纪较大者。③拜既爵：为饮完酒而行拜礼。④其他：指众士。⑤荐：进献脯醢。**司正与射人**：司正由射人临时担任，二者实指一人。**执幂**：负责尊的盖巾的人。⑥既献：已经接受敬酒。⑦就：走到。**旅**：众。⑧大射正：射人中的长官。⑨升媵觚于公：走上堂将觚呈给国君（以示尊重）。媵，致送。觚，疑当作觯。⑩酌散：从方壶中舀取酒。⑪降一等：走下一级台阶。⑫辞：辞谢，劝阻。⑬稽首：古代一种极恭敬的礼节，双手抚地，头叩至手。⑭卒：尽，终。

首。公答再拜。宾降洗象觯，升酌膳①，坐奠于荐南②，降拜。小臣辞。宾升成拜③，公答再拜。宾反返位。公坐取宾所媵觯，兴。唯公所赐④。受者如初受酬之礼⑤，降，更爵洗⑥，升酌膳，下拜。小臣辞。升成拜，公答拜。乃就席，坐行之⑦。有执爵者⑧。唯受于公者拜⑨。司正命执爵者爵辩遍⑩，卒受者兴以酬士。大夫卒受者以爵兴，西阶上酬士。士升，大夫奠爵拜，士答拜。大夫立卒爵，不拜，实之⑪。士拜受，大夫拜送。士旅于西阶上，辩遍。士旅酌⑫。卒。

　　主人洗，升自西阶，献庶子于阼阶上⑬，如献士之礼。辩遍，降洗⑭，遂献左右

注释：①酌膳：从国君的酒尊中舀取酒。②奠：放置。荐：进献的脯醢。③升成拜：上堂行拜礼，从而完成了礼节。④唯公所赐：国君想赐酒给谁，完全凭他的意愿。⑤酬：敬酒。⑥更：换。⑦坐行之：坐着互相劝酒。⑧执爵者：负责斟酒的人。⑨受于公者：获国君赐酒的人。⑩爵辩：给所有的人斟酒。辩，通"遍"，全，都。⑪实之：往爵里舀酒。⑫士旅酌：士依照次序自己酌酒。旅，次序。⑬献：敬酒。庶子：世子的属官，与膳宰、乐正一起办事，掌正六牲之体及舞位，使国子修德学道。阼阶：东阶。⑭降洗：主人下堂洗觯。

正与内小臣①，皆于阼阶上，如献庶子之礼。无算爵②。士也，有执膳爵者③，有执散爵者④。执膳爵者酌以进公⑤，公不拜受。执散爵者酌以之公⑥，命所赐。所赐者兴，受爵，降席下⑦，奠爵，再拜稽首。公答拜。受赐爵者以爵就席坐⑧，公卒爵，然后饮。执膳爵者受公爵，酌，反奠之。受赐爵者兴，授执散爵⑨，执散爵者乃酌行之。唯受爵于公者拜。卒受爵

注释：①左右正：指乐正、仆人正等。内小臣：宦官，负责后宫事务。②无算爵：不计算饮酒的具体数量。③执膳爵：负责从国君的酒尊里舀取酒。④执散爵：负责从方壶中舀取酒。⑤酌：斟酒。⑥以之公：向国君请示（该献给哪位）。⑦降席下：从席子的西边离开席位。⑧就席：走到自己的席位。⑨散爵：爵后疑当有"者"字。

万树园赐宴图　清·郎世宁

者兴，以酬士于西阶上^①。士升，大夫不拜，乃饮，实爵^②。士不拜受爵。大夫就席。士旅酬亦如之^③。公有命彻幂^④，则卿大夫皆降，西阶下北面东上^⑤，再拜稽首。公命小臣辞^⑥。公答再拜^⑦，大夫皆辟避^⑧。遂升，反返坐。士终旅于上^⑨，如初。无算乐^⑩。

宵^⑪，则庶子执烛于阼阶上^⑫，司宫执烛于西阶上^⑬，甸人执大烛于庭^⑭，阍人为大烛于门外^⑮。宾醉，北面坐取其荐脯以降。奏《陔》。宾所执脯，以赐钟人于门内霤^⑯，遂出。卿、大夫皆出。公不送。

公与客燕宴^⑰，曰："寡君有不腆之酒^⑱，以请吾子之与寡君须臾焉^⑲。使某

注释：①酬：敬酒。②实爵：往觯里舀酒。③旅：次序。④彻幂：撤掉盖在尊上的巾。⑤东上：以东为上。⑥辞：辞谢，劝阻。⑦答再拜：以再拜礼答谢。⑧辟：通"避"。回避（以示不敢当）。⑨终旅：结束一一斟酒、饮酒的过程。⑩无算乐：其间歌唱与吹奏相互交替，不计次数（兴尽而止）。⑪宵：入夜。⑫庶子：世子的属官。⑬司宫：掌宫寝事务的官员。⑭甸人：掌握薪木、柴草的小吏。⑮阍人：守门者。⑯钟人：击钟的乐人。霤：屋檐滴水处。⑰客：他国的使臣。燕：宴饮。⑱寡君：人臣对别国称自己国君的谦词。不腆：不丰厚，不善，为自谦之词。腆：丰厚，美好。⑲吾子：对对方的敬称。须臾：一会儿。此指一起饮一会儿酒。

140

也以请①。"对曰②："寡君③，君之私也④。君无所辱赐于使臣⑤，臣敢辞⑥。""寡君固曰'不腆'，使某固以请！""寡君，君之私也。君无所辱赐于使臣，臣敢固辞！""寡君固曰'不腆'，使某固以请！""某固辞，不得命，敢不从⑦！"致命曰："寡君使某，有不腆之酒，以请吾子之与寡君须臾焉！""君贶寡君多矣⑧，又辱赐于使臣，臣敢拜赐命！"

记：燕宴⑨，朝服于寝⑩。其牲，狗也。亨烹于门外东方⑪。若与四方之宾燕宴，则公迎之于大门内，揖让升⑫。宾为苟敬⑬，席于阼阶之西北面⑭，有脀⑮，不嚌

注释：①某：前去通知客人的卿大夫自称。以：助词。②对：宾客的副使回答。③寡君：宾客对本国国君的称呼。寡，鲜，少。犹言少德，一种谦虚的说法。④君：您，对对方的敬称。私：独有厚恩。⑤无所辱赐于使臣：无故而辱赐于我。即屈尊赏赐。⑥臣敢辞：我请求允许我再次推辞。⑦敢：岂敢，不敢。⑧贶：赐予。⑨燕：即此章之燕（宴）礼。燕，通"宴"。⑩朝服：诸侯与其群臣每日上朝所着之服装。寝：路寝。国君议事的宫室。⑪亨：通"烹"。东方：周代寝庙的门外均有灶，吉礼在门的东方举行（凶礼在门西）。⑫揖让升：和来宾相互作揖，相互谦让，一同走上堂。⑬苟敬：礼仪简明而内心恭敬。⑭席：铺设席位。阼阶：东阶，主人之阶。⑮脀：放有牲体的俎。

141

肺①，不啐酒②，其介为宾③。无膳尊④，无膳爵。与卿燕[宴]，则大夫为宾。与大夫燕[宴]，亦大夫为宾。羞膳者与执幂者⑤，皆士也。羞卿者⑥，小膳宰也⑦。若以乐纳宾⑧，则宾及庭奏《肆夏》⑨。宾拜酒⑩，主人答拜而乐阕⑪。公拜受爵而奏《肆夏》。公卒爵，主人升，受爵以下而乐阕⑫。升歌《鹿鸣》⑬，下管《新宫》⑭，笙入三成⑮，遂合乡乐⑯。若舞则《勺》⑰。唯公与宾有俎。献公⑱，曰："臣敢奏爵以听命⑲。"凡公所辞，皆栗[历]阶⑳。凡栗[历]阶，不过二等㉑。凡公所酬，既拜，请旅侍臣。凡荐与羞者㉒，小膳宰也。有内羞㉓。

注释：①啑：尝。②啐：饮，尝。③介：副手。为宾：作为宾客受到款待。④膳：指为国君专设的。⑤羞膳者：进献菜肴的人。执幂者：负责覆盖酒尊所用巾的人。⑥羞卿者：为卿进献菜肴的人。⑦小膳宰：膳宰的副佐。⑧纳：接待。⑨《肆夏》：乐诗的篇名，今佚。⑩拜酒：尝了酒后行拜礼。⑪阕：一曲结束。⑫以：连词，表承接，相当于"而"。下：走下堂。⑬升歌：乐工上堂歌唱。⑭下：堂下。管：吹奏管乐。⑮笙入三成：演奏笙乐三部（指《南陔》、《白华》、《华黍》）。⑯合：合奏。乡乐：地方民歌。指《诗经》中的"风"。⑰《勺》：篇名。⑱献公：主人向国君敬酒。⑲奏爵：进爵。听命：听从君的命令。⑳栗：通"历"。一只脚登上一级台阶，另一只脚与之相并，然后第一只脚再登一级，叫拾级。两只脚，一只接着另一只不断登上台阶，不相并，叫历阶。历阶显得较仓促。㉑二等：两级台阶。㉒荐：进。与：以。羞：佐酒菜。㉓内羞：房内的佐酒菜。

君与射^①，则为下射^②，袒朱襦^③，乐作而后就物^④。小臣以巾授矢^⑤，稍属^⑥。不以乐志^⑦。既发^⑧，则小臣受弓以授弓人。上射退于物一笴^⑨，既发，则答君而俟竢^⑩。若饮君^⑪，燕宴，则夹爵。君在，大夫射，则肉袒。若与四方之宾燕宴，媵爵曰^⑫："臣受赐矣。臣请赞执爵者。"相者对曰："吾子无自辱焉。"有房中之乐^⑬。

注释：①与：参与。射：燕饮中的射礼。②为：担任。下射：处于下位的射手。③袒：脱外衣露出里面的短衣。襦：短衣。④作：奏响。就：走向。物：地上的标志。⑤以巾授矢：用巾托着箭递给国君。⑥稍属：依次递上箭。⑦不以乐志：不必完全依照音乐的节奏射箭。志，标志。⑧发：射箭。⑨笴：箭杆。此指一支箭杆的长度。⑩答君：面对着国君。俟：等候。⑪饮：使某人喝。⑫媵爵：古代一种献酒礼节。燕礼献酬礼毕，命年长的大夫再给诸侯献酒称媵爵。爵，酒器。⑬房中之乐：在房中演奏的音乐。只使用管弦而不用钟鼓，与堂上之乐、堂下之乐不同。

仿韩熙载夜宴图　明·唐　寅

射侯示罚图

大射仪第七①

dà shè yí dì qī

大射之仪：君有命戒射②。宰戒百官有事于射者③。射人戒诸公、卿、大夫射④。司士戒士射与赞者⑤。

前射三日，宰夫戒宰及司马⑥。射人宿视涤⑦。司马命量人量侯道与所设乏以狸步⑧：大侯九十⑨，参七十⑩，干五十⑪；设乏，各去其侯西十⑫、北十。遂命量人、巾车张三侯⑬：大侯之崇⑭，见鹄于参；参见鹄于干，干不及地武⑮。不

注释：①大射：为祭祀择士而举行的射礼。仪：一本无"仪"字。②戒：警，告。射：射箭。周代天子将举行祭祀时，必先习射于泽以择士，之后于后宫射，优胜者才能参与祭祀。③宰：诸侯国的司徒。④射人：主管射礼之法。⑤赞者：举行射礼时协助做事的人。⑥宰夫：宰的下属官。⑦宿：预先。指前一个晚上预先。视涤：负责打扫举行射礼的场所。⑧司马：军队的中央级长官。这里指负责执行射礼的人。量人：司马的下属官，负责丈量道路。侯道：射道。乏：行射礼时报靶者用以防箭的护身物。狸步：两只脚分别向前迈一步，即两步。相当于古代的六尺。⑨大侯：古代的一种箭靶。⑩参：通"糁"。杂。此指杂侯。豹鹄而麋饰。⑪干：通"豻"。古谓胡地野狗。此指豻侯。以豻皮饰侯。⑫去：距离。⑬巾车：官名。掌公车的政令，为车官之长。⑭崇：高。⑮鹄：箭靶的中心。武：足迹。

145

系左下纲。设乏，西十、北十，凡乏用革。乐人宿县悬于阼阶东①，笙磬西面②，其南笙钟③，其南镈④，皆南陈⑤。建鼓在阼阶西⑥，南鼓⑦；应鼙在其东⑧，南鼓。西阶之西，颂磬东面⑨，其南钟，其南镈，皆南陈。一建鼓在其南，东鼓⑩；朔鼙在其北⑪。一建鼓在西阶之东，南面。簜在建鼓之间⑫。鼗倚于颂磬⑬，西纮⑭。

厥明⑮，司宫尊于东楹之西⑯，两方壶；膳尊两甒在南⑰，有丰⑱。幂用锡若绤⑲，缀诸箭⑳。盖幂如勺㉑，又反之㉒。皆玄尊㉓。酒在北。尊士旅食于西镈之南㉔，

注释：①县：通"悬"，悬架。②笙磬：即"生磬"，陈设在东面的磬。周人认为东方是万物生长之地，故名。笙，通"生"。③钟：古代乐器。青铜制，悬挂于架上，以槌叩击发音。用于祭祀、宴享或战斗中。西周中期开始，十几个大小成组的称编钟，大而单一的称特钟。④镈：古代乐器，奏乐时打节拍用。⑤南陈：向南陈列。⑥建鼓：树起鼓。建，树立。⑦南鼓：敲击的一面面向南。⑧应鼙：击鼙（鼓）以回应。⑨颂磬：陈设于西方的磬，周人认为西方是万物长成之地，故名。颂，悬挂在西边的钟、磬都称"颂"。颂即成功。⑩东鼓：敲击的一面面向东。⑪朔鼙：最先敲击的鼓，故名。⑫簜：指笙、箫之类的竹制管乐器。⑬鼗：一种小鼓。⑭纮：鼗两旁悬耳上的绳子。⑮厥：代词。其。指举行射礼的那天。明：天亮的时候。⑯司宫：官名。尊：放置酒尊。楹：堂前部的柱子。⑰膳尊：国君专用的酒尊。甒：陶制容器，多用以装酒。⑱丰：古代礼器，一种盛酒器的托盘。⑲幂：用以盖酒尊的布。锡：通"緆"。细布。若：或。绤：细葛布。⑳缀：装饰，标记。箭：小竹条。㉑如勺：盖巾上面放一把勺。如，一本作"加"。㉒反：盖巾多余的部分翻过来再盖上勺。㉓玄尊：玄酒之尊。㉔旅：众。

北面，两圆壶。又尊于大侯之乏东北，两壶献酒。设洗于阼阶东南。罍水在东①，篚在洗西，南陈。设膳篚在其北②，西面。又设洗于获者之尊西北，水在洗北，篚在南，东陈。小臣设公席于阼阶上，西乡向③。司宫设宾席于户西，南面，有加席。卿席宾东，东上。小卿宾西④，东上。大夫继而东上。若有东面者，则北上。席工于西阶之东，东上。诸公阼阶西，北面，东上。官馔⑤。羹定⑥。

　　射人告具于公⑦。公升⑧，即位于席，西乡向。小臣师纳诸公、卿、大夫⑨，诸公、卿、大夫皆入门右，北面，东上。士西方，东面，北上。大太史在干豻侯之东北⑩，北面，东上。士旅食者在士南⑪，北

注释：①罍：古代盛酒器，也用以盛水。②膳篚：装饮酒器用的竹篚。③乡：通"向"。④小卿：卿的副手，以大夫出任。⑤官馔：膳宰进呈的肴馔。⑥定：煮熟。⑦具：齐备。指一切已经准备就绪。⑧升：走上堂。⑨纳：迎接。⑩大史：主管文书之类事情的官员。大，通"太"。干侯：即豻侯，其中心部分是豻形，旁边有豻形的装饰。干，通"豻"，一种野狗。⑪士旅食者：在官府的庶人。

147

面，东上。小臣师、从者在东堂下①，南面，西上。公降，立于阼阶之东南，南乡向。小臣师诏揖诸公、卿、大夫②，诸公、卿、大夫西面，北上；揖大夫，大夫皆少进。大射正摈侯③。摈侯者请宾。公曰："命某为宾。"摈侯者命宾，宾少进④，礼辞⑤。反命⑥，又命之。宾再拜稽首，受命⑦。摈侯者反命。宾出，立于门外，北面。公揖卿、大夫，升就席⑧。小臣自阼阶下北面，请执

注释：①小臣师：小臣的副手。小臣以师为佐。从者：手下的人。②诏：禀告。③大射正：射人的长官。摈：通"侯"。指负责帮助主人迎接宾客的人。④少进：稍稍上前。⑤礼辞：依照礼仪表示不敢当。⑥反命：转身（向国君）复命。⑦受命：接受国君的任命。⑧升：上堂。

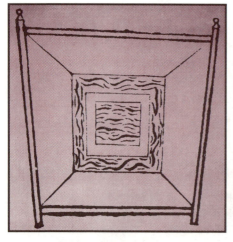

虎侯图

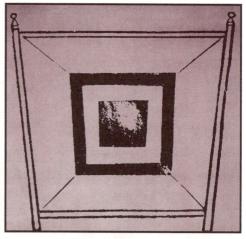

熊侯图

幂者与羞膳者①。乃命执幂者②。执幂者升自西阶，立于尊南，北面，东上。膳宰请羞于诸公、卿者③。

　　摈者纳宾④，宾及庭⑤，公降一等揖宾⑥，宾辟⑦。公升，即席⑧。奏《肆夏》⑨。宾升自西阶。主人从之，宾右北面至⑩，再拜。宾答再拜。主人降洗⑪，洗南⑫，西北面。宾降阶西，东面。主人辞降，宾对。主人北面盥⑬，坐取觚，洗。宾少进，辞洗。主人坐奠觚于篚，兴对。宾反位。主人卒洗⑭。宾揖，升。主人升，宾拜洗。主人宾右奠觚答拜，降盥。宾降，主人辞降，宾对。卒盥⑮。宾揖升。主人升，坐取觚。执幂者举幂⑯，主人酌膳⑰，执幂者盖

注释：①请：向国君请示。执幂者：负责盖酒尊所用布的人。羞膳者：进献菜肴的人。②命：任命。③请羞：请问（某人）可否进呈肴馔。羞，进献。④纳：迎接。⑤及：走到。⑥降一等：走下一级台阶。⑦辟：通"避"，退避。⑧即席：就席，进入席位。⑨《肆夏》：乐曲名，今已亡佚。当时飨诸侯、宴饮纳宾时通常演奏此曲。⑩至：宾走到自己的席位。⑪降洗：走下堂洗觚。⑫洗南：在接水承盘的南边。⑬盥：洗手。⑭卒洗：洗完觚。卒，尽，终。⑮卒盥：主人洗完手。⑯举幂：掀开盖尊的巾。⑰酌膳：从国君的酒尊中舀取酒。

149

幂。酌者加勺，又反之。筵前献宾。宾西阶上拜，受爵于筵前，反返位。主人宾右拜送爵。宰胥荐脯醢①。宾升筵。庶子设折俎②。宾坐，左执觚，右祭脯醢，奠爵于荐右③；兴，取肺，坐绝祭④，嚌之⑤；兴，加于俎，坐挩手⑥，执爵，遂祭酒，兴；席末坐，啐酒⑦，降席；坐奠爵，拜，告旨⑧，执爵兴。主人答拜。乐阕⑨。宾西阶上北面坐，卒爵⑩，兴；坐奠爵，拜，执爵兴。主人答拜。

宾以虚爵降⑪。主人降。宾洗南西北面坐奠觚⑫，少进⑬，辞降⑭。主人西阶西、东面少进，对⑮。宾坐取觚，奠于篚下，盥洗⑯。主人辞洗。宾坐奠觚于篚。兴对，卒

注释：①宰胥：膳宰的属官。荐：进献。脯：干肉。醢：肉酱。②庶子：司马的属官。折俎：放有牲体的俎。俎，古代祭祀、设宴时陈置牲口的礼器，木制，漆饰。③奠：放置。荐右：脯醢的右边。④坐：古人席地而坐，坐时两膝着地，臀部压在腿根上。绝祭：拉下一块肺祭神。⑤嚌：尝。⑥挩：擦，拭。⑦啐：尝，饮。⑧拜，告旨：拜谢主人，称赞酒醇。⑨乐阕：即乐止、乐终。⑩卒爵：即喝光酒杯里的酒。⑪虚：空。⑫洗南：接水承盘的南边。⑬少进：稍稍向前。⑭辞降：对主人下堂加以辞谢。⑮对：回答。⑯盥：洗手。洗：洗觚。

洗①，及阶②，揖升。主人升，拜洗如宾礼③。宾降盥，主人降。宾辞降，卒盥，揖升。酌膳、执幂如初④，以酢主人于西阶上⑤。主人北面拜受爵。宾主人之左拜送爵。主人坐祭⑥，不啐酒，不拜酒⑦，遂卒爵，兴；坐奠爵，拜，执爵兴。宾答拜。主人不崇酒⑧，以虚爵降，奠于篚。宾降，立于西阶西，东面。摈者以命升宾⑨。宾升，立于西序⑩，东面。

主人盥，洗象觚⑪，升酌膳⑫，东北面献于公。公拜受爵，乃奏《肆夏》。主人降自西阶，阼阶下北面拜送爵。宰胥荐脯醢，由左房。庶子设折俎，升自西阶。公祭，如宾礼；庶子赞授肺⑬。不拜酒，立卒

注释：①卒洗：洗好觚。②及阶：走到台阶前。③**拜洗**：为宾亲自洗觯而行拜礼。**如宾礼**：礼仪和宾为主人洗觚而行的拜礼一样。④如初：与前面所做的一样。⑤以：连词，表示继承，相当于"而"。酢：敬酒。⑥坐祭：坐着祭神。⑦拜酒：为饮酒而拜。⑧不崇酒：不添加酒。一说为不必感谢宾不嫌弃自己的薄酒。⑨升宾：引导宾上堂。⑩西序：堂的西墙。⑪象觚：以象牙装饰的觚。⑫酌膳：从国君的酒尊中舀酒。⑬赞：助。肺：祭肺。

151

仪礼

爵①；坐奠爵，拜，执爵兴。主人答拜。乐阕②。升受爵，降奠于篚。

更爵洗③，升酌散以降④；酢于阼阶下，北面坐奠爵，再拜稽首。公答拜。主人坐祭，遂卒爵，兴；坐奠爵，再拜稽首。公答拜。主人奠爵于篚。

主人盥洗，升媵觚于宾⑤，酌散，西阶上坐奠爵，拜。宾西阶上北面答拜。主人坐祭，遂饮⑥。宾辞。卒爵，兴，坐奠爵，拜，执爵兴。宾答拜。主人降洗⑦，宾降。主人辞降，宾辞洗。卒洗。宾揖升，不拜洗⑧。主人酌膳。宾西阶上拜，受爵于筵前⑨，反返位。主人拜送爵。宾升席⑩，坐祭酒，遂奠于荐东⑪。主人降，复位。宾降筵西⑫，东南面立。

注释：①立卒爵：站着把觚中之酒饮尽。②阕：止息，终了。③更：换。④酌散：从方壶中舀取（酒）。⑤媵：致送。⑥遂：于是，接着。⑦降洗：走下堂洗觚。⑧不拜洗：不为主人洗觚而行拜礼。⑨受爵：接过觚。筵：席位。⑩升席：走到自己的席位。⑪荐东：脯醢的东边。⑫降筵西：从席位的西边离开。

152

xiǎo chén zì zuò jiē xià qǐng yìng jué zhě gōng mìng zhǎng
小臣自阼阶下请媵爵者①,公命长②。

xiǎo chén zuò xià dà fū èr rén yìng jué yìng jué zhě zuò jiē
小臣作下大夫二人媵爵③。媵爵者阼阶

xià jiē běi miàn zài bài qǐ shǒu gōng dá bài yìng jué zhě lì
下皆北面再拜稽首。公答拜。媵爵者立

yú xǐ nán xī miàn běi shàng xù jìn guàn xǐ jiǎo zhì
于洗南,西面北上;序进④,盥,洗角觯,

shēng zì xī jiē xù jìn zhuó sǎn jiāo yú yíng běi jiàng
升自西阶;序进,酌散,交于楹北⑤;降,

shì zuò jiē xià jiē diàn zhì zài bài qǐ shǒu zhí zhì xīng
适阼阶下⑥;皆奠觯,再拜稽首,执觯兴。

gōng dá bài yìng jué zhě jiē zuò jì suì zú zhì
公答拜。媵爵者皆坐祭⑦,遂卒觯⑧,

xīng zuò diàn zhì zài bài qǐ shǒu zhí zhì xīng gōng dá zài
兴;坐奠觯,再拜稽首,执觯兴。公答再

bài yìng jué zhě zhí zhì dài yú xǐ nán xiǎo chén qǐng zhì zhě
拜。媵爵者执觯待于洗南。小臣请致者⑨。

注释:①请:请问(人选)。媵爵:古代一种献酒礼节。燕(宴)礼献酬礼毕,命年长的
大夫再给诸侯献酒称媵爵。②长:年老者。③作:叫,让。④序进:依次上前。
⑤交:交错而过。楹:厅堂前柱。⑥适:走到。⑦祭:祭神。⑧遂:接着。卒:喝
尽。⑨请:请示。致者:给国君送酒的人。

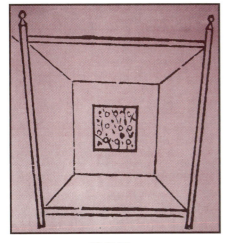

糁侯图

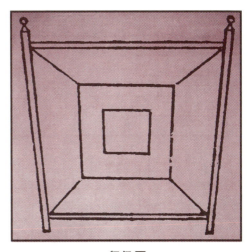

豻侯图

若命皆致，则序进，奠觯于篚，阼阶下皆北面再拜稽首。公答拜。媵爵者洗象觯，升实之；序进，坐奠于荐南，北上；降，适阼阶下，皆再拜稽首送觯。公答拜。媵爵者皆退，反返位。

公坐取大夫所媵觯①，兴以酬宾。宾降，西阶下再拜稽首。小臣正辞②，宾升成拜③。公坐奠觯，答拜，执觯兴。公卒觯④，宾下拜，小臣正辞。宾升，再拜稽首。公坐奠觯，答拜，执觯兴。宾进，受虚觯⑤，降，奠于篚，易觯⑥，兴洗；公有命，则不易不洗⑦。反升酌膳⑧，下拜⑨。小臣正辞。宾升，再拜稽首。公答拜。宾告于摈侯者，请旅诸臣⑩。摈侯者告于公，公许。宾以旅大夫于西阶上⑪。摈侯者作大夫长升

注释：①媵：致送。②正：长。③升成拜：指上堂行再拜稽首礼，从而完成礼节。④卒觯：把觯里的酒饮尽。⑤受：接过。虚：空。⑥易：换。⑦洗：洗觯。⑧反升：回转身走上堂。酌膳：从国君的酒尊里舀取酒。⑨下：下堂。⑩旅：依次（劝酒）。⑪以：用。指用手中之酒。

受旅①。宾大夫之右坐奠觯,拜,执觯兴。大夫答拜。宾坐祭,立卒觯②,不拜。若膳觯也③,则降,更觯,洗,升实散④。大夫拜受。宾拜送,遂就席⑤。大夫辩遍受酬⑥,如受宾酬之礼,不祭酒⑦。卒受者以虚觯降⑧,奠于篚,复位。

主人洗觚,升实散,献卿于西阶上⑨。司宫兼卷重席⑩,设于宾左,东上。卿升,拜受觚。主人拜送觚。卿辞重席⑪,司宫彻之⑫。乃荐脯醢⑬。卿升席⑭。庶子设折俎⑮。卿坐,左执爵,右祭脯醢,奠爵于荐右⑯;兴取肺,坐绝祭⑰,不嚌肺;兴,加于俎⑱,坐挩手⑲,取爵,遂祭酒,执爵兴;降席,西阶上北面坐卒爵,兴;坐奠爵,拜,

注释:①作:请,让。②立卒觯:站着把觯里的酒饮尽。③若膳觯:如果宾使用的是膳觯。④实散:舀取方壶中的酒到觯里。⑤就席:回到自己的席位。⑥辩:通"遍",一一。⑦祭酒:用酒祭神。⑧卒受者:最后接受敬酒的大夫。⑨献:敬酒。⑩兼卷重席:将(卿的)两重席一齐卷起。⑪辞:辞谢。⑫彻:撤去。⑬荐:进献。⑭升席:走到席位。⑮庶子:司马的属官。折俎:放有牲体的俎。俎,古代祭祀、设宴时陈置牲口的礼器,木制,漆饰。⑯荐右:脯醢的右边。⑰绝祭:扯下一块肺来祭神。⑱加于俎:把肺放到俎上。⑲挩:拭,擦。

执爵兴。主人答拜，受爵。卿降，复位，辩遍献卿。主人以虚爵降，奠于篚。摈傧者升卿①，卿皆升，就席。若有诸公，则先卿献之，如献卿之礼；席于阼阶西②，北面，东上；无加席③。

小臣又请媵爵者④，二大夫媵爵如初。请致者⑤。若命长致⑥，则媵爵者奠觯于篚，一人待于洗南⑦。长致者阼阶下再拜稽首，公答拜。洗象觯⑧，升实之⑨，坐奠于荐南⑩，降，与立于洗南者二人皆再拜稽首送觯。公答拜。公又行一爵⑪，若宾若长⑫，唯公所赐⑬。以旅于西阶上⑭，如初。大夫卒受者以虚觯降⑮，奠于篚。

主人洗觚，升，献大夫于西阶上⑯。

注释：①升：(引导)进入。②席：铺设席位。③无加席：没有多加一重席，即只有一层席。④请：请示。媵爵者：献酒的人。媵，致送。⑤致：送，指送酒。⑥长：年长者。⑦待：等候。⑧象觯：以象牙装饰的觯。⑨实之：酌满酒。⑩荐南：脯醢的南边。⑪行：敬。⑫若：或。⑬唯公所赐：指赐给谁，完全凭公(国君)的意愿。⑭以：用。旅：依次(劝酒)。⑮卒受：最后接受敬酒。虚：空。⑯献：献酒。

大夫升，拜受觚。主人拜送觚。大夫坐
祭，立卒爵，不拜既爵①。主人受爵②。大
夫降，复位。胥荐主人于洗北③，西面。脯
醢，无胾④。辩遍献大夫，遂荐之⑤。继宾以
西，东上。若有东面者，则北上。卒⑥，摈侯
者升大夫⑦。大夫皆升，就席。

乃席工于西阶上⑧，少东⑨。小臣纳
工⑩，工六人，四瑟⑪。仆人正徒相大太师⑫，

注释：①拜：行拜礼。既爵：尽爵，喝完酒。②受爵：接受爵。③胥：膳宰的下属。
④胾：盛有牲体的俎。⑤遂：紧接着。⑥卒：食品呈进之后。⑦升：请上堂。
⑧乃：于是。席工：为乐工铺设席位。⑨少：稍微。⑩纳：迎接进来。⑪四瑟：
六个人中的四个是奏瑟的。⑫仆人正：仆人之长。正，长。徒：空手。相：扶着。
大师：乐工之长。大，通"太"。

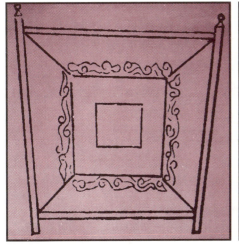

二正侯图

兽侯熊首图

仆人师相少师①，仆人士相上工②。相者皆左何荷瑟③，后首④，内弦⑤，挎越⑥，右手相。后者徒相入⑦。小乐正从之⑧。升自西阶，北面东上。坐授瑟，乃降。小乐正立于西阶东。乃歌《鹿鸣》三终。主人洗，升，实爵，献工。工不兴，左瑟；一人拜受爵。主人西阶上拜送爵。荐脯醢。使人相祭。卒爵，不拜。主人受虚爵。众工不拜，受爵，坐祭，遂卒爵。辩遍有脯醢，不祭。主人受爵，降奠于篚，复位。大太师及少师、上工皆降，立于鼓北，群工陪于后。乃管《新宫》三终⑨。卒管。大太师及少师、上工皆东坫之东南⑩。西面北上，坐。　　摈傧者自阼阶下请立司正⑪。公许⑫，

注释：①仆人师：仆人正之副手。少师：太师之副手。②仆人士：仆人正属下的小吏。上工：古代乐工分上、中、下三等，上工是较高等级者。③左何瑟：左手拿着瑟。何，通"荷"。拿着。④后首：瑟头（用于弹奏的部分）放置于后边。⑤内弦：瑟弦向里贴住瑟身。⑥挎：用手指勾着。越：瑟身下方（背面）的孔。⑦后者徒相入：指由仆人正搀扶着的太师走在后边，而仆人正是空手搀扶着的。⑧从：跟随。⑨管：谓吹篪。篪，管乐器。⑩坫：室内的土台。⑪摈：通"傧"。⑫许：同意。

摈傧者遂为司正①。司正适洗②，洗角觯，南面坐奠于中庭；升，东楹之东受命于公③，西阶上北面命宾、诸公、卿、大夫："公曰'以我安④'！"宾、诸公、卿、大夫皆对曰："诺⑤，敢不安⑥！"司正降自西阶，南面坐取觯⑦，升酌散；降，南面坐奠觯；兴，右还旋⑧，北面少立；坐取觯，兴。坐，不祭，卒觯，奠之，兴；再拜稽首，左还旋，南面坐取觯，洗；南面反返奠于其所⑨，北面立。

司射适次⑩，袒、决、遂⑪，执弓，挟乘矢⑫，于弓外见现镞于弣⑬，右巨指钩弦⑭，自阼阶前曰："为政请射⑮。"遂告曰⑯："大夫与大夫，士御于大夫⑰。"遂适西阶

注释：①司正：掌管仪法之人。②适洗：走到接水（以备洗）的承盘那里。适，到，往。③楹：厅堂前柱。④以我安：根据我的命令让众人都安坐。⑤诺：表示同意、遵命的应答声。⑥敢不安：岂敢不安坐。⑦取：一作奠。⑧右还：转身向右。还，通"旋"，转身。⑨反：通"返"，返归原处。⑩司射：即射人，主管射礼中各人位次以及射礼之法的人。次：更衣处。⑪袒：裸露左臂。决、遂：戴上扳指和护袖。决，也作抉，古代射箭时套在大拇指上的骨质套子，以便钩弦，俗称扳指。遂，护袖。⑫挟乘矢：抓着四支箭。⑬镞：箭头。弣：弓把的中部。⑭右巨指：右手拇指。⑮为政请射：司马请求执行射礼。⑯告：宣告。⑰御：侍奉。

前，东面右顾^①，命有司纳射器^②，射器皆入。君之弓矢适东堂，宾之弓矢与中、筹、丰皆止于西堂下^③。众弓矢不挟。总众弓矢、椱^④，皆适次而俟^⑤。工人、士与梓人升自北阶^⑥。两楹之间，疏数容弓^⑦，若丹若墨^⑧，度尺而午^⑨，射正莅之^⑩。卒画，自北阶下。司宫埽所画物，自北阶下。大史俟于所设中之西，东面以听政。司射西面誓之曰^⑪："公射大侯，大夫射参^⑫，士射干^⑬。射者非其侯，中之不获^⑭！卑者与尊者为耦^⑮，不异侯^⑯！"大史许诺。遂比三耦^⑰。三耦俟于次北^⑱，

仪礼

注释：①右顾：向右看，因为有司在其右侧。②纳：拿进。③中：古代用于盛放计数筹码的器皿。筹：筹码。丰：古代用于盛酒器的托盘。止：放。西堂下：堂西墙西边的地上。④总：捆束。众弓矢：众人使用的弓箭。椱：盛箭器具。⑤俟：通"竢"，等待。⑥工人：官名。司空之属。梓人：官职名。⑦疏数：两个射位符号的竖画之间的距离。⑧若：或。丹：红色。墨：黑色。⑨度尺而午：纵画、横画均以一尺为度，相交成"午"字（金文"午"字与"十"字极相似）。⑩射正：司射之长。莅：莅临监察。⑪誓：告诉。⑫参：通"糁"，杂，指杂侯，其中心为豹形，其旁以麋鹿形装饰。⑬干：通"豻"，古时指胡地的一种野狗，这里指豻侯，其中心为豻形，其旁亦以豻形装饰。依照古代射礼，位尊者射远侯，远侯大；位卑者射近侯，近侯小。⑭中：射中。⑮卑者：地位低者。为耦：合为一耦。耦的本义为两个人并肩耕地。此指两人。⑯不异侯：不射不同的箭靶（即射同一个箭靶）。⑰比：合。⑱次：更衣处。

西面北上。司射命上射曰："某御于子①。"命下射曰："子与某子射。"卒,遂命三耦取弓矢于次。

司射入于次,搢三挟一个②;出于次,西面揖,当阶北面揖③,及阶揖④,升堂揖⑤,当物北面揖⑥,及物揖,由下物少退⑦,诱射⑧。射三侯,将乘矢⑨,始射干犴,又射参㺌,大侯再发⑩。卒射,北面揖。及阶,揖降,如升射之仪。遂适堂西,改取一个挟之。遂取扑搢之⑪,以立于所设中之西南⑫,东面。

司马师命负侯者⑬:"执旌以负侯。"负侯者皆适侯⑭,执旌负侯而俟堞。司射适次,作上耦射⑮。司射反返位。上耦出

注释:①御:侍奉。②搢:插。挟:夹。③当阶:正对着台阶。④及:走到。⑤升:走上。⑥物:指地上的标志。此物为射箭而画定。⑦下物:处于下位的标志。⑧诱射:射击动作的示范。⑨将乘矢:发四支箭。⑩再发:射两支箭。⑪扑:刑杖。⑫中:盛放计数筹码的器皿。⑬负侯者:报靶人。⑭适:走到。侯:箭靶,以兽皮或画有兽形的布为之。⑮作:叫,让。上耦:第一对射手。

次，西面揖进①。上射在左，并行。当阶北面揖，及阶揖。上射先升三等②，下射从之，中等③。上射升堂，少左。下射升，上射揖，并行。皆当其物北面揖④，及物揖。皆左足履物⑤，还旋⑥，视侯中⑦，合足而侯竢⑧。司马正适次⑨，袒、决、遂，执弓，右挟之，出；升自西阶，适下物⑩，立于物间⑪；左执弣⑫，右执箫⑬，南扬弓⑭，命去侯⑮。负侯皆许诺，以宫趋⑯，直西，及乏南⑰，又诺以商⑱，至乏，声止。授获者退立于西方。获者兴，共拱而俟竢⑲。司马正出于下射之南，还旋其后⑳，降自西阶；遂适次，释弓，说脱决、拾㉑，袭㉒，反返位。司

注释：①进：向前行。②三等：三级台阶。③中等：指上射和下射两人之间隔着一级台阶。中，犹"间"。④当：正对着。物：射位符号。⑤履物：踏着射位符号。⑥还：通"旋"，扭头。⑦侯中：靶布的中央。⑧合：并。⑨司马正：司马师的副手。适次：走到更衣处。⑩下物：下位射手所站立的射位符号处。⑪物间：两个射位符号之间。⑫弣：弓把的中部。⑬箫：弓身的末端。⑭南扬弓：向南举起弓。⑮命去侯：叫报靶人离开靶布中心。⑯宫：宫调。趋：快走，跑。⑰乏：古代行射礼时报靶人用来护身的器具。⑱商：商调。⑲共：通"拱"，拱手，两手在胸前相合，表示恭敬。⑳还：通"旋"，转。其：指下位射手。㉑说：通"脱"。决：扳指。拾：射鞲，古代射箭时用的皮制护袖。㉒袭：穿衣。

射进，与司马正交于阶前①，相左②；由堂下西阶之东北面视上射③，命曰："毋射获④！毋猎获⑤！"上射揖。司射退，反位。乃射，上射既发，挟矢，而后下射射。拾发以将乘矢⑥。获者坐而获⑦，举旌以宫⑧，偃旌以商⑨，获而未释获⑩。卒射，右挟之，北面揖，揖如升射。上射降三等，下射少右，从之；中等，并行，上射于左。与升射者相左，交于阶前，相揖。适次，释弓，说脱决、拾，袭，反返位。三耦卒射

注释：①交：相遇。②相左：相遇时都从对方的左侧走过。③上射：处于上位的射手。④获：报靶人。⑤猎：从旁经过，掠过；惊吓。⑥拾：轮流。将：行。乘：四。⑦坐而获：坐着报靶。⑧举旌：举起旗子。⑨偃：垂下。⑩释获：计算靶数。

兕中图

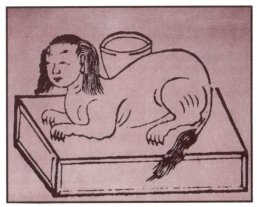

皮树中图

163

仪礼

亦如之①。司射去扑②，倚于阶西，适阼阶下，北面告于公，曰："三耦卒射③。"反返，搢扑④，反返位。

司马正袒、决、遂⑤，执弓，右挟之，出⑥，与司射交于阶前⑦，相左⑧。升自西阶，自右物之后⑨，立于物间⑩，西南面，揖弓⑪，命取矢。负侯许诺⑫，如初去侯⑬，皆执旌以负其侯而俟埃⑭。司马正降自西阶，北面命设楅⑮。小臣师设楅。司马正东面，以弓为毕⑯。既设楅，司马正适次，释弓，说脱决、拾⑰，袭，反返位。小臣坐委矢于楅⑱，北括栝⑲；司马师坐乘之⑳，卒；若矢不备㉑，则司马正又袒执弓，升，命

注释：①耦：两人，一对。②去扑：取下刑杖。③卒：结束。④搢：插上。⑤司马正：司马师的副手。袒：裸露左臂。决、遂：戴上扳指和护袖。决，也作抉，古代射箭时套在大拇指上的骨质套子，以便钩弦，俗称扳指。遂，护袖。⑥出：走出更衣处。⑦交：相遇。⑧相左：相遇时从对方的左侧走过。⑨右物：右边的射位符号。⑩物间：左、右射位符号之间。⑪揖弓：向前平举弓。⑫负侯：报靶的人。⑬去：离开。侯：箭靶。⑭负：背靠。⑮设楅：陈放箭架。楅，盛箭器具。⑯毕：古代丧祭时用以举肉的木叉。此谓指画放置器物位置的工具。⑰拾：射鞴，古代射箭时用的皮制护袖。⑱委：摆放。"小臣"后疑当脱一"师"字。⑲北括：箭的末端朝向北。括，通"栝"，箭的末端，与弓弦交会处。⑳乘：四四数之。㉑不备：不够。

取矢如初，曰："取矢不索^①！"乃复求矢，加于楅。卒，司马正进坐，左右抚之，兴，反（返）位。

司射适西阶西，倚扑^②，升自西阶，东面请射于公。公许。遂适西阶上，命宾御于公^③，诸公、卿则以耦告于上^④，大夫则降^⑤，即位而后告^⑥。司射自西阶上，北面告于大夫曰："请降！"司射先降，搢扑，反（返）位。大夫从之降^⑦，适次，立于三耦之南^⑧，西面，北上。司射东面于大夫之西，比耦^⑨。大夫与大夫，命上射曰^⑩："某御于子^⑪。"命下射曰："子与某子射^⑫。"卒^⑬。遂比众耦^⑭。众耦立于大夫之南，西面，北上。若有士与大夫为耦，则

注释：①取矢不索：箭的数量还未取够。②倚扑：把刑杖倚靠在阶下。③御：侍奉。④耦：此指搭档射手。⑤降：走下堂。⑥即位：回到原位。⑦从：跟随。之：指司射。⑧三耦：三对射手。耦的本义为两个人并肩耕地。⑨比耦：把各对射手搭配好。⑩上射：处于上位的射手。⑪御：侍射。⑫射：合射。⑬卒：（大夫们射箭）完毕。⑭比：合。

165

yǐ dà fū zhī ǒu wéi shàng mìng dà fū zhī ǒu yuē zǐ yǔ
以大夫之耦为上，命大夫之耦曰："子与
mǒu zǐ shè gào yú dà fū yuē mǒu yù yú zǐ mìng
某子射。"告于大夫曰："某御于子。"命
zhòng ǒu rú mìng sān ǒu zhī cí zhū gōng qīng jiē wèi jiàng
众耦，如命三耦之辞①。诸公、卿皆未降②。

suì mìng sān ǒu gè yǔ qí ǒu jié qǔ shǐ jiē tǎn
遂命三耦各与其耦拾取矢③，皆袒、
jué suì zhí gōng yòu xié zhī yì ǒu chū xī miàn yī
决、遂，执弓，右挟之。一耦出④，西面揖，
dāng bī běi miàn yī jí bī yī shàng shè dōng miàn xià
当楅北面揖⑤，及楅揖⑥。上射东面⑦，下
shè xī miàn shàng shè yī jìn zuò héng gōng què shǒu zì gōng
射西面。上射揖进，坐横弓⑧，却手自弓
xià qǔ yí gè jiān zhū fǔ xīng shùn yǔ qiě zuǒ
下取一个⑨，兼诸弣⑩，兴；顺羽⑪，且左
xuán wú zhōu fǎn miàn yī xià shè jìn zuò héng gōng
还旋⑫，毋周⑬，反面揖⑭。下射进，坐横弓，
fù shǒu zì gōng shàng qǔ yí gè jiān zhū fǔ xīng shùn yǔ
覆手自弓上取一个⑮，兼诸弣。兴；顺羽，
qiě zuǒ xuán wú zhōu fǎn miàn yī jì jié qǔ shǐ kǔn
且左还旋，毋周，反面揖。既拾取矢，梱
zhī jiān xié shèng shǐ jiē nèi xuán nán miàn yī shì bī
之⑯。兼挟乘矢⑰，皆内还旋，南面揖。适楅
nán jiē zuǒ xuán běi miàn yī jìn sān xié yí gè yī
南，皆左还旋，北面揖，搢三挟一个。揖，
yǐ ǒu zuǒ xuán shàng shè yú zuǒ tuì zhě yǔ jìn zhě xiāng
以耦左还旋，上射于左。退者与进者相

注释：①**辞：**辞令，例行的话语。②**降：**下堂。③**拾：**轮流，按次序。④**出：**走出更衣处。⑤**当：**正对着。⑥**及：**走到。⑦**上射：**处于上位的射手。**东面：**面向东。⑧**横弓：**左边手横着拿弓。⑨**却手：**指腾出右手。⑩**兼诸弣：**把箭并到箭身的中央。⑪**顺羽：**用右手把羽毛理顺，握在手中。⑫**左还：**箭向左转。还，通"旋"。⑬**毋周：**指箭向左转只转半圈，不要转动一整圈。⑭**反面揖：**转过身子作揖。⑮**覆手：**手掌向下。⑯**梱：**使齐平。⑰**乘矢：**四支箭。

左，相揖。退，释弓矢于次①，说脱决、拾，袭，反返位。二耦拾取矢，亦如之。后者遂取诱射之矢②，兼乘矢而取之，以授有司于次中。皆袭，反返位。

　　司射作射如初③。一耦揖、升如初④。司马命去侯⑤，负侯许诺如初⑥。司马降，释弓⑦，反返位。司射犹挟一个⑧，去扑⑨，与司马交于阶前⑩，适阼阶下，北面请释

注释：①次：更衣处。②诱射：传授射箭的技能。③作：叫，让。④一耦：第一对射手。⑤去：离开。⑥负侯：报靶人。⑦释：放下。⑧犹：仍旧。⑨扑：刑杖。⑩交：相遇。

射矍相圃图·孔子圣迹图

获于公①；公许。反返②，揩扑，遂命释获者设中③，以弓为毕④，北面。大太史释获。小臣师执中⑤，先首⑥，坐设之，东面，退。大太史实八筭于中⑦，横委其余于中西，兴，共拱而俟竢⑧。司射西面命曰："中离维纲⑨，扬触⑩，梱复⑪，公则释获，众则不与！唯公所中，中三侯皆获。"释获者命小史⑫，小史命获者。司射遂进，由堂下北面视上射，命曰："不贯不释⑬！"上射揖。司射退，反返位。释获者坐取中之八筭，改实八筭⑭，兴，执而俟竢⑮。乃射。若中，则释获者每一个释一筭⑯，上射于右⑰，下射于左。若有余筭，则反委之⑱。又取中之八

注释：①释获：计算中靶的情况。②反：通"返"，指司马走回去。③设中：摆放盛筹器。中，古代用来盛放计数筹码的器皿。④为：代替。毕：指画放置器物位置的工具。⑤小臣师：小臣的副长官。⑥先首：把中（盛筹器）的头部放在前面。⑦实：放置。筭：筹码。⑧共：通"拱"，拱手，表示恭敬。⑨离：犹"过"，指高出或低于靶布。维纲：固定箭靶的绳索。⑩扬触：箭射出后碰到别的东西而弹起，恰好射中靶子。⑪梱复：箭触到靶布后没有射入，而是反弹了回来。⑫释获者：计数者。⑬不贯不释：未穿射箭靶者不得计数。⑭实：放入。⑮执：拿着取出的八支筹码。⑯一个：指射中一箭。释：（抽一个筹）扔下。⑰上射：指计算上位射手的筹码。⑱反：转过身来。委：放置。

筭，改实八筭于中。兴，执而俟竢。

三耦卒射①。宾降，取弓矢于堂西。诸公、卿则适次②，继三耦以南③。公将射，则司马师命负侯④，皆执其旌以负其侯而俟竢。司马师反返位，隶仆人埽侯道⑤。司射去扑⑥，适阼阶下，告射于公⑦；公许。适西阶东，告于宾；遂搢扑，反返位。小射正一人，取公之决、拾于东坫上⑧。一小射正授弓、拂弓⑨，皆以俟竢于东堂⑩。公将射，则宾降，适堂西，袒、决、遂，执弓，搢三挟一个；升自西阶，先待于物北⑪，一笴⑫，东面立。司马升，命去侯如初；还旋右⑬，乃降，释弓，反返位。公就物，小射正奉决、拾以笥⑭，大射正执

注释：①卒射：把箭射完。②适：往，到。次：更衣处。③继：接连。④司马师：举行射礼时掌管礼法的人。负侯：负责报靶的人。负，背靠。侯，箭靶，以兽皮或画上兽形的布为之。⑤隶仆人：负责清扫宗庙等处的人。埽：同"扫"，用扫帚除去尘土、垃圾等物。⑥去扑：拿掉刑杖。⑦告射：报告到射箭的时候了。⑧坫：土台。⑨拂：擦去尘土。⑩以侯：拿着射器等候。⑪物北：画在地上的射位符号的北边。⑫笴：箭杆。⑬还右：向右转身。⑭笥：盛衣物或饭食的方形盛器。

弓^①，皆以从于物。小射正坐奠笥于物南^②，遂拂以巾，取决兴；赞设决、朱极三^③。小臣正赞袒^④，公袒朱襦^⑤。卒袒，小臣正退俟^竢于东堂，小射正又坐取拾^⑥，兴。赞设拾，以笥退奠于坫上，复位。大射正执弓，以袂顺左右隈^⑦，上再下一^⑧，左执弣^⑨，右执箫^⑩，以授公。公亲揉之^⑪。

注释：①大射正：射人的长官。②奠：放置。③赞：助。朱：红色。极：射箭时套在手指的皮套。④袒：脱外衣露短衣。⑤襦：短衣。⑥拾：射韝。古代射箭时用的皮制护袖。⑦袂：袖口。隈：弓两端的弯曲处。⑧上：弓把的外侧。再：（擦）两次。下：弓把的内侧。一：（擦）一次。⑨弣：弓把的中部。⑩箫：弓的末端。⑪揉：试弓。

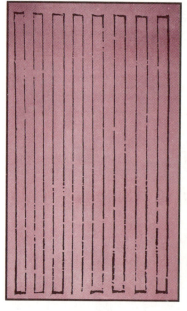

笥图

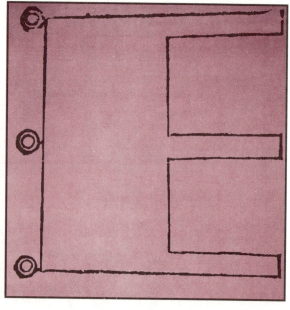

遂图

小臣师以巾内拂矢①，而授矢于公，稍属②。大射正立于公后，以矢行告于公③。下曰留④，上曰扬，左右曰方⑤。公既发⑥，大射正受弓而俟。拾发以将乘矢⑦。公卒射，小臣师以巾退，反位。大射正受弓。小射正以笴受决、拾，退奠于坫上，复位。大射正退，反司正之位。小臣正赞袭⑧。公还而后宾降，释弓于堂西⑨，反位于阶西东面。公即席，司正以命升宾。宾升复筵，而后卿大夫继射⑩。

诸公、卿取弓矢于次中⑪，袒、决、遂，执弓，搢三挟一个，出⑫；西面揖，揖如三耦⑬，升射；卒射，降如三耦；适次，释弓，说决、拾，袭，反位。众皆继射，释获皆如初⑭。卒射，释获者遂以所执余

注释：①以巾内拂矢：用巾包着箭擦拭。内，通"纳"。②稍属：指国君射一支就递一支。③矢行：箭发出以后的情况。④下：指向下偏。⑤左右：向左偏或向右偏。⑥既发：已经把箭射出去。⑦拾：轮流，依次。乘：四。⑧赞袭：帮助国君穿好衣服。⑨释：放下。⑩继：接着。⑪次：更衣处。⑫出：走出更衣处。⑬三耦：三对射手。⑭释获：计算靶数。

获，适阼阶下，北面告于公，曰："左右卒射①。"反返位，坐委余获于中西②，兴，共拱而俟竢③。司马袒执弓，升，命取矢如初。负侯许诺④，以旌负侯如初⑤。司马降，释弓如初。小臣委矢于楅⑥，如初。宾、诸公、卿、大夫之矢皆异束之以茅⑦；卒，正坐左右抚之⑧，进束⑨，反返位。宾之矢，则以授矢人于西堂下。司马释弓，反返位，

注释：①左右：指堂上与堂下的射手。②中西：中（古代用于盛放计数筹码的器皿）的西面。③共：通"拱"，拱手。两手在胸前相合，表示恭敬。④负侯：负责报靶的人。⑤负：背靠。侯：箭靶。⑥委：放置。⑦束：包裹。⑧正：司马正。左右抚之：按左右把其他上位射手和下位射手的箭分开。⑨进束：将已裹束的箭放到箭架上。

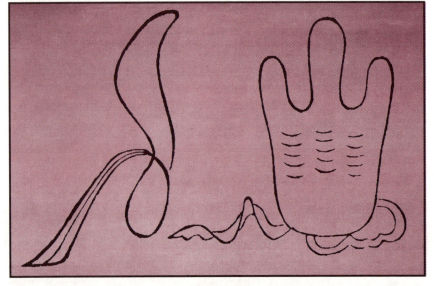

朱极三图

而后卿、大夫升就席。

司射适阶西，释弓，去扑，袭；进由中东，立于中南，北面视筭①。释获者东面于中西坐，先数右获②。二筭为纯③，一纯以取④，实于左手⑤。十纯则缩而委之⑥，每委异之⑦。有余纯，则横诸下⑧。一筭为奇，奇则又缩诸纯下。兴，自前适左，东面坐⑨。坐，兼敛筭，实于左手，一纯以委，十则异之；其余如右获。司射复位，释获者遂进取贤获⑩，执之，由阼阶下，北面告于公。若右胜，则曰"右贤于左⑪"。若左胜，则曰"左贤于右"。以纯数告⑫。若有奇者，亦曰奇。若左右钧均⑬，则左右各执一筭以告，曰"左右钧均"。还旋

注释：①视：监督。②右获：右边的筹码。③纯：全，一双。④一纯以取：一纯一纯地拿。⑤实：放。⑥缩：纵，直。委：堆放。⑦每委异之：每次放的时候都一纵一横地改变方向。⑧横诸下：横着放在靠近自身的地方，一般是西边。⑨坐：疑为衍文。⑩贤获：胜利一方的筹码。⑪贤：胜。⑫以纯数告：把获胜一方超过对方的纯的数量报告给国君。一说把双方的筹码数报告给国君。⑬钧：通"均"，平等。

复位^①，坐，兼敛筹，实八筹于中，委其余于中西，兴，共拱而俟埃。

司射命设丰^②。司宫士奉丰^③，由西阶升，北面坐设于西楹西^④，降复位。胜者之弟子洗觯，升酌散^⑤，南面坐奠于丰上，降反返位。司射遂袒^⑥，执弓，挟一

注释：①还：通"旋"，回转身。②司射：射人，掌以射法治射仪。丰：古代用以盛酒器的托盘。③司宫士：司宫正的下属。奉：捧。④楹：堂前部的柱子。⑤酌散：从方壶中舀取酒。⑥袒：露出左臂。

养由基百步穿杨图

174

个，搢扑，东面于三耦之西，命三耦及众

射者："胜者皆袒、决、遂，执张弓①。不胜

者皆袭②，说脱决、拾，却左手③，右加弛弓

于其上④，遂以执弣⑤。"司射先反返位。三

耦及众射者皆升，饮射爵于西阶上⑥。小

射正作升饮射爵者，如作射⑦。一耦出⑧，

搢如升射，及阶，胜者先升，升堂⑨，少右⑩。

不胜者进，北面坐取丰上之觯，兴，少

退，立卒觯⑪，进，坐奠于丰下，兴，搢。不

胜者先降，与升饮者相左，交于阶前，相

搢，适次，释弓，袭，反返位。仆人师继酌

射爵⑫，取觯实之⑬，反返奠于丰上⑭，退俟竢

于序端⑮。升饮者如初。三耦卒饮。若宾、

诸公、卿、大夫不胜，则不降，不执弓，耦

注释：①张弓：拉紧弦的弓。②袭：穿上衣服。③却左手：指左手往后退，手掌向上。④弛弓：弦已松弛的弓。⑤弣：弓把的中部。⑥射爵：指放在丰上的觯。⑦如作射：如同以前让射手上堂射箭那样。⑧出：走出众射手的行列。⑨升：这里的两个"升"其中之一疑为衍文。句子当作"胜者先升堂"。⑩少右：稍微向右偏。⑪立卒觯：站着把觯里的酒饮光。⑫仆人师：仆人正的副手。⑬实：装满，倒装。⑭反：回转身。奠：放置。⑮俟：等待。序端：堂的东墙或西墙的南端近阶处。序，堂的东西墙。

175

不升[1]；仆人师洗[2]，升实觯以授；宾、诸公、卿、大夫受觯于席，以降[3]，适西阶上，北面立饮，卒觯，授执爵者[4]，反返就席。若饮公[5]，则侍射者降[6]，洗角觯，升酌散，降拜；公降一等[7]，小臣正辞，宾升，再拜稽首，公答再拜；宾坐祭，卒爵，再拜稽首，公答再拜；宾降，洗象觯，升酌膳以致[8]，下拜，小臣正辞，升，再拜稽首，公答再拜；公卒觯，宾进受觯[9]，降洗散觯[10]，升实散，下拜，小臣正辞，升，再拜稽首，公答再拜。宾坐，不祭，卒觯，降奠于篚[11]，阶西东面立。摈傧者以命升宾[12]，宾升就席。若诸公、卿、大夫之耦不胜，则亦执弛弓，特升饮[13]。众皆继饮射爵，如三耦。射爵辩遍①，乃彻丰与觯。

司宫尊侯于服不之东北②，两献酒③，东面南上④，皆加勺⑤；设洗于尊西北⑥，篚在南，东肆⑦，实一散于篚⑧。司马正洗散，遂实爵⑨，献服不。服不侯西北三步，北面拜受爵。司马正西面拜送爵，反位。宰夫有司荐⑩，庶子设折俎⑪。卒错措⑫，获者适右个⑬，荐俎从之。获者左执爵，右祭荐俎，二手祭酒⑭；适左个，祭如右个，中亦如之。卒祭，左个之西北三步，东面。设荐俎，立卒爵。司马师受虚爵，洗，献隶仆人与巾车、获者⑮，皆如大侯之礼。卒⑯，司马师受虚爵，奠于篚。获者

注释：①射爵辩：负方射手全部饮过罚酒之后。②尊：放置。侯：指大侯、参侯、干侯等箭靶。服不：负责养猛兽的官，举行大射礼时为大侯报靶。③献酒：滤过的酒。④南上：以南边为上位。⑤皆加勺：两只酒尊上都放有勺。⑥洗：接水用的盘子。⑦肆：陈列。⑧散：大爵，容量约五升。⑨实爵：往酒觯里舀进酒。⑩宰夫有司：宰夫的属吏。荐：进献。⑪庶子：官名，为世子（诸侯的长子）的属官。折俎：放有牲体的俎。⑫错：通"措"，安放。措又音 cù。⑬右个：拴靶布的右边的柱子。⑭二手：双手。⑮隶仆人：举行射礼时负责扫侯道（射道）的人。巾车：官名。掌公车的政令，为车官之长。一说指负责挂好大侯及参侯、干侯的靶布的人。⑯卒：敬完酒。

皆执其荐，庶子执俎从之，设于乏少南①。
服不复负侯而俟 <ruby>埃<rt>sì</rt></ruby>②。

司射适阶西，去扑③，适堂西，释弓，说<ruby>脱<rt>tuō</rt></ruby>决、拾，袭，适洗，洗觚，升实之，降，献释获者于其位，少南。荐脯醢、折俎，皆有祭。释获者荐右东面拜受爵。司射北面拜送爵。释获者就其荐坐④，左执爵，右祭脯醢，兴取肺，坐祭，遂祭酒；兴，司射之西，北面立卒爵，不拜既爵⑤。

注释：①乏：挡箭木牌。少南：略偏南。②复：重新，又。③去扑：放下木棒。扑，刑杖，木棒。④就：靠近。荐：脯醢。⑤拜：拜谢。既爵：将酒饮毕。

辕门射戟图·杨柳青木版年画

司射受虚爵，奠于篚。释获者少西辟[避]荐①，反[返]位。司射适堂西，袒、决、遂，取弓，挟一个②，适阶西，揩扑以反[返]位③。

　　司射倚扑于阶西④，适阼阶下，北面请射于公如初⑤。反[返]揩扑⑥，适次⑦，命三耦皆袒、决、遂，执弓，序出取矢⑧。司射先反[返]位。三耦拾取矢如初⑨，小射正作取矢如初⑩。三耦既拾取矢，诸公、卿、大夫皆降，如初位⑪，与耦入于次⑫，皆袒、决、遂，执弓，皆进当福⑬，进坐⑭，说[脱]矢束。上射东面，下射西面，拾取矢如三耦。若士与大夫为耦，士东面，大夫西面。大夫进坐，说[脱]矢束，退反[返]位。耦揖进坐，兼取乘矢⑮，兴；顺羽⑯，且左还[旋]，

注释：①少西：稍微向西移动。辟荐：绕过脯醢。辟，通"避"，这里指绕过。②挟：用手指夹着。一个：一支箭。③揩扑：把刑杖插在腰带间。④倚：倚靠。阶西：西阶的西边。⑤请射于公：向国君请示是否开始射箭。⑥反：通"返"，返回西阶的西边。⑦适次：走到更衣处。⑧序出取矢：依次走出更衣处，拿起箭。⑨拾：轮流，依次。⑩作：叫，让。⑪如：回到。初位：原来的位置。⑫耦：搭档射手。⑬当：正对。福：盛箭器具。⑭进坐：走到福前坐下。⑮兼：一并。乘矢：四支箭。⑯顺羽：手贴着矢羽由上而下，将矢羽理齐。

179

毋周^①，反面揖^②。大夫进坐，亦兼取乘矢，如其耦；北面揖三挟一个，揖进^③。大夫与其耦皆适次，释弓，说^脱决、拾，袭，反^返位。诸公、卿升就席。众射者继拾取矢，皆如三耦，遂入于次，释弓矢，说^脱决、拾，袭，反^返位。

司射犹挟一个以作射，如初。一耦揖升如初^④。司马升，命去侯^⑤，负侯许诺^⑥。司马降，释弓反^返位。司射与司马交于阶前^⑦，倚扑于阶西，适阼阶下，北面请以乐于公。公许。司射反^返，揖扑，东面命乐正曰^⑧："命用乐^⑨。"乐正曰："诺。"司射遂适堂下，北面视上射^⑩，命曰："不鼓不释^⑪。"上射揖，司射退反^返位。乐正命大^太师曰："奏《狸首》，间若一^⑫。"大^太师

注释：①毋周：转身时不要转一整圈。②反面：返转身。③揖进：作揖（礼）而向前行进。④揖升：上堂揖礼。⑤去侯：离开靶布。⑥负侯：报靶的人。⑦交：相遇。⑧乐正：官名，周代乐官之长。⑨命用乐：国君命令奏乐。⑩上射：处于上位的射手。⑪不鼓不释：不按照鼓响的节奏射箭的，即使射中也不得计数。⑫若一：一致。

不兴，许诺。乐正反（返）位。奏《狸首》以射，三耦卒射。宾待于物如初。公乐作而后就物①，稍属②，不以乐志③。其他如初仪。卒射如初。宾就席④。诸公、卿、大夫、众射者皆继射，释获如初⑤。卒射，降反（返）位。释获者执余获进告。左右卒射，如初。

司马升⑥，命取矢，负侯许诺。司马降，释弓反（返）位。小臣委矢⑦，司马师乘之⑧，皆如初。司射释弓，视筭，如初。释获者以贤获与钧（均）告⑨，如初。复位。司射命设丰⑩，实觯，如初。遂命胜者执张弓，不胜者执弛弓，升，饮如初；卒，退丰与觯，如初。

司射犹袒、决、遂，左执弓，右执一个①，兼诸弦②，面镞③，适次，命拾取矢④，如初。司射反**返**位。三耦及诸公、卿、大夫、众射者，皆袒、决、遂以拾取矢，如初。矢不挟，兼诸弦，面镞。退适次，皆授有司弓矢⑤，袭，反**返**位。卿、大夫升就席。司射适次，释弓，说**脱**决、拾，去扑，袭，反**返**位。司马正命退福解纲⑥。小臣师退福⑦，巾车、量人解左下纲⑧。司马师命获者以旌与荐俎退⑨。司射命释获者退中与筹而俟**竢**⑩。

公又举奠觯⑪，唯公所赐⑫。若宾若长⑬，以旅于西阶上⑭，如初。大夫卒受者以虚觯降⑮，奠于篚，反**返**位。司马正升自

注释：①执：指侧持弦矢。一个：一支箭。②兼诸弦：指把箭并到弦上。③面镞：箭镞朝向前。④拾：轮流，依次。⑤有司：指相关的官员。⑥解纲：松开箭靶左下方的绳索。⑦小臣师：小臣正的佐助。福：用于插箭的器具。⑧量人：司马的属官，负责丈量道路。⑨获者：报靶人。以：拿着。⑩释获者：计数者。中：盛筹器。⑪举奠觯：举起放着的觯。⑫唯公所赐：由国君决定（将觯）赏赐给哪位。⑬若：或。长：年长者。⑭旅：依次。⑮大夫卒受者：最后一位接受劝酒的大夫。

西阶①，东楹之东②，北面告于公，请彻俎③。公许。遂适西阶上，北面告于宾。宾北面取俎以出。诸公、卿取俎如宾礼，遂出，授从者于门外④。大夫降复位。庶子正彻公俎⑤，降自阼阶以东。宾、诸公、卿皆入门⑥，东面，北上。司正升宾⑦。宾、诸

注释：①司马正：疑当作"司正"。②楹：堂前部的柱子。③彻：撤。④从者：随从人员。⑤庶子正：庶子的副手。⑥门：疑为衍文。⑦司正：宴饮时督察礼仪的人。升宾：请宾走上堂。

礼贲遣归图

公、卿、大夫皆说（脱）屦[1]，升就席。公以宾及卿、大夫皆坐[2]，乃安[3]。羞庶羞[4]。大夫祭荐[5]。司正升受命，皆命。公曰："众无不醉[6]！"宾及诸公、卿、大夫皆兴[7]，对曰："诺，敢不醉[8]！"皆反（返）位坐。

主人洗、酌[9]，献士于西阶上[10]。士长升[11]，拜受觯，主人拜送[12]。士坐祭，立饮，不拜既爵[13]。其他不拜，坐祭，立饮。乃荐司正与射人于觯南[14]，北面，东上[15]，司正为上[16]。辩（遍）献士。士既献者立于东方[17]，西面，北上。乃荐士。祝史、小臣师亦就其位而荐之[18]。主人就士旅食之尊而献之[19]。旅食不拜[20]，受爵，坐祭，立饮。主人执虚爵，奠于篚，复位。

注释：①说屦：脱下鞋。说，通"脱"。②以：和。③乃安：全都坐好。④羞庶羞：有司们进献上各种肴馔。⑤祭荐：用脯醢祭神。⑥众无不醉：大家一醉方休。⑦兴：站起来。⑧敢：不敢，岂敢。⑨洗：洗觯。酌：往觯里舀酒。⑩献：敬酒。⑪士长：士中的年长者。⑫拜送：行拜礼把酒觯递过去。⑬既爵：尽爵，饮尽酒。⑭荐：献上脯醢。⑮东上：以东边为上位。⑯为上：处于上位。⑰既献者：已经接受敬酒的人。⑱祝史：掌管祭祀祝祷的人。⑲献：敬酒。⑳旅食：接受敬酒的众士。

宾降洗，升，媵觯于公①，酌散②，下拜。公降一等，小臣正辞。宾升再拜稽首，公答再拜。宾坐祭，卒爵，再拜稽首。公答再拜。宾降，洗象觚③，升酌膳，坐奠于荐南，降拜。小臣正辞。宾升成拜，公答拜。宾反返位。公坐取宾所媵觯，兴。唯公所赐④。受者如初受酬之礼⑤，降，更爵，洗，升酌膳⑥，下，再拜稽首。小臣正辞，升成拜⑦。公答拜。乃就席，坐行之⑧。有执爵者。唯受于公者拜。司正命："执爵者爵辩遍⑨，卒受者兴以酬士。"大夫卒受者以爵兴，西阶上酬士。士升，大夫奠爵拜⑩，受答拜⑪。大夫立卒爵，不拜，实之⑫。士拜受，大夫拜送。士旅于西阶上，辩遍。士旅酬[1]。

若命曰"复射"[2]，则不献庶子[3]。司射命射，唯欲[4]。卿、大夫皆降，再拜稽首。公答拜。壹发，中三侯皆获[5]。

主人洗，升自西阶，献庶子于阼阶上[6]，如献士之礼。辩遍献。降洗，遂献左右正与内小臣[7]，皆于阼阶上，如献庶子之礼。无算爵[8]。士也，有执膳爵者[9]，有执散爵者[10]。执膳爵者酌以进公，公不拜，受。执散爵者酌以之公，命所赐[11]。所赐者兴受爵，降席下，奠爵，再拜稽首；公答再拜。受赐爵者以爵就席坐，公卒爵，然后饮。执膳爵者受公爵，酌，反奠之[12]。受赐者兴，授执散爵者。执散爵者

注释：①旅酬：依次自酌自饮。②若命曰：如果国君命令说。复射：再次射箭。③庶子：官名，为世子（诸侯的长子）的属官。④唯欲：根据自己的兴致来决定。⑤皆获：都视为射中。⑥献：敬酒。阼阶：东阶，按礼仪来说是主人之阶。⑦左右正：指乐正和仆人正。举行燕礼时他们处于中庭之左右，故称左右正。内小臣：官名，掌奉侍内廷，供王后使令，由阉人充任，也称小臣。⑧无算爵：（此时饮酒）不限爵数（兴尽而止）。⑨膳爵：国君专用的爵。⑩散爵：众人用的爵。⑪命所赐：由国君指定把酒赐给谁。⑫反：转过身。

乃酌行之。唯受于公者拜。卒爵者兴，以酬士于西阶上。士升。大夫不拜乃饮①，实爵；士不拜，受爵，大夫就席。士旅酬，亦如之。公有命彻幂，则宾及诸公、卿、大夫皆降，西阶下北面，东上，再拜稽首。公命小臣正辞②，公答拜。大夫皆辟（避）。升，反（返）位。士终旅于上③，如初。无算乐。宵④，则庶子执烛于阼阶上，司宫执烛于西阶上⑤，甸人执大烛于庭⑥，阍人为烛于门外⑦。宾醉，北面坐取其荐脯以降⑧。奏《陔》。宾所执脯，以赐钟人于门内霤⑨，遂出。卿、大夫皆出。公不送。公入，《骜》⑩。

注释：①乃：就。②小臣正：小臣的长官。③终：终止。旅：依次。上：指大夫们走上堂。④宵：入夜。⑤司宫：掌管诸侯宫中事务的官。⑥甸人：掌管供应薪柴者。⑦阍人：守门人。为：执。⑧降：下堂。⑨霤：屋檐下滴水处。⑩《骜》：（乐工演奏）《骜》乐。

楚王使聘图　明·仇　英

聘礼第八①

聘礼。君与卿图事②，遂命使者③。使者再拜稽首，辞④。君不许，乃退⑤。既图事⑥，戒上介⑦，亦如之⑧。宰命司马戒众介⑨，众介皆逆命⑩，不辞。

宰书币⑪，命宰夫官具⑫。及期⑬，夕币⑭。使者朝服，帅众介夕⑮。管人布幕于寝门外⑯。官陈币⑰：皮北首西上⑱，加其奉于左皮上⑲；马则北面⑳，奠币于其前㉑。

仪礼

使者北面。众介立于其左①，东上。卿、大夫在幕东，西面，北上。宰入，告具于君②。君朝服出门左③，南乡向④。史读书展币⑤。宰执书，告备具于君，授使者。使者受书，授上介。公揖入。官载其币⑥，舍于朝⑦。上介视载者⑧，所受书以行。

厥明⑨，宾朝服释币于祢⑩。有司筵几于室中⑪。祝先入⑫，主人从入⑬。主人在右，再拜；祝告，又再拜。释币⑭，制玄纁束⑮，奠于几下，出⑯。主人立于户东⑰，祝立于牖西⑱。又入，取币，降；卷币，实于笲⑲，埋于西阶东⑳。又释币于行㉑。遂受命㉒。上介释币亦如之。

注释：①其：指使者。②告具：报告礼物已经准备齐全。③左：站在左边。④乡：通"向"。⑤读书展币：读礼品单并与实物相核验。⑥载：用车载。⑦舍：住宿，止宿。朝：寝门外朝之地。⑧视：察看。载者：所装载的礼物。⑨厥明：次日天亮。⑩宾：使者。释币：一种简单的祭庙仪式。祢：父庙。⑪筵：铺设席位。几：动词。摆设几。⑫祝：掌管祭祀事务的人。⑬从：跟随。⑭释币：把祭祀先人的布帛铺开。⑮制：布匹的长度，一般为一丈八尺。玄：黑色。纁：浅绛色。束：币帛锦十卷者皆为束。⑯出：走出室外。⑰户东：房门的东边。⑱牖：窗户。⑲笲：竹器名。⑳西阶东：西阶的东边。㉑行：道路神。㉒遂：于是，接着。受命：接受出使的使命。

190

上介及众介俟于使者之门外。使者载旃①，帅以受命于朝②。君朝服南乡，卿、大夫西面，北上。君使卿进使者③。使者入，及众介随入④，北面，东上。君揖使者进之⑤，上介立于其左，接闻命⑥。贾人西面坐启椟⑦，取圭垂缫藻⑧，不起而授宰⑨。宰执圭屈缫藻⑩，自公左授使者。使者受圭，同面⑪，垂缫藻以受命。既述命⑫，同面授上介。上介受圭屈缫藻，出，授贾人，众介不从。受享束帛加璧⑬，受夫人之聘璋⑭，享玄纁束帛加琮⑮，皆如初。遂行，舍于郊⑯。敛旃⑰。

若过邦⑱，至于竟⑲，使次介假道⑳。

注释：①旃：赤色曲柄的旗。②朝：治朝，在路门外。③进使者：命令使者入（库门）。④及众介随入：所有的介都跟随着进去。⑤揖使者：向使者作揖。进之：让使者走向前来。⑥接闻命：接着使者听候国君的指令。⑦贾人：掌管交易物价的小吏。贾，通"价"。椟：匣子。⑧圭：玉。垂：下挂，落下。缫：通"藻"，五彩丝绳。⑨起：站起来。⑩屈：收敛。⑪同面：面朝同一方向。⑫述命：讲述国君的命令。⑬享：献。束帛：十端帛。加璧：放在束帛上面的玉璧。⑭璋：玉器名称。⑮琮：瑞玉。⑯舍：休息，止息。⑰敛：收起。⑱过邦：途经他国。⑲竟：通"境"，边境。⑳次介：副使。假道：借路。

191

仪礼

束帛将命于朝^①，曰："请帅^②。"奠币^③。下大夫取以入告^④，出许^⑤，遂受币^⑥。饩之以其礼^⑦：上宾大太牢^⑧，积唯刍禾^⑨，介皆有饩^⑩。士帅^⑪，没其竟境^⑫。誓于其竟境^⑬，

shù bó jiāng mìng yú cháo yuē qǐng shuài diàn bì xià dà fū qǔ yǐ rù gào chū xǔ suì shòu bì xì zhī yǐ qí lǐ shàng bīn tài láo jī wéi chú hé jiè jiē yǒu xì shì shuài mò qí jìng shì yú qí jìng

注释：①束帛：此处指捧着束帛。将命：奉命。②帅：带路。③奠币：把束帛放下。④下大夫：指对方国家的下大夫。取以入告：拿着帛进去禀告自己的国君。⑤出许：指该下大夫出来说国君表示同意。⑥受币：接受所送的束帛。⑦饩：赠送。⑧上宾：使者。大牢：即太牢。牛、羊、猪三牲齐全。大，通"太"。⑨积：指路上所需的物品。刍禾：柴草与禾稻。⑩介皆有饩：此句指介也都有礼物，但只有牲畜。此句的饩与上句的饩意不同。凡赐人以牲，牲曰饩。⑪士：对方国家的士。帅：带领使者及其随从走过该国的领土。⑫没其竟：指一直带领他们走到该国另一端的边境。竟，通"境"。⑬誓：立下誓言不在他国境内胡作非为。

季康币迎图

宾南面，上介西面，众介北面，东上；史读书①，司马执策立于其后②。未入竟境③，壹肆③。为墙坛④，画阶⑤，帷其北无宫。朝服无主⑥，无执也⑦。介皆与，北面，西上。习享，士执庭实⑧。习夫人之聘享，亦如之。习公事，不习私事。

及竟境⑨，张旃⑩，誓。乃谒关人⑪。关人问从者几人。以介对⑫。君使士请事⑬，遂以入竟境。入竟境，敛旃，乃展⑭。布幕⑮，宾朝服立于幕东，西面；介皆北面，东上；贾价人北面，坐拭圭，遂执展之。上介北面视之，退复位。退圭⑯。陈皮⑰，北首⑱，西上，又拭璧，展之⑲，会诸其币，加

注释：①书：誓词。②策：（马）鞭子。③肆：演习。④墙：围绕祭坛四周的矮土墙。⑤画阶：土堆的坛较低，故以笔画出台阶，以合礼数。⑥无主：不假设国君（即不让人扮国君）。⑦无执：不执玉。⑧庭实：周礼，诸侯国之间互相访问，或谒见周天子，参与聘、觌和享礼时，把礼物或贡物陈列在中庭，称庭实。⑨及竟：进入国境。⑩张旃：打开旃旗。⑪谒：拜见。关人：边关的官员。⑫以介对：用介的数目回答。⑬请事：请问入境的原由。⑭展：核验（礼品）。⑮布幕：把帐幕张起。⑯退圭：贾人收起圭。⑰陈：陈列。皮：兽皮。⑱北首：兽皮的头朝向北。⑲展之：把玉璧从匣子中取出。

于左皮上①。上介视之，退。马则幕南，北面，奠币于其前。展夫人之聘享②，亦如之。贾价人告于上介，上介告于宾。有司展群币以告。及郊③，又展，如初。及馆，展币于贾价人之馆，如初。

宾至于近郊④，张旃。君使下大夫请行⑤，反返⑥。君使卿朝服，用束帛劳⑦。上介出请⑧，入告。宾礼辞，迎于舍门之外⑨，再拜。劳者不答拜⑩。宾揖，先入，受于舍门内。劳者奉币入，东面致命⑪。宾北面听命，还旋⑫，少退。再拜稽首，受币。劳者出。授老币⑬。出迎劳者，劳者礼辞。宾揖，先入，劳者从之。乘皮设⑭。宾用束锦傧劳者⑮，劳者再拜稽首受。宾再拜稽

注释：①加：放置。②聘享：聘问献纳的礼物。③郊：远郊。④近郊：对方国家国都郊外的附近。⑤请行：请问行动的目的地。⑥反：下大夫得到使者的回答后返回。⑦束帛：十端帛。劳：慰劳。⑧出请：走出门请问卿前来有何贵干。⑨舍：房舍。⑩劳者：指前来慰劳的卿。⑪致命：转达本国国君的慰劳之意。⑫还：转身。⑬老：使者的家臣。⑭乘皮：四张皮革。⑮傧：用傧礼。

首,送币①。劳者揖皮出②,乃退。宾送再拜。

夫人使下大夫劳以二竹簋方③。玄被纁里④,有盖,其实枣蒸栗择⑤,兼执之以进⑥。宾受枣,大夫二手授栗。宾之受,如初礼;侯之如初⑦。下大夫劳者遂以宾入⑧。

至于朝⑨,主人曰⑩:"不腆先君之祧⑪,既拚以俟竢矣⑫。"宾曰:"俟竢闲⑬"。大夫帅至于馆⑭,卿致馆⑮。宾迎,再拜。卿致命⑯,宾再拜稽首。卿退,宾送再拜。宰夫朝服设飧⑰:饪一牢⑱,在西,鼎九,羞鼎三⑲;腥一牢⑳,在东,鼎七。堂上之馔八,

注释:①币:此指鹿皮。②揖皮:向捧着鹿皮的人作揖。③竹簋方:古代盛枣栗的礼器。簋,一竹簋。④玄被纁里:指包竹簋用的丝织品是黑色的面、浅红色的里。⑤择:剥壳。⑥兼:并,指两只手分别拿着枣和栗。⑦侯:以礼迎宾。⑧以宾入:请使者进入国都。⑨朝:朝廷。⑩主人:国君。此句指对方国国君派因使者到来而入宫报告的下大夫出来传话。⑪腆:善,美好。祧:祖庙。⑫拚:扫除,清洁。⑬俟闲:等国君有空(再行礼)。⑭帅:带领。⑮致:送。⑯致命:转达国君的问候。⑰飧:陈设的食品,不用备礼。⑱饪:熟食。一牢:一太牢,牛、羊、猪各一。⑲羞鼎:即陪鼎,盛有食物的鼎。⑳腥:已经杀但没有煮的牲。

西夹六。门外米、禾皆二十车，薪刍倍禾。上介：饪一牢，在西，鼎七，羞鼎三；堂上之馔六；门外米、禾皆十车，薪刍倍禾。众介皆少牢①。

厥明②，讶宾于馆③。宾皮弁聘④。至于朝，宾入于次⑤，乃陈币⑥。卿为上摈⑦，

注释：①少牢：古代祭祀宴享单用羊、猪称少牢。②厥：指拜见对方国国君的那天。明：天亮的时候。③讶：迎接。④皮弁：皮弁之服。聘：访，探问。⑤次：更衣处。⑥陈币：把礼物陈列出来。⑦摈：通"傧"。国君派去迎接宾的人。

说筑傅岩图

大夫为承摈①，士为绍摈②。摈者出请事③。公皮弁，迎宾于大门内。大夫纳宾④。宾入门左⑤。公再拜，宾辟避⑥，不答拜。公揖入，每门、每曲揖⑦。及庙门⑧，公揖入，立于中庭；宾立接西塾⑨。几筵既设，摈者出请命。贾价人东面坐启椟，取圭垂缫藻⑩，不起而授上介。上介不袭⑪，执圭屈缫藻，授宾。宾袭，执圭。摈者入告，出辞玉⑫。纳宾⑬，宾入门左。介皆入门左，北面，西上。三揖，至于阶，三让。公升二等，宾升，西楹西，东面。摈者退中庭。宾致命；公左还旋，北乡向。摈者进。公当楣再拜⑭。宾三退，负序⑮。公侧袭⑯，受玉于中堂与东楹之间⑰。摈者

注释：①承摈：上摈的副手。摈，通"傧"。下同。②绍摈：上摈的副手。承、绍均有协助、辅佐意。③出：走出朝门。请事：请问来宾前来有何贵干。④纳宾：把宾客带进来。⑤入门左：从门的左侧走进来。⑥辟：通"避"，回避。⑦每门：每道门。每曲：每次转弯。⑧庙门：宗庙之门。入大门东行，即至庙门。⑨接：邻近。西塾：西侧的堂。⑩缫：通"藻"，五彩丝绳。⑪袭：加衣。⑫辞玉：转达国君的话语表示不能接受玉圭。⑬纳宾：带领宾客进入庙门。⑭楣：房屋的次梁。⑮负序：指背靠堂的西墙。负，背靠。⑯侧：单独。袭：穿衣加服。⑰中堂：堂的中线。楹：堂前部的柱子。

仪礼

退，负东塾而立①。宾降，介逆出②。宾出。公侧授宰玉；裼③，降立。

　　摈者出请④。宾裼，奉束帛加璧享⑤。摈者入告，出许。庭实⑥：皮则摄之⑦，毛在内，内摄之，入设也⑧。宾入门左，揖、让如初，升致命，张皮⑨。公再拜受币。士受皮者自后右客；宾出，当之坐摄之⑩。公侧授宰币⑪，皮如入⑫，右首而东。聘于夫人，用璋⑬，享用琮⑭，如初礼。若有言⑮，则以束帛，如享礼⑯。摈者出请事，宾告事毕。

　　宾奉束锦以请觌⑰。摈者入告，出辞。请礼宾⑱，宾礼辞，听命⑲。摈者入

注释：①东塾：庙门内东侧的厅堂。②逆出：先入者后出，后入者先出。③裼：古行礼时，解开上服前襟，袒出上服左袖，以左袖插于前襟之右，而露出中衣。④出：走出庙门。请：请问使者有何贵干。⑤奉：捧着。束帛：十端帛。加璧：指十端帛上放着玉璧。享：进献（给国君）。⑥庭实：把礼物或贡物陈列在中庭，称庭实。⑦皮：虎豹之皮。摄之：右手抓住兽皮的两个前肢，左手抓住两个后肢。⑧入设：入庭摆设。⑨张皮：打开皮。⑩当之：面对着使者。⑪侧：单独。这里指亲手、亲自。⑫皮：拿着皮的士。⑬璋：玉器名。⑭享：献。琮：瑞玉。⑮若有言：如果有需要讲的话。⑯享礼：进献礼品。⑰觌：相见。⑱礼宾：按照礼仪接待使者。⑲听命：接受国君的命令。

198

告。宰夫彻几改筵①。公出，迎宾以入，揖、让如初。公升，侧受几于序端②。宰夫内拂几三③，奉两端以进。公东南乡向，外拂几三，卒，振袂④，中摄之，进，西乡向。摈者告。宾进⑤，讶受几于筵前⑥。东面俟。公壹拜送⑦。宾以几辟避⑧，北面设几，不降，阶上答再拜稽首。宰夫实觯以醴⑨，加柶于觯⑩，面枋⑪。公侧受醴。宾不降，壹拜，进筵前受醴，复位。公拜送醴。宰夫荐笾豆脯醢⑫，宾升筵，摈者退负东熟⑬。宾祭脯醢，以柶祭醴三，庭实设。降筵，北面，以柶兼诸觯⑭，尚擩⑮，坐啐醴⑯；公用束帛。建柶⑰，北面奠于荐东。摈者进⑱，相币⑲。宾降辞币，公降一等

注释：①彻几改筵：撤换几、筵。②序端：堂的东墙的南端。③拂：擦拭。④振：抖动，去尘。袂：衣袖。⑤进：向前走。⑥讶：迎接。这里指迎着国君。⑦壹拜：行拜礼一次。⑧以几辟：拿着几回避。辟，通"避"。⑨实：倒满酒。觯：饮酒器。醴：经过一夜酿成的甜酒。⑩柶：古代礼器。用角、木等材料制作成，形状和功用如匙，用以舀取食物。⑪面枋：勺子的柄向前。⑫荐：进献。笾豆：祭祀的礼器。⑬负：背靠。东熟：庙门内东侧的厅堂。⑭兼：合并。⑮擩：执，持。⑯啐：饮。⑰建：竖立。⑱进：从东塾走到阼阶之西。⑲相：助。

199

辞。栗<ruby>历<rt>lì</rt></ruby>阶升①，听命；降拜，公辞。升，再
拜稽首，受币，当东楹②，北面；退，东面
俟<ruby>竢<rt>sì</rt></ruby>。公壹拜，宾降也。公再拜。宾执左
马以出③。上介受宾币，从者讶受马④。

宾觌⑤，奉束锦⑥，总乘马⑦，二人赞⑧。
入门右，北面奠币⑨，再拜稽首。摈<ruby>傧<rt>bìn</rt></ruby>者
辞，宾出。摈<ruby>傧<rt>bìn</rt></ruby>者坐取币出，有司二人牵
马以从⑩，出门，西面于东塾南。摈<ruby>傧<rt>bìn</rt></ruby>者请

注释：①栗阶：相传周制下见上登阶之礼有四：连步、栗阶、历阶、越阶。一步一级而升为栗阶。栗，通"历"。②当：正对着。楹：堂前部的柱子。③左马：左侧之马（最为尊贵）。④讶：迎接。⑤觌：拜见国君。⑥奉：捧着。束：指十端（锦）。⑦总乘马：一手牵着四根马辔绳。⑧赞：协助。⑨奠：放置。币：指束锦。⑩有司：相关人员。以：而。从：跟随。

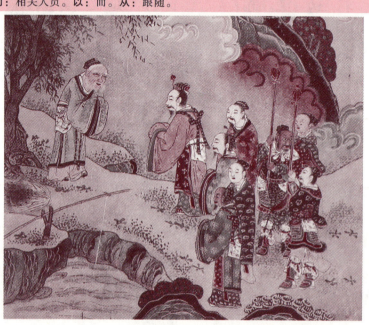

子牙对答西伯图

受^①。宾礼辞，听命。牵马，右之^②，入设^③。宾奉币，入门左；介皆入门左^④，西上。公揖让如初，升，公北面再拜。宾三退，反还旋^⑤，负序^⑥；振币进授^⑦，当东楹北面。士受马者，自前还旋牵者后^⑧，适其右，受^⑨。牵马者自前西^⑩，乃出。宾降阶东拜送，君辞。拜也，君降一等辞。摈者曰："寡君从子，虽将拜，起也^⑪。"栗历阶升。公西乡向。宾阶上再拜稽首。公少退。宾降出。公侧授宰币^⑫。马出。公降立。摈者出请。上介奉束锦，士介四人皆奉玉锦束^⑬，请觌^⑭。摈者入告，出许^⑮。上介奉币，俪皮^⑯，二人赞^⑰；皆入门右，东上，奠币^⑱，皆再拜稽首。摈者辞，介逆出^⑲。摈

注释：①请受：请接受国君赠送的礼物。②右之：右手牵马。③入设：在使者进入门以前先把四匹马排列好。④介：传宾主之言的人叫介。⑤反还：回转身。还，通"旋"。⑥负序：背靠着堂的西墙。⑦振币：拂去币帛上的尘土。⑧自前还牵者后：受马者从东边走来，走到牵马者前左转，绕至牵马者之后。⑨受：接过缰绳。⑩自前：从接马人的面前。西：由西边向南走。⑪起：上堂。⑫侧：单独。这里指亲自。⑬士介：又叫众介，随从的士。玉锦：花纹细密精美的锦。⑭请觌：请求拜见国君。⑮出许：出来告知国君同意之意。⑯俪皮：两张鹿皮。⑰赞：协助。⑱奠币：把礼品放下。⑲逆出：指先进来的后出去，后进来的先出去。

者执上币[1]，士执众币[2]，有司二人举皮，从其币，出，请受。委皮南面，执币者西面北上。摈者请受[3]。介礼辞，听命。皆进，讶受其币[4]。上介奉币，皮先入门左[5]，奠皮。公再拜。介振币[6]，自皮西进，北面授币，退复位，再拜稽首送币。介出。宰自公左受币，有司二人坐举皮以东[7]。

注释：①上币：上介送的束锦。②众：指其他介。③请受：请上介收回礼物。④讶：迎接。⑤皮先入：执皮者先入。⑥振：抖动，拂拭。⑦坐举皮以东：坐下把皮子拿起走到东边。

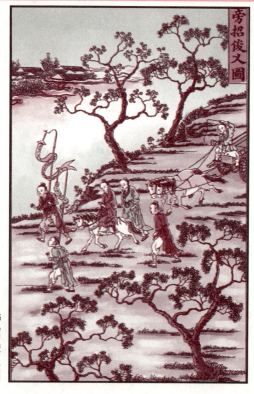

旁招俊义图

摈(傧)者又纳士介①。士介入门右，奠币，再拜稽首。摈(傧)者辞②，介逆出。摈(傧)者执上币以出③，礼请受④，宾固辞⑤。公答再拜。摈(傧)者出，立于门中以相拜⑥，士介皆辟(避)⑦。士三人，东上，坐取币，立。摈(傧)者进。宰夫受币于中庭，以东⑧；执币者序从之⑨。摈(傧)者出请，宾告事毕。摈(傧)者入告，公出送宾。及大门内，公问君⑩。宾对，公再拜。公问大夫。宾对。公劳宾⑪，宾再拜稽首，公答拜。公劳介，介皆再拜稽首，公答拜。宾出，公再拜送，宾不顾⑫。

宾请有事于大夫⑬。公礼辞，许。宾即馆⑭。卿、大夫劳宾，宾不见。大夫奠雁再拜⑮。上介受。劳上介，亦如之。君使卿

注释： ①纳：引进，接纳。士介：众介，随从的士。②辞：辞谢。③上币：此指放在左边的礼品。④礼请受：请求一次未获允，就不再坚持，而接受对方的意见。⑤固：疑为衍文。⑥相拜：指协助告知众士国君正在行再拜礼。⑦辟：通"避"。回避。⑧以东：走到东边。⑨序从：按照次序交上礼品。⑩君：指使者之国的国君。⑪劳宾：慰劳宾。⑫顾：回头。⑬有事于大夫：指向对方国的大夫提出要拜会该国之卿。⑭即：前往。馆：客舍。⑮奠：放下。雁：鹅。

韦弁①，归馈饔饩五牢②。上介请事，宾朝服礼辞。有司入陈③。饔：饪一牢④，鼎九，设于西阶前，陪鼎当内廉⑤，东面，北上，上当碑⑥，南陈⑦。牛、羊、豕、鱼、腊、肠、胃同鼎⑧，肤、鲜鱼、鲜腊⑨，设扃鼏⑩。膷、臐、膮⑪，盖陪牛、羊、豕⑫。腥二牢⑬，鼎二七⑭，无鲜鱼、鲜腊，设于阼阶前，西面，南陈，如饪鼎⑮，二列。堂上八豆⑯，设于户西⑰，西陈⑱，皆二以并⑲，东上，韭菹⑳，其南醓醢㉑，屈㉒。八簋继之㉓，黍其南稷，错㉔。六铏继之㉕，牛以西羊㉖、豕，豕南牛，以东羊、豕。两簠继之㉗，梁在北㉘。八

注释： ①韦弁：用柔皮做的冠。此作动词，指戴着韦弁。②归：通"馈"，赠送。饔：此指赠送贵宾的活的牲口。饩：活的牲口。牢：祭祀用的牺牲。③入：进入宾馆中的庙。陈：摆设食物。④饪：熟食。⑤陪鼎：宴宾时附加之鼎。当：正对着。内廉：古代宫殿西阶的东侧角。⑥碑：竖立着的用于观测日影的石头。⑦南陈：由北向南陈列。⑧腊：干肉。⑨肤：细切的猪肉。⑩鼏：鼎的盖子。⑪膷：牛肉羹。臐：羊肉羹。膮：猪肉羹。⑫盖：器物的盖。陪：附加。⑬腥：已经杀但没有煮的牲。⑭二七：每牢七鼎，共二列。⑮饪鼎：盛放熟食的鼎。⑯豆：古代食器。木制。⑰户西：堂北室门的西边。⑱西陈：由东往西排列。⑲二以并：两两并列而陈。并，并列。⑳菹：腌菜。㉑醓：肉酱的汁。醢：肉酱。㉒屈：弯曲。指绕着排列。㉓簋：古代祭祀宴享时盛黍稷的器皿。㉔错：交错。㉕铏：用来盛放肉羹的器皿。㉖牛：指盛牛羹的铏。下面的羊、豕亦指盛羊羹、猪羹的铏。㉗簠：用来盛食物的器皿。长方形，口外侈，有四短足及两耳。㉘梁：指盛放精良小米的簠。

壶设于西序①，北上，二以并，南陈②。西夹六豆③，设于西塘下④，北上韭菹，其东醓醢，屈。六簋继之，黍其东稷，错。四铏继之，牛以南羊，羊东豕，豕以北牛。两簠继之，梁在西。皆二以并，南陈。六壶西上，二以并，东陈。

馔于东方⑤，亦如之，西北上⑥。壶东上⑦，西陈。醯醢百瓮⑧，夹碑，十以为列，醯在东。饩二牢⑨，陈于门西，北面，东上。牛以西羊、豕，豕西牛、羊、豕。米百筥⑩，筥半斛⑪，设于中庭，十以为列，北上。黍、梁、稻皆二行，稷四行⑫。门外，米三十车，车秉有又五籔⑬，设于门东，为三列，东陈；禾三十车，车三秅⑭，设于门

注释：①西序：堂的西墙。②南陈：由北向南摆开。③西夹：堂西边的狭小夹室。④塘：墙垣。⑤馔：陈设食品。东方：东夹室。⑥西北上：指在北墙下摆的肴馔以西为上，在夹室东墙下摆的以北为上。⑦壶东上：指摆在北墙下的壶以东为上。⑧醯：醋。醢：肉酱。⑨饩：活的牲口。牢：祭祀用的牺牲。⑩筥：圆形竹器。⑪斛：容量单位，一斛为十斗。⑫稷：此指高粱。⑬秉：容量单位，一秉为十六斛。籔：容量单位，一籔为十六斗。⑭秅：数量单位，一秅为四百把。

西，西陈。薪刍倍禾①。

宾皮弁迎大夫于外门外②，再拜，大夫不答拜。揖入③。及庙门，宾揖入。大夫奉束帛④，入，三揖，皆行⑤。至于阶，让⑥，大夫先升一等⑦。宾从⑧，升堂，北面听命⑨。大夫东面致命⑩。宾降，阶西再拜稽首，拜饩亦如之⑪。大夫辞，升成拜。受币堂中西⑫，北面。大夫降，出。宾降，授老币⑬，出，迎大夫。大夫礼辞，许。入，揖，让如初。宾升一等，大夫从，升堂。庭实设⑭，马乘⑮。宾降堂，受老束锦，大夫止⑯。宾奉币西面，大夫东面。宾致币⑰。大夫对⑱，北面当楣⑲，再拜稽首，受币于楹间⑳，

注释：①薪刍倍禾：柴草的数量是禾的数量的一倍，即六十车。薪，木柴。刍，草料。②皮弁：古代贵族所戴的一种皮帽，一般用白鹿皮做成，属于武冠。这里作动词用，指戴着皮弁。大夫：奉国君之命馈赠使者的卿。外门：大门。③揖入：使者（宾）和卿（大夫）相互作揖，然后走进大门。④奉：捧着。束帛：十端帛。⑤皆行：并排而行。⑥让：相互谦让。⑦一等：一级台阶。⑧从：跟随。⑨听命：听候卿传达国君的旨意。⑩致命：传达国君的意思。⑪拜饩：拜谢卿馈赠束帛与食物。饩，指饔饩，赠送贵宾的活的牲口。⑫堂中西：堂中央至西楹柱之间。⑬老：家臣。⑭庭实设：在庭院当中摆设礼物。⑮马乘：四匹马。⑯止：不降，停留在堂上。⑰致币：把礼物递过去。⑱对：对答。⑲当：正对着。楣：屋檐口椽端的横板。⑳楹：堂前部的柱子。

南面，退，东面俟竢。宾再拜稽首送币。大夫降，执左马以出。宾送于外门外，再拜。明日①，宾拜于朝，拜饔与饩，皆再拜稽首。

上介②：饔饩三牢，饪一牢③，在西，鼎七，羞鼎三④；腥一牢⑤，在东，鼎七；堂上之馔六⑥。西夹亦如之⑦。筥及瓮如上宾。饩一牢。门外米、禾视死牢⑧，牢十车，薪刍倍禾。凡其实与陈⑨，如上宾。下大夫韦弁⑩，用束帛致之⑪。上介韦弁以受，如宾礼。傧之两马束锦⑫。士介四人，皆饩大牢，米百筥，设于门外。宰夫朝服，牵牛以致之⑬。士介朝服，北面再拜稽首受。无傧傧。

注释：①明日：次日，第二天。②上介：此指上介的食物。③饪：熟食。④羞鼎：即陪鼎、附加的鼎。⑤腥：已经杀但没有煮的牲。⑥馔：食物。⑦西夹：指堂两边的夹室。⑧死牢：已杀死的牛、羊、猪。⑨实：指摆设的物品。陈：指陈列的位置。⑩韦弁：用柔皮做的冠。⑪致：送。⑫傧：指送给上介以助成其礼的礼物。⑬之：指上述之四名士介。

宾朝服问卿[1]。卿受于祖庙。下大夫摈[傧]。摈[傧]者出请事[2];大夫朝服迎于外门外,再拜。宾不答拜,揖。大夫先入,每门、每曲揖[3]。及庙门,大夫揖入。摈[傧]者请命。庭实设四皮[4]。宾奉束帛入。三揖,

注释:①问:问候。②请事:请问使者前来有何贵干。③每门:每道门。每曲:每次转弯。④庭实设四皮:庭院内准备有四张麋鹿皮。庭实,把礼物或贡物陈列在中庭。

聿求元圣图

皆行，至于阶，让。宾升一等，大夫从，升堂，北面听命。宾东面致命①。大夫降，阶西再拜稽首。宾辞，升成拜②。受币堂中西③，北面。宾降，出。大夫降，授老币，无摈(儐)。

摈(儐)者出请事。宾面④，如觌币⑤。宾奉币，庭实从⑥，入门右⑦。大夫辞⑧。宾遂左⑨。庭实设⑩，揖、让如初。大夫升一等，宾从之。大夫西面，宾称面⑪。大夫对，北面当楣再拜⑫，受币于楹间⑬，南面，退，西面立。宾当楣再拜送币，降，出。大夫降，授老币。

摈(儐)者出请事。上介特面⑭，币如觌⑮。介奉币⑯，皮⑰，二人赞⑱。入门右，奠币，

注释：①致命：转达本国国君的话语。②成拜：行拜礼，从而完成了礼节。③中西：中央偏西的地方。④面：见。此指使者私见大夫。⑤如觌币：此指所赠送的礼物与使者私见国君时所赠送的礼物一样。⑥庭实：此指四匹马。⑦入门右：从门的右侧进入。⑧辞：辞谢宾入门右。⑨左：门的左侧。⑩庭实设：摆设好庭院中的礼品。⑪称面：致相见之辞。⑫楣：屋檐口椽端的横板。⑬楹：厅堂的前柱。⑭特面：上介单独见大夫。特，独。面，见。⑮币如觌：所赠送的礼物和上面所说的以个人身份拜见国君时所赠送的礼物一样。⑯介：传宾主之言的人。古时主有儐相迎宾，宾有随从通传叫介。⑰皮：俪皮，两张皮。⑱赞：协助。

209

再拜。大夫辞。摈者反币①。庭实设，介奉币入，大夫揖、让如初。介升，大夫再拜受②。介降拜，大夫降辞。介升，再拜送币。

摈者出请，众介面③，如觌币。入门右，奠币，皆再拜。大夫辞，介逆出。摈者执上币出④，礼请受⑤，宾辞。大夫答再拜。摈者执上币，立于门中以相拜⑥。士介皆辟避。老受摈者币于中庭⑦，士三人坐取群币以从之⑧。摈者出请事。宾出，大夫送于外门外，再拜。宾不顾⑨。摈者退，大夫拜辱⑩。下大夫尝使至者⑪，币及之⑫。上介朝服，三介⑬，问下大夫⑭，下大夫如卿受币之礼。其面，如宾面于卿

注释：①反币：把束锦交还给上介。②受：接过礼物。③众介面：其他的介要求拜会卿。面，见。④上币：上介所送的束锦。⑤礼请受：按照礼仪请上介们收回礼物。⑥相拜：协助卿告知上介们卿正在行再拜礼以感谢大家。⑦老：卿的家臣。⑧群币：随行人员所携带的币帛。⑨顾：回头。这里指回身行拜礼。⑩拜辱：拜谢使者屈尊前来光临。拜，拜谢。辱，屈尊。⑪尝：曾经。使至者：作为使者出使过本国。⑫币及之：使者用礼物表示问候。之，指下大夫。⑬三介：指带着三位士介。⑭问：问候。

之礼。大夫若不见①，君使大夫各以其爵为之受②，如主人受币礼，不拜③。

夕④，夫人使下大夫韦弁归馈礼⑤。堂上笾豆六，设于户东⑥，西上；二以并⑦，东陈⑧。壶设于东序⑨，北上，二以并，南陈⑩。醯、黍、清⑪，皆两壶。大夫以束帛致之⑫。宾如受饔之礼⑬，傧之乘马、束锦⑭。上介四豆、四笾、四壶，受之如宾礼；傧之两马、束锦。明日⑮，宾拜礼于朝⑯。大夫饩宾大太牢⑰，米八筐。宾迎，再拜。老牵牛以致之⑱，宾再拜稽首受。老退，宾再拜送。上介亦如之。众介皆少牢⑲，米六筐，皆士牵羊以致之⑳。公于宾，壹食㉑，再飨^①。燕^宴与羞^②，俶献^③，无常数^④。宾介皆明日拜于朝。上介壹食壹飨。若不亲食^⑤，使大夫各以其爵，朝服致之以侑币^⑥，如致饔，无傧^⑦。致飨以酬币^⑧，亦如之。大夫于宾，壹飨壹食。上介^⑨，若食^⑩，若飨；若不亲飨^⑪，则公作大夫致之以酬币^⑫，致食以侑币。

君使卿皮弁，还玉于馆^⑬。宾皮弁，袭^⑭，迎于外门外^⑮，不拜，帅大夫以入^⑯。大夫升自西阶，钩楹^⑰。宾自碑内听命^⑱，升自西阶，自左^⑲，南面受圭，退负右房而立^⑳。大夫降中庭。宾降自碑内，东面，授上介于阼阶东。上介出请^㉑，宾迎；大

注释：①再：两次。飨：飨礼（献上太牢，请客人饮酒之礼）。②羞：禽肉食品。③俶：开始。④无常数：没有具体规定的数目。⑤亲食：亲自参加食礼。⑥侑币：古代主人宴客，认为未尽殷勤之意，又赠客以财物，称侑币。⑦傧：协助行礼者。⑧致：送。飨：指宴会或祭祀所用食品。酬币：酬宾的礼物。⑨上介：指招待上介。⑩若：或。⑪亲飨：亲自参加享礼。⑫作：使，让。⑬还：归还。玉：圭。⑭袭：穿上罩衣。⑮外门：大门。⑯帅：带领。⑰钩：绕。楹：厅堂前部的柱子。⑱碑内：碑的内侧。这里指碑的北侧。碑，古代立于宫庙前视日影的竖石。⑲左：指卿的左边。⑳负：背对着。右房：右边房间的前面。㉑请：请问卿前来有何贵干。

夫还璋，如初入。宾裼①，迎。大夫贿用束纺②。礼玉、束帛、乘皮，皆如还玉礼。大夫出，宾送，不拜。公馆宾③，宾辟避，上介听命④。聘享⑤，夫人之聘享，问大夫，送宾，公皆再拜。公退，宾从，请命于朝。公辞⑥，宾退。

注释：①裼：古人行礼时，解开上服前襟，袒出上服左袖，以左袖插于前襟之右，而露出中衣。②贿：以财物赠人。束：十端。纺：丝织品。③馆宾：到宾馆看望使臣。④听命：听取对方国君的旨意。⑤聘享：聘问献纳。诸侯之间的通问修好为聘，诸侯向天子进献方物为享。⑥辞：辞谢使者的拜礼。

临宋人画之三顾茅庐　明·仇　英

宾三拜乘禽于朝①，讶听之②。遂行，舍于郊③。公使卿赠，如觌币④。受于舍门外，如受劳礼⑤，无傧⑥。使下大夫赠上介，亦如之。使士赠众介，如其觌币⑦。大夫亲赠⑧，如其面币⑨，无傧。赠上介亦如之。使人赠众介，如其面币。士送至于竟境⑩。

使者归，及郊⑪，请反返命⑫。朝服，载旃⑬。禳⑭，乃入。乃入陈币于朝，西上。上宾之公币、私币皆陈⑮，上介公币陈，他介皆否。束帛各加其庭实⑯，皮左。公南乡向。卿进使者，使者执圭垂缫藻⑰，北面；上介执璋屈缫藻⑱，立于其左。反返命，曰："以君命聘于某君⑲，某君受币于某宫⑳，某君再拜。以享某君，某君再

注释：①三拜：连续三拜。乘禽：成对成双的飞禽（国君赏赐）。②讶：国君派去侍奉使者的人。③舍：住宿。④觌币：使者代表本国国君拜见对方国君时所送的礼物。⑤劳礼：指刚到时所接受的慰劳之礼。⑥傧：协助行礼者。⑦其：指众介。⑧亲赠：亲自赠送。⑨其：指使者。面币：以个人身份拜见对方国国君时所送的礼物。面，私下相见。⑩竟：通"境"，边境，疆界。⑪郊：本国国都的近郊。⑫反命：回朝复命。反，通"返"。⑬旃：旗。⑭禳：除去灾凶的祭祀。⑮公币：国君赐给的币帛。私币：卿大夫赐给的币帛。⑯各加：各自分置。⑰缫：通"藻"。五彩丝绳。⑱璋：玉器名，状如半圭。⑲聘：访问。⑳宫：宫庙。

拜。"宰自公左受玉，受上介璋。致命亦如之①。执贿币以告②，曰："某君使某子贿。"授宰。礼玉亦如之③。执礼币④，以尽言赐礼。公曰："然。而不善乎⑤？"授上介币，再拜稽首，公答再拜。私币不告。君劳之⑥。再拜稽首。君答再拜。若有献，则曰："某君之赐也。君其以赐乎⑦？"上介徒以公赐告⑧，如上宾之礼。君劳之⑨。再拜稽首。君答拜。劳士介亦如之。君使宰赐使者币，使者再拜稽首。赐介，介皆再拜稽首。乃退。介皆送至于使者之门，乃退揖。使者拜其辱⑩。

释币于门⑪。乃至于祢⑫，筵几于室⑬，荐脯醢⑭。觞酒陈⑮。席于阼⑯，荐脯醢，三

注释：①致命：指使者呈报此次出国行聘的情况。②贿币：指束纺。贿，以财物赠人。③礼玉：对方国国君所赠送的玉璧、束帛、马。④礼币：用作馈赠、贡献的礼物。即主国君初礼宾之币。⑤而：犹汝、你。善：擅长（出使）。⑥劳：慰问，慰劳。⑦赐：指赐给下人。⑧徒：空手，不拿币帛。⑨劳之：慰劳使者。⑩拜其辱：拜谢他们屈尊前来。⑪释：放下。门：大门。⑫祢：祖庙。⑬筵几：铺设席位，摆好几。⑭荐：进献。脯：干肉。醢：肉酱。⑮觞：酒器名。陈：进奠。⑯阼：东阶，主人之阶。

献。一人举爵^①，献从者^②，行酬^③，乃出。上介至，亦如之。

聘遭丧^④，入竟（境），则遂也^⑤。不郊劳^⑥，不筵几，不礼宾^⑦。主人毕归馈礼^⑧，宾唯饔饩之受^⑨。不贿^⑩，不礼玉^⑪，不赠^⑫。遭夫人、世子之丧^⑬，君不受，使大夫受于庙，其他如遭君丧^⑭。遭丧，将命于大夫，主人长衣练冠以受^⑮。

聘^⑯，君若薨于后^⑰，入竟（境）则遂^⑱。赴（讣）者未至^⑲，则哭于巷^⑳，衰于馆^㉑；受礼^㉒，不受飨食^㉓。赴（讣）者至，则衰而出，唯稍受之^㉔。归^㉕，执圭复命于殡^㉖，升自西阶，不

注释：①一人：主人之吏（主持者）。②从者：随主人出使的家臣。③行酬：以酒酬谢随行的家臣。④聘：诸侯国之间互相访问。遭丧：遇到国有丧事。⑤遂：继续。⑥郊劳：在国都近郊举行慰劳的仪式。⑦不礼宾：指已经行完聘、享之礼后，不以醴酒礼待宾客。⑧主人毕归礼：主人一方将使者一行所需的食物全部送上。毕，皆，全。归，通"馈"，赠送。⑨唯：只有。饔饩：指赠送贵宾的活的牲口。⑩不贿：不赠送束纺以回报聘问。⑪不礼玉：不用束帛和兽皮回报享礼。⑫不赠：使者返回时不赠送礼物。⑬世子：嫡长子。⑭君丧：国君之丧。⑮主人：即大夫。长衣：一种上衣和下裳连在一起的衣服，衣边为素色。练冠：丧祭时所戴的一种冠。练，把麻或丝织品煮得柔而洁白。⑯聘：使者到别国行聘礼。⑰君：本国国君。薨：君死。后：在（使者出发）之后。⑱遂：继续。指继续履行出使的任务。⑲赴：通"讣"，报丧。⑳巷：巷门。㉑衰：衰服，古代的丧服。馆：客舍。㉒受礼：接受主人按照礼节馈赠的生熟食物。㉓飨食：飨礼和食礼。均为古代宴请宾客的一种较隆重的形式。㉔稍：廪食。官府发给的粮食。㉕归：回国。㉖殡：入殓而未下葬的尸体。

升堂。子即位①，不哭。辩遍复命②，如聘。子臣皆哭。与介入，北乡向哭。出，袒括发③。入门右，即位踊④。

若有私丧⑤，则哭于馆，衰而居，不飨食⑥。归，使众介先⑦，衰而从之。

宾入竟境而死⑧，遂也⑨。主人为之具而殡⑩。介摄其命⑪。君吊⑫，介为主人。主人归馈礼币，必以用⑬。介受宾礼，无辞也。不飨食。归，介复命，柩止于门外。介卒复命⑭，出，奉柩送之。君吊⑮，卒殡。若大夫介卒⑯，亦如之。士介死，为之棺敛殓之⑰，君不吊焉。若宾死，未将命，则既敛殓于棺，造于朝⑱，介将命。若介死，归复

注释：①子：国君的继承者。即位：走到国君的位置。②辩：通"遍"。一一。③袒：露出左胳臂。括发：束发。④即位：在阼阶下的臣位上。踊：痛哭顿足。⑤私丧：使者父母去世。⑥不飨食：不接受飨礼和食礼。⑦先：走在前面。⑧竟：通"境"。指受访国的国境。⑨遂：继续。指由上介代理行使使者的职责继续访问。⑩主人：聘访国的国君。具：备办。殡：装尸于棺而待葬。⑪摄：假代，代理。其：指宾。命：职责。⑫君：对方国君。吊：慰问。⑬必以用：一定要合乎治丧的用途。⑭卒：终，完成。⑮君：指本国国君。⑯大夫介：大夫担任介出使他国。卒：死。⑰敛：通"殓"。给死者穿衣入棺。⑱造：送至。

217

命，唯上介造于朝。若介死，虽士介①，宾既复命②，往，卒殡乃归。

小聘曰问③。不享④，有献⑤，不及夫人。主人不筵几，不礼⑥。面不升⑦。不郊劳。其礼，如为介，三介。

注释：①虽：即使。②既：在……之后。③小聘：只聘问国君（不及夫人），并且仅献以本国特产（不献玉帛）。④不享：指不献玉帛。⑤有献：指献以本国特产。⑥不礼：不以齐酒礼宾。⑦面：私见。升：升堂。

简修进良图

记：久无事①，则聘焉。若有故则卒猝
聘②。束帛加书将命③，百名以上书于策④，
不及百名书于方⑤。主人使人与客读诸
门外⑥。客将归，使大夫以其束帛反返命
于馆⑦。明日⑧，君馆之⑨。既受行⑩，出，遂
见宰，问几月之资⑪。使者既受行日⑫，朝
同位⑬。出祖释軷⑭，祭酒脯，乃饮酒于其
侧⑮。所以朝天子，圭与缫璪皆九寸⑯，剡
上寸半⑰，厚半寸，博三寸⑱，缫璪三采六
等⑲，朱白仓⑳。问诸侯㉑，朱绿缫璪，八寸。
皆玄纁系㉒，长尺㉓，绚组㉔。问大夫之币，
侯俟埃于郊，为肆㉕，又赍皮马㉖。

辞无常㉗，孙逊而说悦㉘。辞多则史㉙，

少则不达[1]。辞苟足以达[2]，义之至也[3]。辞曰："非礼也，敢[4]？"对曰："非礼也，敢辞[5]？"卿馆于大夫[6]，大夫馆于士，士馆于工商[7]。管人为客[8]，三日具沐[9]，五日具浴[10]。飧不致[11]，宾不拜，沐浴而食之。卿，大夫讶[12]。大夫，士讶。士，皆有讶。宾即馆，讶将公命[13]，又见之以其挚[14]。宾既将公事，复见之，以其挚赞。凡四器者[15]，唯其所宝，以聘可也。

宗人授次[16]。次以帷[17]。少退于君之次[18]。上介执圭，如重，授宾。宾入门，皇[19]；升堂，让[20]；将授，志趋[21]；授如争承，下如送；君还旋[22]，而后退。下阶，发气[23]，怡焉[24]；

再三举足，又趋①。及门，正焉②。执圭，入门，鞠躬焉③，如恐失之。及享④，发气焉，盈容⑤。众介北面，跄焉⑥。私觌⑦，愉愉焉⑧。出，如舒雁⑨。皇，且行；入门主敬，升堂主慎。凡庭实⑩，随入⑪，左先，皮马相间⑫，可也。宾之币，唯马出⑬，其余皆东⑭。多货⑮，则伤于德。币美，则没礼。贿，在聘于贿⑯。凡执玉，无藉者袭⑰。

礼，不拜至⑱。醴尊于东箱厢⑲，瓦大太一⑳，有丰㉑，荐脯五臙㉒，祭半臙，横之㉓。祭醴㉔，再扱㉕，始扱一祭，卒再祭㉖。主人之庭实㉗，则主人遂以出，宾之士讶受之㉘。既觌㉙，宾若私献，奉献，将命。摈儐者入

注释：①趋：小步快走。②正：神情仪态恢复到平常的样子。③鞠躬：指弯着腰。④享：享礼。⑤盈容：和气满面。⑥跄：容貌舒扬。⑦私觌：以个人身份拜会对方国君。⑧愉愉：神情平静恭敬。⑨舒雁：鹅。即威仪自然而有行列。⑩庭实：摆设在庭院当中的礼品。⑪随：跟随。⑫间：代替。⑬出：出于马厩。⑭东：庭东的内府。⑮货：玉。⑯在聘于贿：视聘礼的厚薄来决定回赠。于：当作"为"，读曰为。⑰藉：谓繅（璪）。玉器的彩色垫板。袭：穿衣加服。⑱拜：行拜礼。至：指使者的到来。⑲醴：甜酒。尊：放置。箱：通"厢"。指正厅两旁的房室。⑳瓦大：瓦尊名。㉑丰：用来盛酒器的托盘。㉒荐：进献。脯：干肉。臙：干肉条。㉓横之：指半臙横着放置于五臙之上。㉔祭醴：用醴酒祭神。㉕再扱：行拜礼时手两次至地。扱，拜手至地。㉖卒：谓后扱。㉗庭实：此指马匹。㉘讶：迎。㉙觌：相见。

告，出礼辞。宾东面坐奠献，再拜稽首。摈者东面坐取献，举以入告，出，礼请，受。宾固辞①，公答再拜。摈者立于阈外以相拜②，宾辟避。摈者授宰夫于中庭。若兄弟之国，则问夫人。

若君不见，使大夫受③。自下听命，自西阶升受，负右房而立④。宾降亦降。不礼。

币之所及⑤，皆劳⑥，不释服⑦。赐饔⑧，唯羹饪⑨，筮一尸⑩，若昭若穆⑪。仆为祝⑫，祝曰："孝孙某⑬，孝子某，荐嘉礼于皇祖某甫⑭、皇考某子⑮。"如馈食之礼。假器于大夫⑯。肦颁肉及廋、车⑰。聘日致饔⑱。

注释：①固：衍文。②阈：门槛。相：助。③受：受聘享。④负：背对。⑤币之所及：接受了使者礼物的人。⑥劳：慰劳（使者）。⑦释：脱。服：皮弁。⑧饔：熟食。特指熟肉。⑨羹饪：即饪一劳，煮熟的牛、羊、猪。⑩筮：占卜。此句言用占卜的方法在随行的人员中确定一人作为尸。⑪若：或。昭、穆：泛指祖辈与父辈。⑫仆：随行的家臣。祝：在祭祀中掌管祝祷的人。⑬孝：尽心奉养与服从。对已故之长辈，后辈人称"孝"，是一种礼节。⑭皇：大。对先代的敬称。甫：古代对男子的尊称。⑮考：已故的父亲。⑯假：借。器：祭器。大夫：对方国的大夫。⑰肦：通"颁"，颁赐。廋：廋人，掌马的官。车：巾车，掌车的官。⑱聘日：使者在对方国行聘礼的当天。致：送。

明日，问大夫。大夫不敢辞，君初为之辞矣。夕，夫人归馈礼。既致饔，旬而稍①，宰夫始归馈乘禽②，日如其饔饩之数③。士中日则二双④。凡献，执一双，委其余于面⑤。禽羞⑥、俶献比⑦。归馈大礼之日，既受饔饩，请观⑧。讶帅之，自下门入⑨。各以其爵，朝服⑩。士无饔⑪，无饔者无擯侯。大夫不敢辞，君初为之辞矣⑫。

凡致礼，各以其爵，朝服。皆用其绘之加笾豆⑬。无饔者无绘礼。凡饩⑭，大夫黍、梁、稷，筐五斛。既将公事⑮，宾请归。凡宾拜于朝⑯，讶听之⑰。燕宴，则上介为宾，宾为苟敬⑱。宰夫献⑲。无行，则重贿反返币⑳。曰㉑："子以君命在寡君㉒，寡君拜君命之辱①。""君以社稷故，在寡小君②，拜。""君贶寡君③，延及二三老④，拜。"又拜送。宾于馆堂楹间⑤，释四皮束帛⑥。宾不致⑦，主人不拜。大夫来使，无罪，飨之⑧；过⑨，则饩之⑩。其介为介⑪。有大客后至⑫，则先客不飨食⑬，致之。唯大聘有几筵⑭。十斗曰斛，十六斗曰籔，十籔曰秉。二百四十斗。四秉曰筥，十筥曰稯，十稯曰𥻲，四百秉为一𥻲。

注释：①辱：屈尊光临。②小君：国君夫人。③贶：赐予。④老：大夫。⑤馆：客舍。楹间：堂前部的两根柱子之间。⑥释：放。四皮：四张皮。⑦致：送。⑧飨：宴请。⑨过：有过错。⑩饩：赠活牲。⑪其介：行聘礼时的介。⑫大客：诸侯。⑬飨食：飨礼和食礼，皆为宴请宾客的隆重礼节。⑭几筵：设几、筵（以供神）。筵，席位。

聘庞图 明·倪端

尹兹东夏图

公食大夫礼第九①

gōng sì dà fū lǐ dì jiǔ

公食大夫之礼：使大夫戒②，各以其爵③。上介出请④，入告⑤。三辞⑥，宾出，拜辱⑦。大夫不答拜，将命⑧。宾再拜稽首。大夫还⑨；宾不拜送，遂从之⑩。宾朝服即位于大门外⑪，如聘⑫。即位⑬，具⑭。羹定⑮。甸人陈鼎七⑯，当门⑰，南面，西上，设扃鼏⑱，鼎若束若编⑲。设洗如飨。小臣具盘匜⑳，在东堂下。宰夫设筵，加席、几。无

注释：①公：国君。食大夫礼：周代贵族款待宾客有燕礼、食礼、飨礼等类型。燕礼即宴礼，重在饮酒；食礼重在品味佳肴；飨礼则二者兼具。本篇记述诸侯以食礼款待小聘问的使者，以及大夫之间的食礼。②戒：告知。③以：根据。④上介：使者的上介。请：请问大夫前来有何贵干。⑤告：向使者报告。⑥三辞：使者让上介出来辞谢三次。⑦拜辱：拜谢大夫屈尊光临。⑧将命：致命，传达国君邀请宾客参加食礼之命。⑨还：返回国君那里。⑩从：跟从。之：指大夫。⑪即位：站到自己的位置上。大门：朝廷的大门。⑫如聘：与聘礼一样。⑬即位：国君派来恭迎使者的人站在庙门外特定的位置。⑭具：准备，备办。⑮羹定：把肉羹煮好。定，熟。⑯甸人：古官名。掌田野之事及公族死刑。鼎七：牛、羊、猪、鱼、腊、肠胃、肤各一鼎。⑰当门：正对着庙门。⑱设：准备。扃：用于扛鼎的木杠。鼏：指用于盖鼎的茅草帘。⑲若：或。编：编连。⑳盘匜：盛水的器皿。

尊。饮酒、浆饮^①，俟竢于东房。凡宰夫之具，馔于东房^②。

公如宾服，迎宾于大门内。大夫纳宾^③。宾入门左，公再拜；宾辟避^④，再拜稽首。公揖入，宾从。及庙门^⑤，公揖入。宾入，三揖。至于阶，三让^⑥。公升二等^⑦，宾升。大夫立于东夹南^⑧，西面，北上。士立于门东，北面，西上。小臣^⑨，东堂下，南面，西上。宰，东夹北，西面，南上。内官之士在宰东北^⑩，西面，南上。介，门西，北面，西上。公当楣北乡向^⑪，至再拜，宾降也，公再拜。宾，西阶东，北面，答拜。摈侯者辞，拜也^⑫；公降一等，辞^⑬；曰^⑭："寡君从子，虽将拜，兴也^⑮！"宾粟历阶升^⑯，不拜。命之，成拜，阶上北面再拜稽

注释：①浆：古代一种微酸的饮料。②馔：陈列酒食。③纳：迎接。④辟：通"避"。回避。⑤庙：宗庙。⑥让：谦让。⑦二等：两级台阶。⑧东夹南：东边夹室的南边。⑨小臣：小臣正、小臣师等。⑩内官：夫人之官。⑪当：正对着。楣：屋檐口椽端的横板。⑫拜：宾亲自行拜礼。⑬辞：公亲自辞谢。⑭曰：指摈者说。⑮兴：站起来。⑯粟阶：即历阶，一步一步地登上台阶。

首。士举鼎①，去鼏于外②，次入③。陈鼎于碑南，南面，西上。右人抽扃④，坐奠于鼎西⑤，南顺⑥，出自鼎西，左人待载⑦。雍人以俎入⑧，陈于鼎南。旅人南面加匕于鼎⑨，退。大夫长盥⑩，洗东南⑪，西面，北上，序进盥⑫。退者与进者交于前⑬，卒盥，序进，南面匕⑭。载者西面⑮。鱼腊饪⑯。载体进奏膉⑰。鱼七，缩俎⑱，寝右⑲。肠、胃七，同俎⑳。伦肤七㉑。肠、胃、肤，皆横诸俎，垂之。大夫既匕，匕奠于鼎，逆退，复位。

公降盥㉒。宾降，公辞。卒盥，公壹揖壹让，公升，宾升。宰夫自东房授醯酱㉓，

注释：①举：扛。②鼏：盖鼎的茅草帘。③次入：按照顺序进入。④右人：站在鼎右边的士。抽：抽走。扃：用于扛鼎的木杠。⑤奠：放。鼎西：每鼎之西。⑥南顺：南北方向摆放。⑦载：放置。⑧雍人：厨官。俎：陈牲的礼器。⑨旅人：周代官名，掌割烹之事。匕：古代取食的用具，曲柄浅斗，有好几种，样子像现在的羹匙。⑩大夫长：指大夫们按年纪的长幼。盥：洗手。⑪洗东南：接水承盘的东南边。⑫序：顺序，指按长幼的顺序。⑬交：交错而过。⑭南面匕：指大夫们洗完手后走到鼎的北边，面向南，取出鼎中的匕。⑮载者：即左人。⑯鱼：干鱼。腊：干肉。饪：煮熟。⑰体：牲与腊。奏：通"膉"，肉的纹理。⑱缩俎：纵向放在俎上。⑲寝右：把鱼头放在右边，鱼的右侧在下。⑳同俎：与干鱼干肉放在同一俎上。㉑伦肤：精美的肉类。伦，理，肉纹，谓精理滑润者。㉒降盥：走下堂洗手。㉓醯：醋。

公设之①。宾辞,北面坐迁而东迁所②。公立于序内③,西乡向。宾立于阶西。疑立④。宰夫自东房荐豆六⑤,设于酱东,西上;韭菹以东⑥,醓醢⑦、昌本⑧。昌本南麋臡⑨,以西菁菹⑩、鹿臡。士设俎于豆南,西上:牛、羊、豕⑪,鱼在牛西⑫,腊、肠、胃亚之⑬,肤以为特⑭。旅人取匕⑮,甸人举鼎⑯,顺出,奠于其所。宰夫设黍稷、六簋于俎西⑰,二以并,东北上。黍当牛俎,其西稷,错以终,南陈。大太羹湆⑱,不和,实于镫⑲。宰右执镫,左执盖,由门入,升自阼阶,尽阶,不升堂,授公,以盖降,出,入反返位。公设之于酱西⑳,宾辞,坐迁

注释:①之:指醯酱。②迁:移动。所:处,指国君放醯酱之处。③序内:堂的东墙下偏里。④疑:同"凝"。庄严。⑤荐:进献。豆:古代食器。亦用作装酒肉的祭器。形似高足盘,大多有盖。多为陶质。⑥菹:腌菜。⑦醓醢:带汁的肉酱。⑧昌本:昌蒲的根。⑨麋:兽名。麋鹿。臡:有骨的肉酱。⑩菁:菜名。蔓菁。⑪牛、羊、豕:指按牛、羊、猪的顺序由西向东排列。⑫西:疑当作"南"。⑬亚:次。⑭肤:切细的肉。特:单独成行。⑮旅人:周代官名。掌割烹之事。⑯甸人:古官名,掌田野之事及公族死刑。⑰簋:古代宴享祭祀时盛黍稷的器皿。⑱大羹:古祭祀时所用的肉汁。大,通"太"。湆:肉汁。⑲镫:本作登,古食器。瓦豆(盘)。⑳之:指瓦豆。

之。宰夫设铏四于豆西①，东上②：牛以西羊，羊南豕，豕以东牛。饮酒③，实于觯④，加于丰⑤。宰夫右执觯，左执丰，进设于豆东。宰夫东面，坐启簋会⑥，各却于其西⑦。赞者负东房⑧，南面，告具于公⑨。公再拜，揖食⑩。宾降拜，公辞。宾升，再拜

注释：①铏：用于盛菜羹的器皿。②东上：以东为上来排列。③饮酒：用于漱口的清酒。④实：舀进。⑤加：放置。丰：古代盛酒器的托盘。⑥启：开。簋会：簋的盖顶。⑦却：放置。其：指簋。⑧负：背对着。⑨具：具备，准备好。⑩揖食：为使者进食而作揖。

孝经图之事君章　宋·马和之

稽首。宾升席，坐取韭菹，以辩擩于醢①，上豆之间祭②。赞者东面坐取黍，实于左手，辩；又取稷，辩，反于右手③；兴以授宾④。宾祭之。三牲之肺不离⑤，赞者辩取之，壹以授宾。宾兴受，坐祭；挩手⑥，扱上铏以柶⑦，辩擩之⑧，上铏之间祭；祭饮酒于上豆之间。鱼、腊、酱、湆不祭。

宰夫授公饭粱⑨，公设之于湆西⑩。宾北面辞，坐迁之⑪。公与宾皆复初位⑫。宰夫膳稻于粱西⑬。士羞庶羞⑭，皆有大、盖⑮，执豆如宰。先者反之⑯。由门入，升自西阶。先者一人升，设于稻南簋西，间

注释：①辩：通"遍"，全，都。擩：调拌。②上豆：排在最上位的两只豆。祭：祭神。③反：又，再。④兴：起身。⑤三牲：牛、羊、猪。离：断绝。⑥挩：擦拭。⑦扱：插。上铏：排在最上位的两只铏。柶：古礼器，角制，状如匙，用来舀取食物。⑧擩：调拌。⑨饭粱：小米饭。粱，小米。⑩湆：肉汁，肉羹。⑪迁：移。⑫复初位：回到原来的位置。⑬膳：进。⑭士羞庶羞：士进呈各种珍品。前一"羞"义为"进呈"，后一"羞"义为"佳肴"。⑮大：选取肉肥美者为大窝。盖：器皿盖。⑯先者反之：先走上堂放下豆的人再返身回去取豆。

容人①。旁四列②，西北上。腼以东③，臐、膮、牛炙④；炙南醢，以西牛臄⑤、醢、牛鮨⑥；鮨南羊炙，以东羊臄、醢、豕炙；炙南醢，以西豕臄、芥酱、鱼脍⑦。众人腾羞者尽阶⑧、不升堂，授，以盖降，出。赞者负东房⑨，告备于公。赞升宾。宾坐席末⑩，取粱，即稻⑪，祭于酱湆间。赞者北面坐，辩取庶羞之大⑫，兴，一以授宾。宾受，兼壹祭之⑬。宾降拜，公辞。宾升，再拜稽首。公答再拜。

　　宾北面自间坐⑭，左拥簋粱⑮，右执湆以降⑯。公辞⑰。宾西面坐奠于阶西⑱，东面对，西面坐取之⑲，栗历阶升⑳，北面

注释：①间容人：指豆和稻以及簋之间的空位可以容下一个人。②旁四列：指上述的正馔旁边摆的加馔排成四列。③腼：牛肉羹。④臐：羊肉羹。膮：猪肉羹。牛炙：烤牛肉。⑤臄：大块的肉。⑥鮨：细切的肉。⑦脍：细切的肉或鱼。⑧腾：应作"滕"，古本误。义为"送"。⑨负：背对着。⑩末：（席的）最后面。⑪即：就。⑫大：肉肥美者。⑬兼壹：整齐，一起。⑭自间坐：坐于正馔、加馔之间。⑮拥：抱。簋：古代祭祀宴享时盛稻粱的器皿。⑯湆：这里指装有肉汁的镫。⑰辞：辞谢，劝阻。⑱奠：放置。阶西：西阶的西边。⑲之：指簋和镫。⑳栗阶：一步一级往台阶上走。栗，通"历"。

反(返)奠于其所①，降，辞公②。公许，宾升，公揖退于箱(厢)③。摈(傧)者退，负东塾而立④。宾坐，遂卷加席⑤，公不辞。宾三饭以涪酱⑥。宰夫执觯浆饮与其丰以进⑦。宾挩手⑧，兴受。宰夫设其丰于稻西⑨。庭实设⑩。宾坐祭，遂饮，奠于丰上。公受宰夫束帛以侑⑪，西乡(向)立。宾降筵，北面。摈(傧)者进相币。宾降辞币，升听命，降拜。公辞。宾升，再拜稽首，受币，当东楹，北面；退，西楹西，东面立。公壹拜，宾降也，公再拜。介逆出⑫。宾北面揖，执庭实以出。公降立。上介受宾币，从者讶受皮⑬。

宾入门左⑭，没霤⑮，北面再拜稽首。

注释：①反：通"返"，返回。**其所**：簠和鐙原来所处的位置。②**辞公**：对于国君亲自参加今天的食礼加以辞谢。③**箱**：通"厢"，厢房。④**负**：背对着。**东塾**：大门东侧的塾。塾，宫门外两侧房屋，为臣僚等候朝见皇帝的地方。⑤**卷**：卷起，收起。**加席**：加在上面的一层席。⑥**三饭**：三次举饭而食。⑦**觯浆饮**：装有漱口饮料的觯。**丰**：古代时盛酒器的托盘。⑧**挩**：擦拭。⑨**稻西**：稻米饭的西边。⑩**庭实**：此指四张皮革。⑪**侑**：劝。⑫**介逆出**：介先于使者出（门）。⑬**从者**：使者的随从。**讶**：迎。⑭**入门左**：从门的左侧进入。⑮**没霤**：内门屋檐滴水处的尽头，在庭南。霤，屋檐滴水处。

公辞，揖、让如初，升。宾再拜稽首，公答
再拜，宾降辞公，如初。宾升，公揖退于
箱厢。宾卒食会饭①，三饮，不以酱湆；挩
手，兴；北面坐，取粱与酱以降；西面坐
奠于阶西；东面再拜稽首。公降，再拜。
介逆出，宾出。公送于大门内，再拜。宾
不顾②。

注释：①会饭：黍稷混合做成的饭。②顾：回头。

公子宋尝鼋构逆图

有司卷三牲之俎①，归馈于宾馆②。
鱼、腊不与③。明日④，宾朝服拜赐于朝⑤，
拜食与侑币⑥，皆再拜稽首。讶听之⑦。上
大夫：八豆、八簋、六铏、九俎，鱼腊皆二
俎；鱼、肠胃、伦肤⑧，若九⑨，若十有又
一，下大夫则若七，若九。庶羞⑩，西东毋
过四列⑪。上大夫，庶羞二十，加于下大
夫⑫，以雉、兔、鹑、鴽⑬。若不亲食⑭，使大
夫各以其爵、朝服以侑币致之。豆实，实
于瓮⑮，陈于楹外⑯，二以并⑰，北陈。簋
实，实于筐，陈于楹内、两楹间，二以并，
南陈。庶羞陈于碑内⑱，庭实陈于碑外。
牛、羊、豕陈于门内，西方，东上。宾朝服
以受，如受饔礼⑲。无摈傧。明日，宾朝服

注释：①卷：取走。俎：陈放牲体的礼器。②归：通"馈"。赠送。③腊：干肉。与：在
其中。④明日：次日，第二天。⑤朝：朝门外。⑥拜：拜谢。食：食物。侑币：古
代主人宴客，认为未尽殷勤之意，又赠客以财物，称侑币。⑦讶：迎接。此指负责
迎接宾客的人。听之：听取使者感谢的言辞。⑧伦肤：滑嫩的肉。⑨若：或。⑩庶
羞：其他菜肴。⑪西东：东西向。毋：不。⑫加：多出。⑬鴽：鹌鹑之类的小鸟。
⑭亲食：亲自参加食礼。⑮实：放置。⑯楹：堂前部的柱子。⑰并：并列，并排。
⑱碑内：碑的内侧，即碑的北面。碑是测日影的石柱。⑲饔：熟肉。

以拜赐于朝。讶听命①。

大夫相食②，亲戒速③。迎宾于门外，拜至④，皆如飨拜⑤。降盥⑥。受酱、湆、侑币⑦束锦也，皆自阼阶降堂受，授者升一等⑧。宾止也⑨。宾执粱与湆，之西序端⑩。主人辞⑪，宾反返之。卷加席，主人辞，宾反返之。辞币，降一等；主人从。受侑币，再拜稽首。主人送币，亦然。辞于主人，降一等；主人从。卒食，彻于西序端；东面再拜，降出。其他皆如公食大夫之礼。

若不亲食，则公作大夫朝服以侑币致之⑫。宾受于堂。无擯儐。

记：不宿戒⑬。戒，不速⑭。不授几⑮。

注释：①讶：迎接宾客的人。②相食：佐助国君以食礼招待宾客。③戒：告诉。速：召请。④拜至：行拜礼以感谢宾客光临。⑤飨：飨礼。⑥降盥：走下堂去洗手。⑦湆：肉汁。⑧一等：一级台阶。⑨止：不走下堂。⑩之：走到。西序端：堂的西墙的南端。⑪主人：指大夫。⑫作：让，使。⑬宿戒：古代举行祭祀等礼仪之前十日，与祭者先斋戒两次，第二次在祭前三日，称为宿戒。⑭速：召请。指另外派人去请。⑮授几：亲自把几递给使者。

无阼席①。亨烹于门外东方②。司宫具几③，与蒲筵常④，缁布纯⑤，加萑⑥，席寻⑦，玄帛纯⑧，皆卷自末⑨。宰夫筵⑩，出自东房。宾之乘车，在大门外西方，北面立。铏芼⑪：牛藿⑫，羊苦⑬，豕薇⑭，皆有滑⑮。赞者盥⑯，从俎升⑰。簋有盖幂⑱。凡炙无酱⑲。上大夫蒲筵，加萑席。其纯，皆如下大夫纯。卿摈傧由下⑳。上赞㉑，下大夫也。上大夫，庶羞㉒。酒饮，浆饮，庶羞可也。拜食与侑币㉓，皆再拜稽首。

注释：①阼席：国君的席位。②亨：通"烹"。烹煮。③司宫：太宰的属官。具：准备。④常：长度单位，一丈六尺。⑤缁布纯：用黑布包住边。纯，边缘。⑥加萑：加上一层萑苇做成的席子。萑，草名。即萑苇。⑦席寻：席的长度是八尺。⑧玄帛纯：用玄色的帛包住边。⑨末：席的末端。⑩筵：铺设席位。⑪芼：煮肉汤使用的蔬菜。⑫藿：豆叶。⑬苦：苦菜。⑭薇：山菜。⑮滑：柔嫩。⑯盥：洗手。⑰从：跟随。⑱幂：盖巾。⑲炙：烤肉。⑳卿摈：即上傧。㉑上赞：堂上的赞礼者。㉒庶羞：指正馔之外的其他菜肴。㉓拜食与侑币：上大夫拜谢赐食及赠送财物。

宾于四门图

觐礼第十①

觐礼：至于郊②，王使人皮弁用璧劳③。侯氏亦皮弁迎于帷门之外④，再拜。使者不答拜，遂执玉，三揖。至于阶⑤，使者不让⑥，先升⑦。侯氏升听命⑧，降，再拜稽首，遂升受玉。使者左还旋而立⑨，侯氏还璧，使者受。侯氏降，再拜稽首，使者乃出。侯氏乃止使者⑩，使者乃入。侯氏与之让升⑪。侯氏先升，授几。侯氏拜送几⑫；使者设几⑬，答拜。侯氏用束帛、乘马傧宾使者⑭，使者再拜受。侯氏再拜送

注释： ①觐礼：诸侯朝见天子的礼。觐，见。②郊：都城的近郊。③弁：古代时的一种官帽，通常配礼服用。白鹿皮做的叫皮弁，是武冠。劳：慰劳。④侯氏：来朝见的诸侯。帷门：帷宫之门。⑤阶：临时堆起的土坛的台阶。⑥让：谦让。⑦升：走上土坛。⑧听命：听使者转达王慰劳之意。⑨左还：左转身。⑩止：挽留。⑪让升：相互谦让着走上土坛。⑫拜送几：把几递给使者，行拜礼。⑬设：放置。⑭傧：通"宾"，敬。主人款待客人的一种礼节，通过赠物，表达敬意。

币。使者降，以左骖出①。侯氏送于门外，再拜。侯氏遂从之②。

天子赐舍③。曰④："伯父⑤，女汝顺命于王所⑥。赐伯父舍。"侯氏再拜稽首，傧宾之束帛、乘马。天子使大夫戒⑦，曰："某日，伯父帅乃初事⑧。"侯氏再拜稽首。

诸侯前朝⑨，皆受舍于朝⑩。同姓西面北上，异姓东面北上。侯氏裨冕⑪，释币于祢⑫。乘墨车⑬，载龙旗⑭、弧韣⑮，乃朝以瑞玉⑯，有缫璪⑰。天子设斧依于户牖之间⑱，左右几⑲。天子衮冕⑳，负斧依㉑。啬夫承命㉒，告于天子。天子曰："非他㉓，

注释：①骖：驾车的马。②从：跟随。之：使者。③舍：馆房。④曰：此乃使者所说的话。⑤伯父：天子对诸侯的称谓。⑥女：通"汝"，你。顺命：听从吩咐。王所：王的处所。⑦大夫：指担任讶（迎接）者的上大夫。戒：告。⑧帅：顺，循。乃：你的。初：故。初事即四时朝觐之事。⑨前朝：朝见的前一天。⑩受舍于朝：在庙门外接受指定的馆舍。⑪裨冕：穿裨衣，戴冕冠。裨，古代祭祀时大夫所穿的礼服。⑫释币：古代用币帛祝告宗庙、神灵的一种礼仪。祢：父庙，或称考庙。⑬墨车：黑色的车。⑭龙旗：画有交龙的旗帜。⑮弧：张旗用的竹弓。韣：弓的布套。⑯朝：上朝。以：拿。⑰缫：同"璪"，玉器的彩色垫板。⑱斧依：亦作斧扆。状如屏风，以绛为质，东西户牖之间，屏风上绣有斧文，故名。户牖之间：堂上最尊处。⑲左右：指斧依的左右。几：指摆设玉几。⑳衮冕：衮衣和冠冕。古代帝王及大夫的礼服和礼帽。㉑负：背对着。㉒啬夫：官名。㉓非他：不是外人（表示亲切的话）。

伯父实来①,予一人嘉之②。伯父其入③,予一人将受之④。"侯氏入门右⑤,坐奠圭⑥,再拜稽首。摈者谒⑦。侯氏坐取圭,升致命。王受之玉。侯氏降,阶东北面再拜稽首。摈者延之⑧,曰:"升!"升成拜⑨,乃出。

四享⑩,皆束帛加璧⑪,庭实唯国所有⑫。奉束帛⑬,匹马卓上⑭,九马随之,中庭西上,奠币,再拜稽首。摈者曰:"予一人将受之⑮。"侯氏升致命⑯。王抚玉。侯氏降自西阶,东面授宰币,西阶前再拜稽首,以马出⑰,授人⑱,九马随之⑲。事毕⑳,乃右肉袒于庙门之东㉑。乃入门右,

注释:①实:虚词,无义。②予一人:天子的自称,如同后世的"朕"。③其:副词,表示祈使,犹当、可。④受之:接受朝拜。⑤入门右:从门的右侧走进。⑥奠:放置。圭:玉。⑦摈者:即傧者。导引宾客者。谒:告知。⑧延:引进,接待。⑨成拜:行拜礼,从而完成了礼节。⑩四:当作"三"。享:进献。⑪加:在上面放置。⑫庭实:庭院中所摆放的礼物。唯国所有:要看国中出产什么。⑬奉:捧着。⑭卓:白额的马。上:前。⑮之:指币、礼物。⑯致命:进献礼物。⑰以:指牵引。⑱人:天子手下的人。⑲之:指诸侯。⑳事:指进献礼物的仪式。㉑右肉袒:袒露右臂。

北面立，告听事^①。擯<ruby>傧<rt>者</rt></ruby>者谒诸天子^②。天子辞于侯氏，曰："伯父无事，归宁乃邦^③。"侯氏再拜稽首，出，自屏南适门西^④，遂入门左，北面立，王劳之。再拜稽首。擯者延之^⑤，曰："升！"升成拜，降出。

注释：①听事：治事。②谒：告知。③宁：安。乃：犹汝，你的。④屏：天子庙外的屏风。⑤延：引进，接待。

诞受多方图

天子赐侯氏以车服①。迎于外门外②，再拜。路先设③，西上，路下四④，亚之⑤，重赐无数⑥，在车南。诸公奉箧服⑦，加命书于其上⑧，升自西阶，东面，大太史是右⑨。侯氏升，西面立。大太史述命⑩，侯氏降两阶之间，北面再拜稽首⑪，升成拜⑫。大太史加书于服上⑬，侯氏受。使者出。侯氏送，再拜，傧使者⑭，诸公赐服者，束帛四马；傧大太史亦如之。

同姓大国，则曰"伯父"；其异姓，则曰"伯舅"。同姓小邦，则曰"叔父"；其异姓小邦，则曰"叔舅"。飨⑮，礼⑯，乃归。

诸侯觐于天子⑰，为宫方三百步⑱，四门，坛十有又二寻⑲，深四尺⑳，加方明

注释：①车服：车辆与礼服。②外门：宾馆的大门。③路：车。凡君所乘车曰路。④四：即驷，指乘马。⑤亚：次。⑥重赐：丰厚的赏赐。重，犹善。无数：没有定数，由天子视情况而定。⑦箧：小竹箱。⑧命书：天子命以赐给车服的文书。⑨大史是右：太史站在各位公的右边。⑩述命：宣读天子的命令。⑪稽首：一种极其恭敬的礼节，双手抚地，叩头至手。⑫升成拜：走上堂行拜礼，从而完成了礼节。⑬加书于服上：把天子的命令放在赐给诸侯的衣服上。⑭傧：以礼送宾。⑮飨：宴请宾客的一种隆重的礼节。⑯礼：比较平常的宴礼。⑰觐：泛指朝见帝王天子。⑱宫：垒土而成的矮墙。⑲寻：八尺。⑳深：坛的高度。

于其上①。方明者，木也。方四尺②。设六色③：东方青，南方赤④，西方白，北方黑，上玄⑤，下黄。设六玉⑥：上圭⑦，下璧⑧，南方璋⑨，西方琥⑩，北方璜⑪，东方圭。上介皆奉其君之旗，置于宫，尚左⑫，公、侯、伯、子、男，皆就其旗而立。四传摈⑬。天子乘龙，载大旂⑭，象日月、升龙、降龙；出，拜日于东门之外⑮，反祀方明。礼日于南门外，礼月与四渎于北门外⑯，礼山川丘陵于西门外。祭天，燔柴⑰；祭山、丘陵，升；祭川，沈⑱；祭地，瘗⑲。

记：几俟于东箱⑳。偏驾不入王门㉑。奠圭于缫上㉒。

注释：①方明：上下四方神明的像。②方四尺：指方明是方形的，每面四尺。③设：绘图。④赤：红。⑤玄：赤黑色。⑥设：嵌入。⑦圭：一种玉制礼器。长条形，上尖下方。其名称、大小因爵位及用途不同而异。⑧璧：玉器名。扁平、圆形、中心有孔。⑨璋：玉器名，状如半圭。⑩琥：雕成虎形的玉器。⑪璜：玉器名，状如半璧。⑫尚：以为尊贵。⑬四传摈：此句言四次让摈者传命以让诸侯走上土坛。⑭大旂：大常之旗，天子所建之旗。大常之大，一说读tài，一说读dà。⑮东门：王城的东门。⑯四渎：长江、黄河、淮河、济水这四条河流。⑰燔：烧。⑱沈：即沉。没于水中。⑲瘗：埋。⑳几：左右玉几。东箱：东夹室前。㉑偏驾：不齐备的车驾。㉒缫：同"璪"。玉器的彩色垫板。

复古丧制图

丧服第十一①
sāng fú dì shí yī

丧服：斩衰裳②，苴绖③、杖④、绞带⑤，冠绳缨⑥，菅屦者⑦，传曰⑧：斩者何？不缉也⑨。苴绖者，麻之有蕡者也⑩。苴绖大搹⑪，左本在下⑫，去五分一以为带⑬。齐衰之绖，斩衰之带也，去五分一以为带。大功之绖，齐衰之带也，去五分一以为带。小功之绖，大功之带也，去五分一以为带。缌麻之经⑭，小功之带也，去五分一以为

注释：①丧服：又作《丧服子夏传》，本篇除了经文外，还有传说为孔子弟子子夏所作的"传"，这在《仪礼》十七篇中是仅见的。本篇记载的丧服制度有：斩衰、齐衰三年、齐衰杖期、齐衰不杖期、齐衰三月、殇大功、成人大功、穗衰、殇小功、成人小功、缌麻，共11种。②斩衰：丧服中最重的一种。斩，指丧服不缝衣旁和下边。衰，同缞，丧服。上衣叫衰，下衣叫裳或裙。③苴绖：古代服重丧者所束的麻带。苴，麻的子实。束头的首绖和系腰的绖带。④杖：这里指一种极其粗劣的手杖。⑤绞带：古丧制斩衰服所系的带子。绞，两股相交扭成的绳索。⑥冠：帽。绳：此指麻绳。缨：系冠的带子。以二组系于冠，结在颌下。⑦菅：植物名。多年生草本。叶子细长而尖，花绿色。茎可作绳织履，茎叶之细者可覆盖屋顶。屦：草鞋。⑧传：对经典的解释。《丧服》中的"传"相传是孔子的弟子子夏所作。⑨缉：缝衣边。⑩蕡：大麻的种子。⑪搹：手握物体的最大周长。⑫左本在下：麻根左右耳的下方。⑬去五分一：指依照首绖麻的粗细去掉五分之一。以为带：作为衣带的麻绳的粗细。⑭缌麻：五种丧服中最轻的一种。缌，细麻布。

带。苴杖，竹也。削杖①，桐也。杖各齐其心，皆下本。杖者何②？爵也③。无爵而杖者何④？担主也⑤。非主而杖者何⑥？辅病也⑦。童子何以不杖⑧？不能病也⑨。妇人何以不杖？亦不能病也。绞带者，绳带也⑩。冠绳缨，条属⑪，右缝，冠六升⑫，外毕⑬，

注释：①削杖：齐衰之杖。②何：什么，作什么用。③爵：爵位。④何：何人，什么人。⑤担主：充当丧事主人的嫡子。⑥何：为何，为什么。⑦辅病：帮助支撑庶子们因过度悲伤而损害了的身体。⑧童子：未成年人。杖：拄杖。⑨病：过度悲痛。⑩绳带：用麻绳做成的带子。⑪属：连接在一起。⑫六升：指六升的布。⑬外毕：即外縪。縪，缝合。

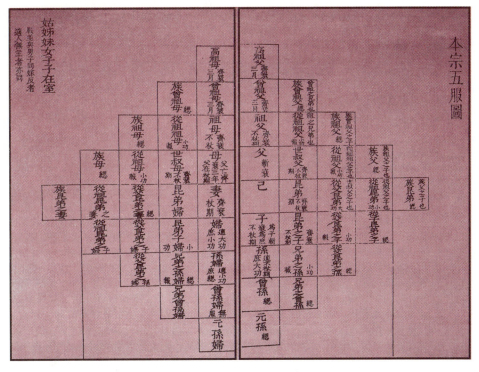

本宗五服图

锻而勿灰[1]。衰三升。菅屦者，菅菲扉也[2]，外纳。居倚庐[3]，寝苫枕块[4]，哭昼夜无时。歠粥[5]，朝一溢米[6]，夕一溢米。寝不说脱绖带。既虞[7]，翦屏柱楣[8]，寝有席，食疏食[9]，水饮，朝一哭、夕一哭而已。既练[10]，舍外寝[11]，始食菜果，饭素食[12]，哭无时[13]。

父[14]，传曰[15]：为父何以斩衰也？父至尊也[16]。诸侯为天子，传曰：天子至尊也。君[17]，传曰：君至尊也。父为长子，传曰：何以三年也[18]？正体于上[19]，又乃将所传重也[20]。庶子不得为长子三年[21]，不继

注释：①锻：捶捣。灰：石灰。②菲：通"扉"，草鞋。③倚庐：居丧时住的草屋。④苫：草席。块：土块。⑤歠：喝。⑥溢：计量单位，一升米的1/24。⑦虞：虞祭。古时葬后拜祭称虞。⑧翦屏柱楣：古代丧礼之一。翦屏，谓虞祭之后，乃改旧庐西向开户，翦去户旁两厢屏之余草。柱楣，前梁谓之楣，楣下两头竖柱施梁，乃夹户旁之屏。⑨疏：粗。⑩练：祭祀名。⑪舍外寝：在倚庐外面睡觉。⑫饭：吃。⑬无时：没有时间的限制。⑭父：指为父亲服斩衰。⑮传：对经典的解释。这里解释为什么为父亲服斩衰。⑯至：极，最。⑰君：指天子或诸侯，也指有领地的卿与大夫。⑱三年：指服三年的丧礼。⑲正体：嫡长子。⑳传重：谓以丧祭之重责之于孙。古代宗法对嫡、庶区分得很严格，如嫡子残废死亡，或子庶而孙嫡，就由孙继祖。这种继承，由祖而言，叫传重；由孙而言，叫承重。㉑庶子：嫡长子以外的其他儿子。

祖也①。

为人后者②，传曰：何以三年也？受重者必以尊服服之③。何如而可为之后？同宗则可为之后④。何如而可以为人后？支子可也⑤。为所后者之祖父母、妻、妻之父母、昆弟、昆弟之子⑥，若子⑦。

妻为夫，传曰：夫至尊也。妾为君⑧，传曰：君至尊也。女子子在室为父⑨，布总⑩，箭笄⑪，髽⑫，衰⑬，三年⑭，传曰：总六

注释：①不继祖：不是祖父的继承人。庶子对于嫡子来说，只是分支，只能是其父亲的继承人。②为人后者：指大宗之后。③尊服：斩衰。④同宗：同一宗族。宗乃一个先人的分支。⑤支子：除嫡长子以外的其他儿子及其后人。⑥昆弟：兄弟。⑦若子：就像是被继承者的亲儿子一样。⑧君：丈夫的主君。⑨女子子：即女子。之所以要多加一"子"字，是为了有别于男子。在室：已许嫁但尚未出嫁者。⑩总：束。这里指用来束发的布。⑪箭笄：用来固定住头发的竹笄子。⑫髽：古代妇女的丧髻，用麻线束发。⑬衰：古代丧服。用粗麻布制成，披在胸前。⑭三年：指服丧三年。

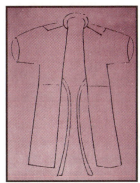

斩衰衣

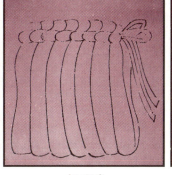

斩衰裳

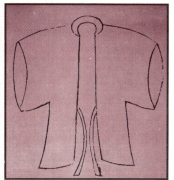

斩衰

升，长六寸，箭笄长尺①，吉笄尺二寸②。子嫁③，反在父之室④，为父三年。

公士⑤、大夫之众臣，为其君布带、绳屦⑥，传曰：公、卿、大夫室老⑦、士⑧，贵臣；其余皆众臣也⑨。君，谓有地者也⑩。众臣杖⑪，不以即位⑫。近臣⑬，君服斯服矣⑭。绳屦者，绳菲扉也⑮。疏衰裳齐⑯、牡麻绖⑰、冠布缨⑱、削杖⑲、布带⑳、疏屦三年者㉑，传曰：齐者何？缉也㉒。牡麻者，枲麻也㉓。牡麻绖，右本在上。冠者沽功也㉔。疏屦者，藨蒯之菲扉也㉕。

父卒则为母㉖，继母如母㉗，传曰：继

注释：①尺：一尺。②吉笄：平时所用的簪子。③子：女子。④反在父之室：在夫家触犯"七出"之条被休返回娘家的妇女。七出指无子、淫泆、不事舅姑、口舌、盗窃、妒忌、恶疾。反，通"返"。⑤公士：公卿。⑥绳屦：用麻绳编织的鞋。⑦室老：家相、家臣之长。⑧士：邑宰。⑨众臣：一般的臣子。⑩地：封地。⑪杖：拄杖。⑫即位：即朝夕哭泣之位。⑬近臣：守门人、内侍等。⑭君服斯服：君的继承人穿什么他们就穿什么。⑮绳菲：用绳做的草鞋。菲，通"扉"，草鞋。⑯疏衰裳齐：即齐衰之服，在丧服中仅次于斩衰，用粗麻布制成，但边侧缝齐。⑰牡麻：不结籽的麻。绖：束头的首绖和系腰的绖带。⑱冠布缨：用七升布做冠圈和带子。⑲削杖：拄着用桐木削成的杖。⑳布带：用七升布做腰带。㉑疏屦：粗制的麻鞋或草鞋。疏，粗。㉒缉：缝衣边。㉓枲：不结籽的麻。㉔沽：粗略。冠尊，加其粗粗功，即大功。㉕藨蒯：均为草名，制作草鞋的原料。㉖卒：死。㉗继母：后母。如母：如同亲生母亲。

母何以如母？继母之配父①，与因母同②，故孝子不敢殊也③。

慈母如母，传曰：慈母者何也？传曰④："妾之无子者，妾子之无母者，父命妾曰⑤：'女汝以为子⑥。'命子曰：'女汝以为母。'"若是，则生养之，终其身如母；死则丧之三年如母，贵父之命也⑦。

母为长子，传曰：何以三年也？父之所不降⑧，母亦不敢降也。

疏衰裳齐、牡麻绖、冠布缨、削杖、布带、疏屦期者⑨，传曰：问者曰：何冠也⑩？曰：齐衰、大功⑪，冠其受也⑫。缌麻⑬、小功⑭，冠其衰也⑮。带缘各视其冠⑯。

注释：①配：嫁给。②因母：亲母。③殊：不同样对待。④传：《丧服》中的"传"相传是孔子的弟子子夏所作。此传则指非子夏所作的其他的"传"。⑤命：吩咐。⑥女：通"汝"。你。⑦贵：敬重。⑧降：降低（礼数）。⑨期：一年。指服一年丧。⑩何冠：这里意思是问，穿同一种丧服，而服丧期限有所不同，那么戴的冠又有什么不同。⑪大功：比齐衰低一等的丧服。⑫冠其受：指人刚死时丧冠用布粗细的等级就是下葬后衰衣用布的等级。如死时冠七升，则下葬时衰亦七升。⑬缌麻：五种丧服中最轻的一种。⑭小功：比大功低一等的丧服。⑮冠其衰：指缌麻、小功两种丧服冠所用的布和衰裳相同。⑯带缘：指各种丧服的腰带和内衣的衣边。

父在为母，传曰：何以期也？屈也^①。
至尊在^②，不敢伸其私尊也^③。父必三年
然后娶，达子之志也^④。

fù zài wèi mǔ zhuàn yuē hé yǐ jī yě qū yě
zhì zūn zài bù gǎn shēn qí sī zūn yě fù bì sān nián
rán hòu qǔ dá zǐ zhī zhì yě

注释：①屈：降低。②至尊：指父亲。③私尊：母对于子是至尊，但父在时不能对母行至
尊之礼，一年后除服，但子心中三年内依旧为母服丧，称为私尊。④达：满足。

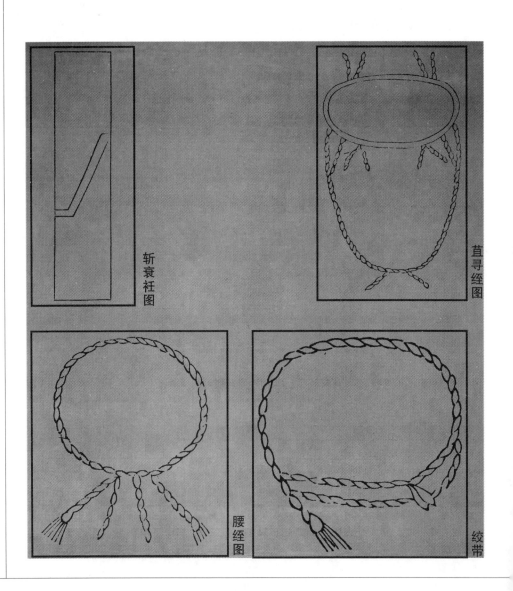

斩衰衽图 · 苴寻绖图 · 腰绖图 · 绞带

妻，传曰：为妻何以期也？妻，至亲也。

出妻之子为母①，传曰：出妻之子为母期，则为外祖父母无服。传曰②："绝族无施服③，亲者属④。"出妻之子为父后者，则为出母无服。传曰："与尊者为一体，不敢服其私亲也⑤。

父卒，继母嫁，从⑥；为之服，报。传曰：何以期也？贵终也。

不杖，麻屦者。

祖父母，传曰：何以期也？至尊也。

世父母⑦、叔父母，传曰：世父、叔父，何以期也？与尊者一体也⑧，然则昆弟之子何以亦期也⑨？旁尊也⑩，不足以

注释：①出妻：触犯"七出"而被休弃的妻子。②传：指非子夏所作的别的"传"。③绝族：指妇人离开了丈夫的家，就和丈夫的家族断绝了联系。无施服：没有连带的丧服。④属：联系。⑤私亲：出妻与亲子的关系。⑥从：跟随。指跟随继母到改嫁的那一家。⑦世父母：伯父母。⑧尊者：祖父、父亲。一体：同一个整体。⑨昆弟之子：死了的兄弟的儿子。⑩旁尊：伯父母、叔父母是旁支的至尊。

加尊焉①，故报之也②。父子一体也，夫妻一体也，昆弟一体也，故父子首足也③，夫妻胖合也④，昆弟四体也⑤。故昆弟之义无分，然而有分者，则辟避子之私也⑥。子不私其父⑦，则不成为子，故有东宫，有西宫，有南宫，有北宫，异居而同财，

注释：①加尊：加一层尊敬，指加长服丧的期限。②报之：以同样的丧服回报侄辈。③首足：头和脚的关系。④胖合：两半合为一个整体。⑤四体：四肢体，即双手与双脚。⑥辟：通"避"。回避。此句指避开做父亲的与自己儿子之间的至尊关系。⑦私：特别地亲近与敬重。

天子诸侯正统旁期服图

有余则归之宗①，不足则资之宗②。世母、叔母何以亦期也？以名服也。

大夫之適嫡子为妻③，传曰：何以期也？父之所不降④，子亦不敢降也⑤。何以不杖也⑥？父在则为妻不杖。

昆弟⑦；为众子⑧，昆弟之子，传曰：何以期也？报之也⑨。

大夫之庶子为適嫡昆弟⑩，传曰：何以期也？父之所不降，子亦不敢降也。

適嫡孙⑪，传曰：何以期也？不敢降其適嫡也⑫。有適嫡子者，无適嫡孙，孙妇亦如之⑬。

为人后者⑭，为其父母⑮，报，传曰：何以期也？不贰斩也⑯。何以不贰斩也？

注释：①宗：宗子，祖父的继承人。②资：取。③適子：正妻所生的儿子。特指嫡长子。適，通"嫡"。④父之所不降：父亲为嫡长子服丧服不降等。⑤子：庶兄或庶弟。⑥杖：丧棒。此作动词，执丧棒。⑦昆：兄。⑧众：一般。为众子即指为嫡长子之外的其他儿子。⑨报：回报，指用相同的丧礼回报这些人。⑩適昆弟：嫡兄或嫡弟。⑪適孙：指祖父为嫡长孙（服丧）。⑫降其適：降低为嫡孙服的丧服的等级。⑬孙妇：孙子的媳妇。⑭为人后：做了别人家的继承人。⑮其父母：自己的亲生父母。⑯贰：第二次。斩：斩衰，儿子吊父丧之服。

255

持重于大宗者①。降其小宗也②。"为人后者",孰后③？后大宗也④。曷为后大宗⑤？大宗者,尊之统也⑥。禽兽知母而不知父。野人曰⑦："父母何算焉⑧!"都邑之士,则知尊祢矣⑨。大夫及学士则知尊祖矣。诸侯,及其大**太**祖⑩。天子,及其始祖之所自出⑪。尊者尊统上⑫,卑者尊统下⑬。大宗者,尊之统也。大宗也,收族者也⑭,

注释：①大宗：百世不迁之宗。②小宗：五世而迁之宗。③孰：谁。④后大宗：作为大宗的继承人。⑤曷为：为什么。⑥尊之统：本族中尊贵地位的集中者。⑦野人：郊野之人。⑧何算焉：怎么说得清啊。⑨尊祢：敬重近代的先人。⑩及：远及。大祖：指本国始封的国君。大,通"太"。⑪自出：来源。⑫统：宗族系统。上：历史久远。⑬下：历史短暂。⑭收族：把全族统一起来。

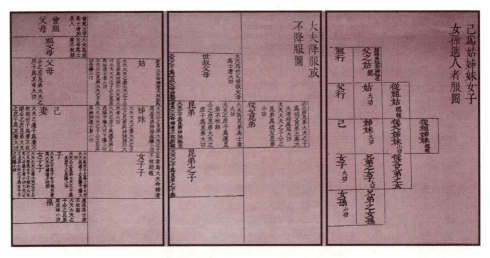

己为姑姊妹女子女孙适人者服图

bù kě yǐ jué gù zú rén yǐ zhī zǐ hòu dà zōng yě dí

不可以绝，故族人以支子后大宗也^①。适 嫡

zǐ bù dé hòu dà zōng

子不得后大宗^②。

nǚ zǐ zǐ shì rén zhě wèi qí fù mǔ kūn dì zhī

女子子适人者为其父母^③、昆弟之

wéi fù hòu zhě zhuàn yuē wèi fù hé yǐ jī yě fù rén

为父后者，传曰：为父何以期也^④？妇人

注释：①支子：小宗的后人。②适子：嫡子，正妻所生的长子。这里指小宗的嫡子。③女子子：即女子。之所以要多加一"子"字，是为了有别于男子。适人：出嫁。④期：一年。

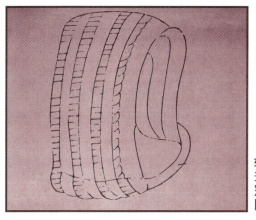

斩衰冠图

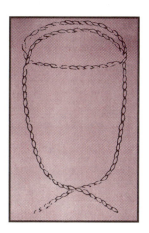

冠绳缨图

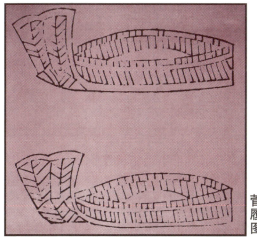

菅履图

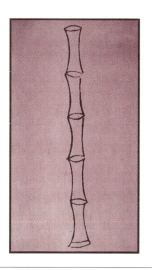

苴杖图

不贰斩也①。妇人不贰斩者何也？妇人有三从之义②，无专用之道③，故未嫁从父④，既嫁从夫⑤，夫死从子。故父者子之天也，夫者妻之天也。妇人不贰斩者，犹曰不贰天也，妇人不能贰尊也⑥。为昆弟之为父后者，何以亦期也？妇人虽在外⑦，必有归宗⑧，曰小宗，故服期也。

继父同居者⑨，传曰：何以期也？传曰："夫死，妻稚⑩，子幼⑪。子无大功之亲⑫，与之适人⑬，而所适者亦无大功之亲，所适者以其货财为之筑宫庙⑭，岁时使之祀焉⑮，妻不敢与焉⑯。"若是⑰，则继父之道也⑱。同居则服齐衰期⑲，异居则服齐衰三月也⑳。必尝同居㉑，然后为异居；未

注释：①贰斩：两次服斩衰。②三从之义：服从三种人的义务。③专用之道：自己决定、自己行事的惯例。④从：听从，遵从。⑤既：已经。⑥贰尊：有两个至尊。⑦在外：嫁到了外面。⑧归宗：回娘家探望时所投奔的人。⑨继父同居者：居住在一起的后父。⑩妻稚：妻子的年龄不满五十岁。⑪子幼：子女年龄不足十五岁。⑫大功之亲：堂兄弟、姊妹等。⑬与之适人：子随其母去往再嫁之夫的家中。⑭货财：钱财。⑮岁：每年。时：按时。⑯与：参加。⑰若是：像这样。⑱道：规矩。⑲齐衰期：服一年的齐衰。⑳异居：指原来同居，后来又分开，不住在一起了。㉑尝：曾经。

尝同居，则不为异居。

为夫之君[1]，传曰：何以期也[2]？从服也[3]。

姑、姊妹、女子子适人无主者[4]，姑、姊妹报[5]，传曰：无主者，谓其无祭主者也。何以期也？为其无祭主故也。

为君之父、母、妻、长子、祖父母，传曰：何以期也？从服也。父母、长子，君服斩[6]。妻，则小君也。父卒，然后为祖后者服斩[7]。

妾为女君[8]，传曰：何以期也？妾之事女君[9]，与妇之事舅姑等[10]。

妇为舅姑[11]，传曰：何以期也？从服也[12]。

注释：①为夫之君：妻子为作为丈夫的国君（服丧）。②期：（服丧）一年。③从服：跟随丈夫服丧。④适人：出嫁。无主：没有主持丧祭的。⑤报：指为自己娘家侄子和兄弟服齐衰一年。⑥服斩：服斩衰三年。⑦祖后者：后死的祖父母。⑧妾为女君：妾为君的嫡妻（服丧）。⑨事：侍奉。⑩舅姑：公婆。等：等同，一样。⑪妇为舅姑：媳妇为公婆（服丧）。⑫从服：跟随丈夫服丧并降等。

夫之昆弟之子①，传曰：何以期也？报之也②。

公妾、大夫之妾为其子③，传曰：何以期也？妾不得体君④，为其子得遂也⑤。

女子子为祖父母，传曰：何以期也？不敢降其祖也。

注释：①昆弟之子：兄弟的子女。②报之：用相同的丧礼回报这些人。③公：诸侯。其：指妾。④体君：和主君同为一整体。⑤遂：表明。此句指妾能为自己的儿子表示哀痛。

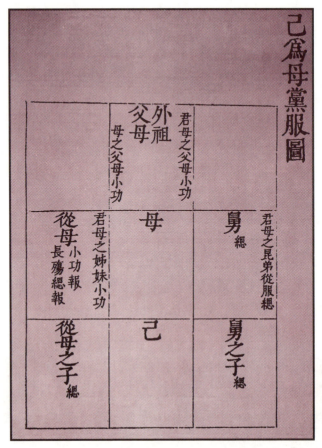

己为母党服图

大夫之子为世父母^①、叔父母、子、昆弟、昆弟之子、姑、姊妹、女子子无主者，为大夫命妇者^②，唯子不报^③，传曰：大夫者，其男子之为大夫者也。命妇者，其妇人之为大夫妻者也。无主者，命妇之无祭主者也^④。何以言"唯子不报"也？女子子适人者为其父母期，故言不报也，言其余皆报也。何以期也？父之所不降，子亦不敢降也。大夫曷为不降命妇也？夫尊于朝^⑤，妻贵于室矣^⑥。

大夫为祖父母、适嫡孙为士者^⑦，传曰：何以期也？大夫不敢降其祖与适嫡也。

公妾以及士妾为其父母^⑧，传曰：何以期也？妾不得体君^①，得为其父母遂也^②。

疏衰裳齐，牡麻经^③，无受者^④。

寄公为所寓^⑤，传曰：寄公者何也？失地之君也^⑥。

何以为所寓服齐衰三月也？言与民同也^⑦。丈夫^⑧、妇人为宗子^⑨，宗子之母、妻，传曰：何以服齐衰三月也？尊祖也。尊祖故敬宗。敬宗者，尊祖之义也。宗子之母在，则不为宗子之妻服也。

为旧君^⑩，君之母、妻，传曰：为旧君者，孰谓也^⑪？仕焉而已者也^⑫。何以服齐衰三月也？言与民同也。君之母、妻则小君也。庶人为国君；大夫在外^⑬，其妻、长

注释：①体君：与国君为同一个整体。②遂：表明，表达。指表达哀伤之情。③牡麻：不结籽的麻。经：用来束发的首经和系在腰间的经带。④受：指较轻的丧服或较短的丧期接在大功七月或九月的后面，即服丧期间礼仪有所变化。简言之，即换（衣）。⑤寄公：寓居他国之国君。所寓：寓居之国。⑥失地：失去了国土。⑦民：所寓居之国的民众。⑧丈夫：同宗的男子。⑨妇人：同宗的女子。这里指未出嫁或出嫁归来省亲的女子。宗子：大宗之子。⑩旧君：有旧恩但如今已退休的官员。一说指曾经侍奉过的国君。⑪孰谓也：指的是什么。⑫仕：做官。已：退休。⑬在外：因政见不合而出走国外。

262

zǐ wèi jiù guó jūn   zhuàn yuē   hé yǐ fú zī cuī sān yuè
子为旧国君①，传曰：何以服齐衰三月
yě qī yán yǔ mín tóng yě   zhǎng zǐ yán wèi qù yě
也？妻，言与民同也。长子，言未去也②。
jì fù bù tóng jū zhě   zēng zǔ fù mǔ   zhuàn yuē   hé
　继父不同居者，曾祖父母，传曰：何
yǐ zī cuī sān yuè yě   xiǎo gōng zhě   xiōng dì zhī fú yě
以齐衰三月也？小功者③，兄弟之服也。

注释：①旧国君：此大夫所侍奉过的国君。②去：离开，指离开本国。③小功：丧服名，
　　为兄弟而服，为期五个月。

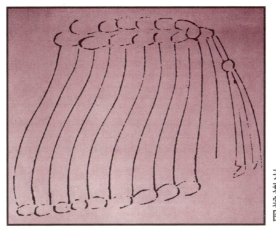

齐衰裳图

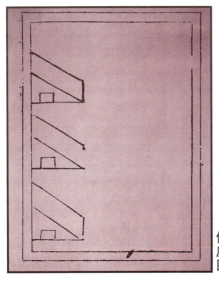

倚庐图

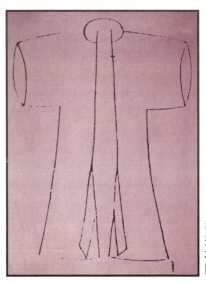

齐衰衣图

不敢以兄弟之服服至尊也。

大夫为宗子①，传曰：何以服齐衰三月也？大夫不敢降其宗也②。

旧君③，传曰：大夫为旧君，何以服齐衰三月也？大夫去君埽其宗庙④，故服齐衰三月也，言与民同也⑤。何大夫之谓乎？言其以道去君而犹未绝也⑥。

曾祖父母为士者如众人⑦，传曰：何以齐衰三月也？大夫不敢降其祖也⑧。

女子子嫁者⑨、未嫁者为曾祖父母，传曰：嫁者，其嫁于大夫者也。未嫁者，其成人而未嫁者也。何以服齐衰三月？不敢降其祖也。

大功布衰裳⑩，牡麻绖，无受者⑪：

注释：①宗子：大宗之子。②降其宗：降低对本宗族的敬重。③旧君：在郊外等待国君悔悟，而尚未离国的大夫为国君服丧。④去：离开。埽：用扫帚除去尘土、垃圾等物。这里指祭祀。⑤民：庶民。⑥以：用。⑦众人：一般的人，指士。⑧降其祖：降低为自己的祖先服丧的等级。⑨女子子：即女子。之所以要多加一"子"字，为的是有别于男子。⑩大功：丧服五服之一，为期七或九个月。⑪受：指较轻的丧服或较短的丧期接在大功七月或九月的后面，即服丧期间礼仪有所变化。

子、女子子之长殇①、中殇，传曰：何以大功也？未成人也。何以无受也？丧成人者②，其文缛③；丧未成人者，其文不缛。故殇之绖不樛垂④，盖未成人也。年十九至十六为长殇，十五至十二为中殇，十一至八岁为下殇，不满八岁以下皆为无服之殇⑤。无服之殇以日易月⑥。以日易月之殇，殇而无服⑦。故子生三月，则父名之⑧，死则哭之，未名则不哭也。叔父之长殇、中殇，姑、姊妹之长殇⑨、中殇，昆弟之长殇⑩、中殇，夫之昆弟之子⑪、女子子之长殇、中殇，适嫡孙之长殇⑫、中殇，大夫之庶子为适嫡昆弟之长殇⑬、中殇，公为适嫡子之长殇、中殇，大夫为适嫡

注释：①殇：夭折，未成年而死。②丧：为……服丧。③文缛：服丧的礼仪繁复。④樛：缠结。⑤无服：不用为之服丧。⑥以日易月：指哭丧的时间依死者的年龄来定，活多少个月就哭多少天。⑦殇：为殇而哭。⑧名：取名。⑨姊妹：姐妹。⑩昆弟：兄弟。⑪夫：丈夫。⑫适：通"嫡"。正宗，正统。⑬庶子：非正妻所生的孩子。

子之长殇、中殇。其长殇，皆九月①，缨绖②；其中殇，七月③，不缨绖。

大功布衰裳④，牡麻绖缨，布带，三月；受以小功衰，即葛⑤，九月者：传曰：大功布九升，小功布十一升。

姑、姊妹、女子子适人者⑥，传曰：何

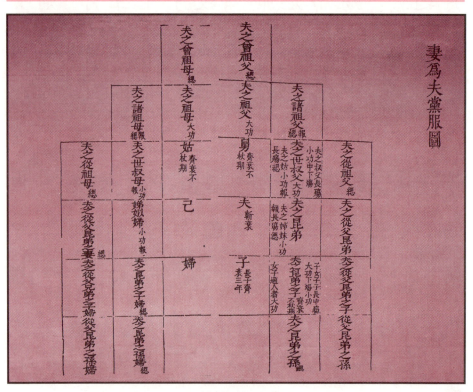

妻为夫党服图

以大功也？出也①。从父昆弟，为人后者为其昆弟②，传曰：何以大功也？为人后者降其昆弟也。

庶孙③，适嫡妇④，传曰：何以大功也？不降其适嫡也⑤。

女子子适人者为众昆弟；侄丈夫妇人，报，传曰：侄者何也？谓吾姑者⑥，吾谓之侄。

夫之祖父母、世父母、叔父母，传曰：何以大功也？从服也⑦。夫之昆弟何以无服也？其夫属乎父道者⑧，妻皆母道也。其夫属乎子道者，妻皆妇道也。谓弟之妻"妇"者，是"嫂"亦可谓之母乎？故名者⑨，人治之大者也⑩，可无慎乎⑪？

大夫为世父母、叔父母、子、昆弟、

昆弟之子为士者①，传日：何以大功也？尊不同也。尊同②，则得服其亲服③。

公之庶昆弟、大夫之庶子为母、妻、昆弟，传日：何以大功也？先君余尊之所厌压④，不得过大功也⑤。大夫之庶子，则从乎大夫而降也⑥。父之所不降，子亦不敢降也。皆为其从父昆弟之为大夫者。

为夫之昆弟之妇人子适人者⑦；大

注释：①士：先秦时期贵族的最低等级，位次于大夫。②尊同：尊卑等同。③服其亲服：按照亲疏关系服丧服。④厌：通"压"。指被限制住，从而降等。⑤过：超过。⑥从：跟随。⑦妇人子：即女子子，指女儿。

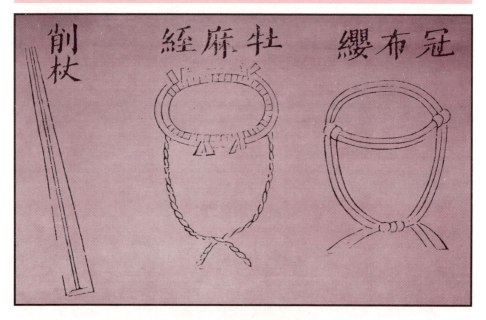

牡麻绖 冠布缨 削杖图

夫之妾为君之庶子①；女子子嫁者、未嫁者，为世父母②、叔父母、姑、姊妹，传曰：嫁者，其嫁于大夫者也。未嫁者，成人而未嫁者也。何以大功也？妾为君之党服③，得与女君同④。下言为世父母、叔父母、姑、姊妹者，谓妾自服其私亲也⑤。

大夫、大夫之妻、大夫之子、公之昆弟为姑、姊妹、女子子嫁于大夫者，君为姑、姊妹、女子子嫁于国君者，传曰：何以大功也？尊同也。尊同则得服其亲服⑥。诸侯之子称公子，公子不得祢先君⑦。公子之子称公孙，公孙不得祖诸侯⑧。此自卑别于尊者也⑨。若公子之子孙有封为国君者，则世世祖是人也⑩，不祖公子⑪，

注释：①君：主君，即大夫。②世父母：伯父母。③党：家庭。指家庭中的男子。④女君：主君的夫人。⑤"下言"句：疑为衍文。⑥尊同：尊卑等同。服其亲服：按照亲疏关系服丧服。⑦祢先君：立父亲的庙进行祭祀。⑧祖诸侯：立祖父的庙进行祭祀。⑨自：从，由。⑩世世：世世代代。祖是人：以此人作为开国之祖。⑪祖公子：把当初的公子作为开国之祖。

此自尊别于卑者也。是故始封之君不臣诸父昆弟①，封君之子不臣诸父而臣昆弟，封君之孙尽臣诸父昆弟。故君之所为服，子亦不敢不服也；君之所不服，子亦不敢服也。

穗衰裳②，牡麻绖，既葬除之者③，传曰：穗衰者何？以小功之穗也④。

注释：①臣：把……当作臣下。诸父：叔父与伯父们。②穗：细而疏的麻布。古时多用作丧服。③除：脱掉。④以：用。小功：比大功低一等的丧服，所用的布比大功细，比缌麻粗。

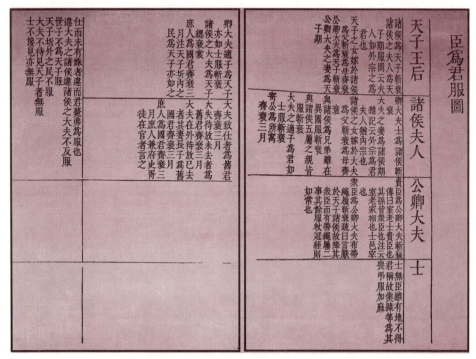

臣为君服图

诸侯之大夫为天子，传曰：何以穗衰也？诸侯之大夫以时接见乎天子[1]。

小功布衰裳，澡麻带绖[2]，五月者：叔父之下殇[3]，適嫡孙之下殇，昆弟之下殇，大夫庶子为適嫡昆弟之下殇，为姑、姊妹、女子子之下殇，为人后者为其昆

注释：①以时：按照一定时间。乎：于。②澡：洗涤。③下殇：未成年人在十一岁到八岁死去。

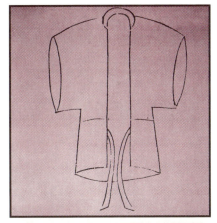

大功布衰图

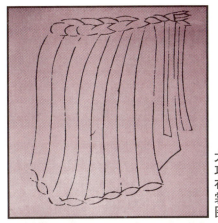

大功布裳图

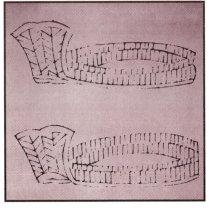

疏屦

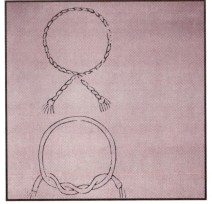

布带

弟、从父昆弟之长殇①，传曰：问者曰："中殇何以不见也？"大功之殇，中从上；小功之殇，中从下。为夫之叔父之长殇②；昆弟之子、女子子、夫之昆弟之子、女子子之下殇；为侄、庶孙丈夫妇人之长殇；大夫、公之昆弟③、大夫之子，为其昆弟、庶子、姑、姊妹、女子子之长殇；大夫之妾为庶子之长殇。

小功布衰裳，牡麻绖，即葛④，五月者：从祖祖父母⑤，从祖父母⑥，报⑦；从祖昆弟⑧，从父姊妹、孙适人者，为人后者为其姊妹适人者⑨，为外祖父母，传曰：何以小功也？以尊加也⑩。

从母⑪，丈夫妇人⑫，报，传曰：何以

注释：①长殇：未成年人在十九岁到十六岁死去。②夫：丈夫。③公：国君。④即葛：去麻就葛。⑤从祖祖父母：父亲的伯父母、叔父母。⑥从祖父母：父亲的叔伯兄弟。⑦报：指这些前辈为堂孙、堂侄服同样的丧服。⑧从祖昆弟：父亲叔伯兄弟的儿子。⑨为人后：过继给大宗做继承人。⑩尊：尊敬。加：增加（一等）。⑪从母：姨。⑫丈夫妇人：母亲的子、女。

小功也？以名加也①，外亲之服皆緦也②。

夫之姑、姊妹、娣姒妇③，报④，传曰：

娣姒妇者，弟长也⑤。何以小功也？以为

相与居室中⑥，则生小功之亲焉⑦。

大夫、大夫之子、公之昆弟为从父

昆弟，庶孙，姑、姊妹、女子子适士者。

注释：①以：因。名：指"从母"这个名称。加：升格。②緦：细麻布。③娣姒：同夫诸妾互称，年长的为姒，年幼的为娣。④报：相互服小功。⑤弟：弟弟的媳妇。一说训娣。长：兄长，指哥哥的媳妇。⑥以为：因为。相与居室中：在同一个家庭中生活。⑦亲：亲密关系。

妾服图

君为臣服图

大夫之妾为庶子适人者；庶妇①；君母之父母、从母②，传曰：何以小功也③？君母在④，则不敢不从服。君母不在，则不服。

君子子为庶母慈己者⑤，传曰：君子子者，贵人之子也。为庶母何以小功也？以慈己加也⑥。

缌麻⑦，三月者：传曰：缌者，十五升抽其半⑧，有事其缕⑨，无事其布，曰缌。族曾祖父母⑩，族祖父母⑪，族父母⑫，族昆弟⑬；庶孙之妇，庶孙之中殇⑭；从祖姑⑮、姊妹适人者，报⑯；从祖父⑰、从祖昆弟之长殇；外孙；从父昆弟侄之下殇，夫之叔父之中殇、下殇；从母之长殇，报；

庶子为父后者^①，为其母，传曰：何以缌也^②？传曰^③："与尊者为一体^④，不敢服其私亲也^⑤。"然则何以服缌也？有死于宫中者，则为之三月不举祭，因是以服缌也。

士为庶母^⑥，传曰：何以缌也？以名服也^⑦。大夫以上^⑧，为庶母无服^⑨。

贵臣贵妾^⑩，传曰：何以缌也？以其贵也。

乳母^⑪，传曰：何以缌也？以名服也。从祖昆弟之子^⑫，曾孙，父之姑，从母昆弟^⑬，传曰：何以缌也？以名服也。

甥^⑭，传曰：甥者何也？谓吾舅者^⑮，吾谓之甥。何以缌也？报之也^⑯。婿^⑰，传

日：何以缌？报之也。

妻之父母，传曰：何以缌？从服也①。

姑之子②，传曰：何以缌？报之也。

舅，传曰：何以缌？从服也③。舅之子，传曰：何以缌？从服也。夫之姑姊妹之长殇；夫之诸祖父母，报④；君母之昆弟⑤，传曰：何以缌？从服也⑥。

注释：①从服：跟随妻子服丧。②姑：父亲的姐妹。③从服：跟随母亲服丧。④报：互服缌麻。⑤君母：主君的母亲。⑥从服：跟随主君的母亲服丧。

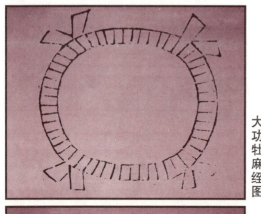

大功牡麻绖图

大功牡麻绖缨

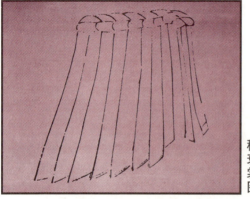

穗衰裳图

穗衰衣图

从父昆弟之子之长殇，昆弟之孙之长殇。为夫之从父昆弟之妻，传曰：何以缌也？以为相与同室①，则生缌之亲焉②。长殇、中殇降一等，下殇降二等。齐衰之殇中从上③，大功之殇中从下。

记：公子为其母④，练冠⑤，麻⑥，麻衣縓缘⑦；为其妻，縓冠，葛绖带，麻衣縓缘。皆既葬除之⑧。传曰：何以不在五服之中也⑨？君之所不服⑩，子亦不敢服也。君之所为服，子亦不敢不服也。

大夫、公之昆弟⑪，大夫之子，于兄弟降一等⑫。为人后者⑬，于兄弟降一等，报⑭；于所为后之兄弟之子，若子⑮，兄弟皆在他邦⑯，加一等。不及知父母，与兄弟居^①，加一等。传曰：何如则可谓之兄弟？传曰："小功以下为兄弟。"

朋友皆在他邦，袒免^②，归则已。

朋友，麻。

君之所为兄弟服，室老降一等。

夫之所为兄弟服，妻降一等。

庶子为后者^③，为其外祖父母、从母、舅，无服。不为后，如邦人^④。宗子孤为殇^⑤，大功衰^⑥，小功衰^⑦，皆三月。亲^⑧，则月算如邦人^⑨。改葬，缌^⑩。

童子，唯当室缌^⑪，传曰：不当室，则无缌服也^⑫。凡妾为私兄弟^⑬，如邦人。

大夫吊于命妇，锡衰^⑭。命妇吊于大夫，亦锡衰，传曰：锡者何也？麻之有锡

注释：①与兄弟居：指靠兄长拉扯长大。②袒免：肉袒而且以免代冠。免为居丧时的一种束发方式。③庶子为后：非正妻所生的儿子继承其父之位。④邦人：众人，一般人。⑤宗子：大宗的儿子。孤：未成年而父卒。⑥大功衰：指长殇、中殇服大功殇。⑦小功衰：指下殇服小功衰。⑧亲：有五服之亲者。⑨算：数。⑩缌：指臣为君、子为父、妻为夫都服缌麻。⑪当室：指继承父位主持家事。⑫无缌服：不用服缌麻。⑬私兄弟：自己本族的兄弟。⑭锡：同緆，细布，手感细滑。

者也。锡者，十五升抽其半①，无事其缕②，有事其布，曰锡。

女子子适人者为其父母③，妇为舅姑④，恶笄有首以髽⑤。卒哭⑥，子折笄首以笄⑦，布总⑧。传曰：笄有首者，恶笄之

注释：①十五升抽其半：织缕的密度是朝服用布十五升（1200缕）的一半。缕，丝线，麻线。②事：整治。③女子子：即女子，女儿。多加一"子"字，以区别于男子。④妇：儿媳妇。舅姑：公公和婆婆。⑤恶笄：即下文所说的"栉笄"，因用粗糙的柞木制成，且用于丧礼，故称恶笄。髽：妇人的丧髻，以麻发合结曰髽。⑥卒哭：古代丧礼，百日祭后，止无时之哭为朝夕一哭，名为卒哭。⑦折笄首：折掉笄的首部有刻镂的部分。⑧布总：用布固定头发。

殇小功图

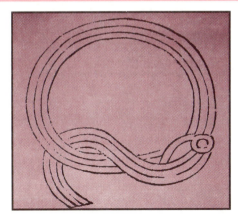

小功葛带图

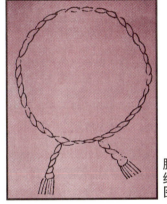

腰绖图

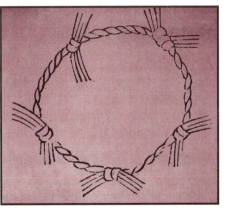

小功葛绖图

有首也。恶笄者，栉笄也①。折笄首者，折吉笄之首也。吉笄者，象笄也②。何以言子折笄首而不言妇？终之也③。妾为女君④、君之长子，恶笄有首，布总。

凡衰⑤，外削幅⑥。裳⑦，内削幅⑧，幅三祜⑨。若齐⑩，裳内衰外。负⑪，广出于适寸⑫。适，博四寸⑬，出于衰⑭。衰，长六寸，博四寸。衣带，下尺⑮。衽⑯，二尺有又五寸⑰。袂⑱，属幅⑲。衣，二尺有又二寸。祛⑳，尺二寸。

衰三升，三升有又半。其冠六升㉑。以其冠为受，受冠七升。

齐衰四升，其冠七升。以其冠为受，

shòu guān bā shēng
受冠八升。

suì cuī sì shēng yòu bàn qí guān bā shēng
穗衰四升有又半①，其冠八升。

dà gōng bā shēng ruò jiǔ shēng xiǎo gōng shí shēng ruò
大功八升，若九升②。小功十升，若

shí yī shēng
十一升。

注释：①穗衰：古代小功五月之丧服。用细而疏的麻布制成。②若：或者。

心丧庐墓图

娄妻谥夫图

士丧礼第十二^①

shì sāng lǐ dì shí èr

士丧礼：死于適室^②，帏用敛殓衾^③。复者一人^④，以爵雀弁服^⑤，簪裳于衣^⑥，左何荷之^⑦，扱领于带^⑧。升自前东荣，中屋^⑨，北面招以衣^⑩，曰："皋某复^⑪！"三^⑫。降衣于前。受用箧^⑬，升自阼阶，以衣尸^⑭。复者降自后西荣。

楔齿用角柶^⑮，缀足用燕几^⑯。奠脯醢^⑰、醴酒^⑱。升自阼阶，奠于尸东。帷堂。

注释：①士丧礼：丧礼属凶礼之一。本篇主要记述诸侯之士的父母、妻子、长子丧亡的礼节。本篇与下篇《既夕礼》原为一体，因篇幅过长，古代已一分为二。②適室：正寝之室。古代贵族的寝卧之处有正寝、燕寝和侧室。③帏：覆盖。敛衾：指古代大殓时盖尸体用的被子。敛，通"殓"。④复者：招魂人。⑤以：用。爵：通"雀"，赤黑色。弁：古代贵族的一种帽子，通常是穿礼服时戴之（吉礼之服用冕）。赤黑色的布做的叫爵弁，是文冠；白鹿皮做的叫皮弁，是武冠。⑥簪：缀连。⑦何：通"荷"，担负。⑧扱：插。⑨中屋：屋脊处。⑩北面：面向北。招：招魂。古人刚死时，即招魂，希望灵魂回到躯体上以使人复活。后来招魂就成为丧礼中的一部分。⑪皋：呼唤声。某：死者的名字（男子称名，女子称字）。复：归来。⑫三：前后呼喊三次。⑬箧：小箱子，藏物之具。大曰箱，小曰箧。⑭衣：动词，穿衣。此指覆盖。⑮楔齿：古时人初死，用柶撑其齿使不闭合，以便于饭含。柶：古代礼器。用角、木等材料制成，形状和功用如匙，用以舀取食物。⑯缀足：拘紧双足。⑰奠脯醢：进献佐酒的菜肴。⑱醴酒：甜酒。

乃赴于君。主人西阶东，南面命赴者，拜送。有宾①，则拜之。入，坐于床东。众主人在其后②，西面。妇人侠床③，东面。亲者在室。众妇人户外北面，众兄弟堂下北面。

君使人吊④。彻帷⑤。主人迎于寝门外⑥，见宾不哭，先入，门右北面。吊者

注释：①宾：指同僚和朋友。②众主人：主人的庶兄弟。③妇人：妻妾及众子孙。侠：通"夹"。妇人的床与男子的床相对应，故名。④君：主君。人：指士。吊：吊唁。⑤彻帷：将帷幕开合的部分向上揭起，事毕再放下。⑥寝门：内门。

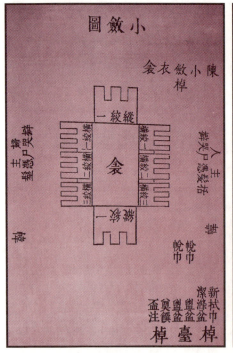

小敛图

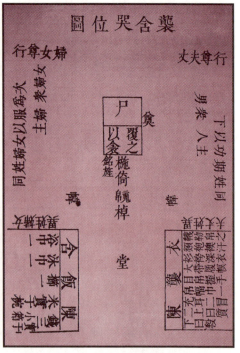

袭含哭位图

入，升自西阶，东面。主人进中庭①，吊者致命②。主人哭，拜稽颡③，成踊④。宾出，主人拜送于外门外⑤。

君使人襚⑥。彻帷⑦，主人如初⑧。襚者左执领⑨，右执要腰⑩，入，升致命⑪。主人拜如初。襚者入，衣尸⑫，出。主人拜送如初。唯君命⑬，出，升降自西阶。遂拜宾⑭，有大夫则特拜之⑮。即位于西阶下，东面，不踊。大夫虽不辞⑯，入也。亲者襚⑰，不将命⑱，以即陈。庶兄弟襚，使人以将命于室，主人拜于位，委衣于尸东床上。朋友襚，亲以进，主人拜，委衣如初。退，哭，不踊。彻衣者执衣如襚，以适房。

注释：①中庭：庭院中间。②致命：传达主君的话语。③拜稽颡：跪拜时以额触地。④成踊：有规定次数的顿足。踊，跳跃。⑤拜送：行拜礼送行。外门：大门。⑥襚：赠送殓尸用的衣被。⑦彻帷：将帷幕开合的部分向上揭起，事毕再放下。⑧如初：指如当初接待吊唁者的情形。⑨襚者：负责送衣被的人。左：左手。执：拿。领：衣领。⑩要：通"腰"。⑪致命：传达主人的慰问。⑫衣尸：把主君送的衣被覆盖在尸体的被子上。⑬君命：主君派人前来。⑭拜宾：向主君派来的人行拜礼。⑮特拜：单独行拜礼。与对人一一拜谢的"旅拜"不同。⑯不辞：不道谢。⑰亲者：服大功以上的亲属。⑱不将命：不派人致命于丧主。

为铭^①，各以其物^②。亡无则以缁^③，长半幅^④，赪末^⑤，长终幅^⑥，广三寸^⑦。书铭于末^⑧，曰："某氏某之柩^⑨。"竹杠长三尺^⑩，置于宇西阶上^⑪。甸人掘坎于阶间^⑫，少西。为垼于西墙下^⑬，东乡向。新盆、槃^⑭、瓶、废敦^⑮、重鬲^⑯，皆濯^⑰，造于西阶下。

注释：①铭：旗帜。②物：杂帛，指和死者爵位相应的帛。③亡：通"无"，不命之士没有旗。以：用。缁：黑布。④半幅：一尺。⑤赪：同"赬"，红色。⑥终幅：二尺。⑦广：宽。⑧书铭于末：在红布上写上死者的名。一说"铭"当作"名"。⑨柩：已装有尸体的棺材。⑩竹杠：旗杆。⑪宇：屋檐。⑫甸人：田野中的小吏。坎：祭祀用的地坑。⑬垼：煮浇浴尸水的土灶。⑭槃：木盘。⑮废敦：无足敦，盛米器。⑯重鬲：悬于木架上的瓦瓶。⑰濯：清洗。

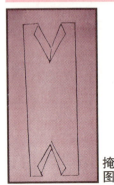

掩图

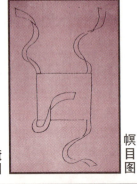

帻目图

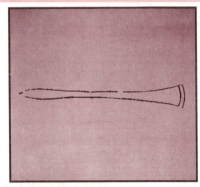

鬠笄图

冒图

陈袭事于房中①，西领②，南上③，不绡綧④。明衣裳⑤，用布。髻笄用桑⑥，长四寸，缀中⑦。布巾⑧，环幅⑨，不凿⑩。掩，练帛广终幅⑪，长五尺，析其末⑫。瑱⑬，用白纩⑭。幎目⑮，用缁⑯，方尺二寸，赪里，著⑰，组系⑱。握手⑲，用玄⑳，纁里㉑，长尺二寸，广五寸㉒，牢中旁寸㉓，著，组系。决㉔，用正王棘㉕，若柽棘㉖，组系，纩极二。冒㉗，缁质㉘，长与手齐，赪杀㉙，掩足㉚。爵弁服㉛，纯衣㉜。皮弁服，襐衣㉝，缁带，韎韐㉞，竹笏㉟。夏葛屦㊱，冬白屦，皆繶缁絇纯㊲，

注释：①袭事：将要为死者穿的衣服。②西领：衣领处于西边。③南上：由南向北排列。④绡：通"綧"，屈曲。⑤明衣裳：死者贴身穿的衣服。⑥髻：束发。⑦缀：指笄的两头阔，中间狭窄。⑧布巾：覆脸布。⑨环幅：正方形的布巾。长、宽均为一幅（二尺二）。⑩凿：开口子。⑪练帛：熟帛，谓煮练过的帛。⑫析：撕开。⑬瑱：以玉塞耳。⑭纩：新丝绵。⑮幎目：遮脸布，类似布巾。⑯缁：黑色。⑰著：填充。⑱组系：编结而成的带子。⑲握手：套在死者手上的布套。⑳用玄：外面用黑色的帛。㉑纁里：里子用黑红色的帛制作。㉒广：宽。㉓牢：指削减手握处的中央以安手。旁：西边。寸：一寸。㉔决：拉弓弦用的扳指。㉕正：优良。王棘：树名。㉖柽：树名。㉗冒：尸套，上、下身各一个。㉘质：方正。㉙杀：古代套在尸体下肢上的布袋。㉚掩足：把脚套在里面。㉛弁：古时的一种官帽，通常配礼服用。赤黑色的布做的叫爵弁，是文冠；白鹿皮做的叫皮弁，是武冠。㉜纯衣：上衣镶边。纯，边缘。㉝襐衣：士的礼服。㉞韎韐：皮制的赤黄色蔽膝。㉟竹笏：古代大臣入朝时所执的竹制手板。㊱葛屦：用葛草编成的鞋。屦，鞋。㊲繶：饰鞋的圆丝带。絇：鞋头的装饰。

287

组綦系于踵^①。庶襚继陈^②，不用。贝三，实于笲^③。稻米一豆^④，实于筐。沐巾一，浴巾二，皆用绤^⑤，于笲。柶^⑥，于箪^⑦。浴衣，于篋。皆馔于西序下^⑧，南上。

管人汲^⑨，不说脱繘^⑩，屈之^⑪。祝淅米

注释：①组綦：编织而成的鞋带。踵：脚后跟。亦泛指脚。②庶：众。襚：赠给死者的衣被。③笲：古代一种形制似筥的盛器。④一豆：四升。⑤绤：粗葛布。⑥柶：梳子、篦子等梳发用具。⑦箪：用竹或苇编的方筐。⑧馔：陈列。⑨管人：主管馆舍的官员。汲：打水。⑩繘：井绳。⑪屈之：把井绳盘绕起来。

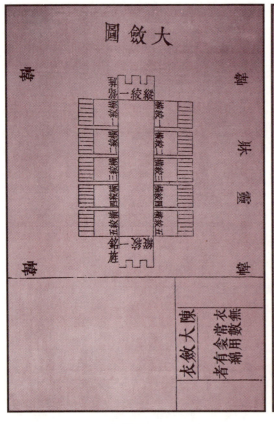

大敛图

丧服图式

于堂①，南面，用盆。管人尽阶②，不升堂，受潘③，煮于垫④，用重鬲⑤。祝盛米于敦⑥，奠于贝北⑦。士有冰，用夷槃可也⑧。外御受沐入⑨。主人皆出，户外北面。乃沐，栉⑩，挋用巾⑪。浴用巾，挋用浴衣。澡濯弃于坎⑫。蚤揃如他日⑬。鬠用组⑭，乃笄⑮，设明衣裳。主人入，即位。

　　商祝袭祭服⑯，褖衣次⑰。主人出，南面，左袒⑱，扱诸面之右⑲。盥于盆上⑳，洗贝，执以入。宰洗柶㉑，建于米㉒，执以从。商祝执巾从入，当牖北面，彻枕㉓，设巾㉔，彻楔㉕，受贝，奠于尸西。主人由足西㉖，

注释：①祝：夏祝。谙悉夏代敬神礼的祝。渐米：淘米。②尽阶：走到台阶的最后一级。③潘：淘米水。④垫：用土块垒成的灶。⑤重鬲：古代丧礼中用以悬在重木（暂代神主用的木）上的瓦瓶。⑥盛：装。敦：古代食器，用以盛黍、稷、稻、粱等。形状较多，一般为三短足，圆腹，二环耳，有盖。圈足的敦，盖上多有提柄。⑦贝：贝壳。⑧夷槃：承尸盘。⑨外御：即小臣、侍从者。⑩沐：洗头。栉：梳头。⑪挋：拭、擦干。⑫澡濯：死者沐浴后剩下的水。⑬蚤：通"爪"。此处指剪去指甲。揃：剪下。此指剃须理发。他日：指平日。⑭鬠：束发。组：丝带。⑮笄：古时用以贯发或定弁、冕。⑯商祝：谙悉商代敬神礼的祝。袭：把衣服放在床上。⑰褖衣：衣边有装饰的衣服。次：指放在最上面。⑱左袒：袒露出左臂。⑲扱诸面之右：将左袖插入右腋下的衣带内。⑳盥：洗手。㉑柶：古代礼器。用角、木等材料制成，形状和功用如匙，用以舀取食物。㉒建：插。㉓彻：同"撤"。撤除。㉔设巾：把巾覆盖在死者的脸上。㉕彻楔：把插在死者牙缝里的勺子取出来。㉖由足西：从死者的足端绕至尸床的西面。

床上坐，东面。祝又受米，奠于贝北。宰
chuáng shàng zuò dōng miàn。zhù yòu shòu mǐ，diàn yú bèi běi。zǎi
从立于床西，在右。主人左扱米①，实于
cóng lì yú chuáng xī，zài yòu。zhǔ rén zuǒ chā mǐ，shí yú
右，三，实一贝。左、中亦如之。又实米，
yòu，sān，shí yí bèi。zuǒ、zhōng yì rú zhī。yòu shí mǐ，
唯盈②。主人袭③，反返位。商祝掩，瑱，设
wéi yíng。zhǔ rén xí，fǎn wèi。shāng zhù yǎn，tiàn，shè
幎目④，乃屦，綦结于跗⑤，连絇⑥。乃袭，
mì mù，nǎi jù，qí jié yú fū，lián qú。nǎi xí，

注释：①扱：舀取。②唯盈：在尸者口中放满米而止。③袭：穿衣加服。此指把左袖穿好。④瑱：以玉充耳。幎目：死者覆面的巾帕。⑤綦：鞋带。跗：脚背。⑥絇：鞋头的装饰有孔，可穿系鞋带。

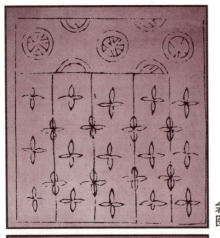
衮图

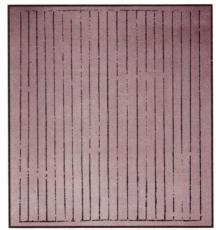
給图

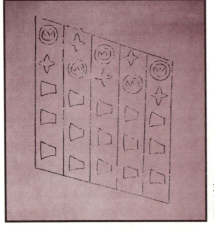
衮夷图

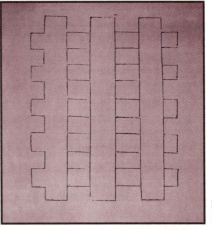
绞图

三称①。明衣不在筭②。设鞊带③，搢笏④。设决⑤，丽于掔⑥，自饭持之。设握，乃连掔。设冒⑦，櫜之⑧，帱用衾⑨。巾、柶、鬊⑩、蚤爪⑪，埋于坎。

重⑫，木刊凿之⑬。甸人置重于中庭⑭，参三分庭一，在南。夏祝鬻余饭⑮，用二鬲于西墙下⑯。幂用疏布⑰，久之⑱，系用靲⑲，县悬于重⑳。幂用苇席㉑，北面㉒，左衽㉓，带用靲，贺之㉔，结于后㉕。祝取铭㉖，置于重。

厥明，陈衣于房，南领，西上，绩绖㉗。绞㉘，横三缩一㉙，广终幅，析其末㉚。缁衾^①，赪里^②，无纮^③。祭服次，散衣次^④，凡十有又九称^⑤。陈衣继之^⑥，不必尽用。馔于东堂下^⑦，脯、醢、醴、酒。幂奠用功布^⑧，实于箪^⑨，在馔东。设盆盥于馔东，有巾。

苴绖^⑩，大搹^⑪，下本在左^⑫，要腰绖小焉^⑬。散带垂^⑭，长三尺。牡麻绖，右本在上，亦散带垂。皆馔于东方^⑮。妇人之带，牡麻结本^⑯，在房。床笫、夷衾^⑰，馔于西

注释：①缁衾：黑色的覆盖尸体的单被。②赪：红色。③纮：缝于被端的丝带。④散衣：平常穿的衣服。⑤十有九称：十九套衣服。⑥陈衣：众人所赠送的衣服。⑦馔：陈列。⑧功布：大功之布。⑨箪：竹或苇编成的小箱。⑩苴：苴麻。绖：古代丧服所用的麻带。扎在头上的称首绖，缠在腰间的称腰绖。⑪搹：人的中指尖到大拇指间的长度。⑫下本在左：指扎着的麻带麻根垂下，处在左边。⑬要绖：即腰绖，小于首绖五分之一。⑭散带垂：腰绖在身前垂下的部分散着不编结。⑮东方：东坫之南。坫指筑在室内的土台。此指屋角的坫，为士举行冠礼、丧礼仪式的地方。⑯结本：缠结麻的根。⑰笫：竹编的床板。夷衾：覆尸被。

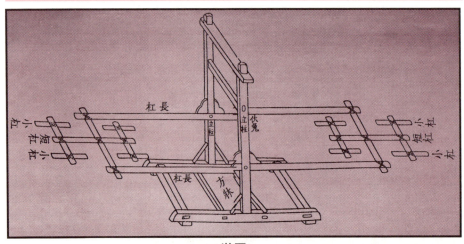

举图

坫南。西方盥，如东方。陈一鼎于寝门外，当东塾，少南，西面。其实特豚①，四鬣剔②，去蹄，两胉③、脊、肺。设扃鼏④，鼏西末。素俎在鼎西，西顺⑤，覆匕，东柄⑥。

士盥⑦，二人以并，东面，立于西阶下。布席于户内⑧，下莞上簟⑨。商祝布绞衾⑩，散衣⑪，祭服，祭服不倒⑫，美者在中⑬。士举迁尸⑭，反返位⑮。设床第于两楹之间⑯，衽如初⑰，有枕。卒敛殓⑱，彻帷⑲。主人西面冯凭尸⑳，踊无筭㉑。主妇东面冯凭，亦如之。主人髺发㉒，袒，众主人免于房㉓。妇人髽于室㉔。士举，男女奉尸，侇于堂㉕，帱用夷衾㉖。男女如室位，踊无筭。主人

注释：①特豚：一头猪。②鬣：通"剔"，割裂牲体。③胉：肋骨。④扃：贯通鼎上两耳的举鼎横木。鼏：鼎盖。⑤西顺：东西向横放。⑥东柄：匕柄朝东。⑦士：指负责抬尸的人。盥：洗手。⑧布：铺设。⑨莞：草名，此指莞草席。簟：竹席。⑩绞衾：有带子的被子。⑪散衣：爵弁服、皮弁服之外的一般衣服。⑫倒：颠倒。⑬中：内。⑭举迁尸：把尸体抬起，移到地上的席和衣被上。⑮反位：指士回到原位。⑯第：用竹子编的床席。楹：堂前部的柱子。⑰衽：卧席。⑱敛：通"殓"。此指小敛。⑲彻：同"撤"。撤除。⑳冯：通"凭"。靠近而抚。㉑踊：跳跃。筭：数。㉒髺发：挽束头发。㉓免：古代丧服。去冠括发，以布缠头。㉔髽：古代妇女丧髻。以麻线束发。㉕侇：平放。㉖帱：覆盖。夷衾：古代丧礼用以覆盖尸体、灵柩的被单。

chū yú zú jiàng zì xī jiē zhòng zhǔ rén dōng jí wèi fù rén
出于足，降自西阶。众主人东即位。妇人

zuò jiē shàng xī miàn zhǔ rén bài bīn dà fū tè bài shì
阼阶上西面。主人拜宾，大夫特拜①，士

lǚ zhī jí wèi yǒng xí dié yú xù dōng fù wèi
旅之②，即位，踊，袭经于序东③，复位。

nǎi diàn jǔ zhě guàn yòu zhí bǐ què zhī
乃奠④。举者盥⑤。右执匕⑥，却之⑦，

zuǒ zhí zǔ héng shè zhī rù zuò jiē qián xī miàn cuò
左执俎⑧，横摄之⑨，入，阼阶前西面错措⑩，

cuò zǔ běi miàn yòu rén zuǒ zhí bǐ chōu jiōng yǔ zuǒ
错措俎北面。右人左执匕⑪，抽扃予与左

注释：①特：单独。②旅：按次序。③袭经：披上衣服，围上麻带，戴上孝带。④奠：设酒食以祭。⑤举者：抬鼎人。⑥匕：古代取食的用具，曲柄浅斗，有饭匕、牲匕、疏匕、挑匕之分，形状类似后代的羹匙。⑦却：仰放。⑧俎：陈放牲体或其他食物的礼器。⑨摄：持。⑩错：通"措"。放置。⑪右人：右边的人。

本宗五服之图

手^①，兼执之^②，取鼏^③，委于鼎北^④，加扃，不坐。乃枇^⑤，载，载两髀于两端^⑥，两肩亚^⑦，两胉亚^⑧，脊、肺在于中，皆覆，进柢^⑨，执而俟。夏祝及执事盥^⑩，执醴先，酒、脯、醢、俎从，升自阼阶。丈夫踊^⑪，甸人彻鼎巾，待于阼阶下。奠于尸东，执醴酒，北面西上。豆错^⑫，俎错于豆东。立于俎北，西上。醴酒错于豆南。祝受巾，巾之，由足降自西阶。妇人踊。奠者由重南^⑬，东，丈夫踊。宾出，主人拜送于门外。

乃代哭^⑭，不以官。

有襚者^⑮，则将命^⑯。摈者出请^⑰，入告。主人待于位。摈者出，告须^⑱，以宾

注释：①扃：贯穿鼎上两耳的横木。予：通"与"。②兼执之：左手一并拿着两样东西。③鼏：鼎盖。④委：放置。⑤枇：大木匙。古祭祀用以挑起鼎中的牲置于俎上，或用以盛出甑甗中的饭食。⑥髀：大腿骨。⑦亚：次。指下一个。⑧胉：肋骨。⑨柢：根，本。这里指骨头较粗的一头。⑩执事：官名。⑪丈夫：男子，指丧主及众主人。⑫豆：古代食器，亦用作装酒肉的祭器。⑬重：古代丧礼中在木主未及雕制之前代以受祭的木。⑭代哭：轮番哭丧。⑮襚：给死人送葬衣。⑯将命：派人前来。⑰摈：通"傧"。协助行礼。请：请问来者有何贵干。⑱须：等待。

入^①。宾入中庭^②，北面致命^③。主人拜稽颡^④。宾升自西阶，出于足^⑤，西面委衣^⑥，如于室礼，降，出。主人出，拜送。朋友亲禭，如初仪^⑦，西阶东，北面哭，踊三，降。主人不踊。禭者以褶^⑧，则必有裳^⑨，执衣如初。彻衣者亦如之。升降自西阶，以东。

宵^⑩，为燎于中庭^⑪。

厥明^⑫，灭燎。陈衣于房，南领，西上，绩^⑬。绞^⑭，紟^⑮，衾二^⑯。君禭^⑰、祭服、散衣^⑱、庶禭，凡三十称。紟不在筭，不必尽用。东方之馔^⑲，两瓦甒^⑳，其实醴酒，角觯^㉑，木柶^㉒。毼豆两^㉓，其实葵菹芋^㉔，

注释：①以：带领。②中庭：庭院当中。③致命：转达送葬衣的人的意思。④稽颡：古代一种跪拜礼，屈膝下拜，以额触地，表示极度的虔诚。⑤出于足：从死者脚前绕到东边。⑥委：放置。⑦初仪：此前的仪式。⑧以：用。褶：上衣。⑨裳：下衣。⑩宵：夜。⑪燎：大烛。⑫厥明：指第二天天亮的时候。⑬绩：通"绺"。屈曲，此指一行不能排完而拐弯再起一行排列。⑭绞：收紧衣服用的布。⑮紟：单被。⑯衾二：用来裹尸的被子两条。⑰君：主君。禭：送给死者衣服。⑱散衣：爵弁服、皮弁服之外的一般衣服。⑲东方：东堂下边。⑳瓦甒：古代陶制的酒器。㉑觯：古代饮酒器。㉒柶：古代礼器，用角、木等材料制成，形状和功用如匙。用以舀取食物。㉓毼：原指白色的毛布，此意为白色。㉔葵：菜名。菹：腌菜。芋：古代齐国人称未切断的腌菜为芋。

嬴（螺）醢①。两笾无縢②，布巾，其实栗，不择。脯四脡③。奠席在馔北④，敛（殓）席在其东。掘肂见（现）袥⑤。棺入，主人不哭。升棺用轴，盖在下。熬黍稷各二筐⑥，有鱼腊⑦，馔于西坫南。陈三鼎于门外，北上。豚合升，鱼鱄鲋九⑧，腊左胖⑨，髀不升，其它皆如初。烛俟（竢）于馔东⑩。

注释：①嬴：通"螺"。蚌属。醢：肉酱。②笾：竹编食器。縢：绳索。③脯：肉干。脡：直。④馔：饭食。⑤肂：灵柩暂时停放时用于放置棺材的坎。袥：结连棺盖与棺木的木榫。两头宽，中间窄，形似袥，故名。汉人名"小要"。⑥熬：指干炒的谷物。⑦腊：干肉。⑧鱄、鲋：鱼名。鲋鱼即鲫鱼。⑨胖：古代祭祀时用的半边牲肉。⑩俟：等候。

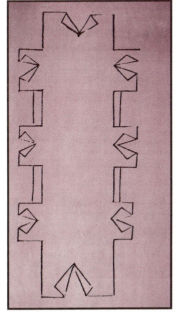

绞图

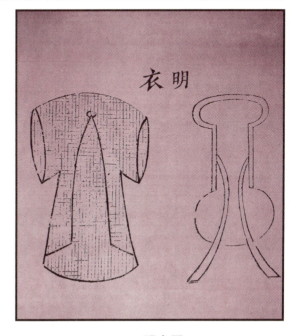

明衣图

祝彻盥于门外①，入，升自阼阶，丈夫踊②。祝彻巾③，授执事者以待④。彻馔⑤，先取醴酒，北面。其余取先设者⑥，出于足⑦，降自西阶。妇人踊。设于序西南⑧，当西荣⑨，如设于堂。醴酒位如初。执事豆北南面，东上⑩。乃适馔⑪。帷堂。妇人尸西，东面。主人及亲者升自西阶，出于足，西面袒。士盥位如初。布席如初。商祝布绞、衿、衾衣⑫，美者在外，君襚不倒⑬。有大夫，则告。士举迁尸，复位。主人踊无算。卒敛殓，彻帷。主人冯凭如初⑭，主妇亦如之。

主人奉尸敛殓于棺⑮，踊如初⑯，乃盖。主人降，拜大夫之后至者⑰，北面视肂①。众主人复位。妇人东复位。设熬②，旁一筐③，乃涂④。踊无筭。卒涂，祝取铭置于肂⑤。主人复位，踊，袭⑥。乃奠⑦。烛升自阼阶，祝执巾，席从⑧，设于奥⑨，东面。祝反（返）降，及执事执馔。士盥，举鼎入，西面北上，如初。载，鱼左首，进鬐⑩，三列，腊进柢（胏）⑪。祝执醴如初，酒、豆、

注释：①肂：灵柩暂时停放时用于放置棺材的坎。②熬：干炒的谷物。③旁一筐：棺木四周分别安放一筐（放炒熟的黍或稷）。④涂：往棺材上涂泥。⑤铭：铭旌，写有死者姓名的旗子。⑥袭：穿好衣袖。⑦奠：摆设祭品。⑧席从：相关人员拿着席子跟在祝的后面。⑨奥：室内西南角。⑩鬐：鱼的脊鳍。⑪柢：通"胏"。牲之本体，古代用于祭祀。

三父八母服罪制之图

籩、俎从，升自阼阶。丈夫踊。甸人彻鼎。奠由楹内入于室，醴酒北面。设豆，右菹①，菹南粟，粟东脯，豚当豆，鱼次，腊特于俎北。醴酒在籩南，巾如初。既错者出，立于户西②，西上。祝后，阖户③。先由楹西④，降自西阶。妇人踊。奠者由重南⑤，东⑥。丈夫踊。

宾出，妇人踊。主人拜送于门外。入，及兄弟北面哭殡⑦。兄弟出，主人拜送于门外。众主人出门，哭止，皆西面于东方。阖门。主人揖，就次⑧。

君若有赐焉，则视敛⑨。既布衣⑩，君至。主人出迎于外门外⑪，见马首，不哭，还⑫，入门右，北面，及众主人袒⑬。巫

注释：①菹：腌菜。②户：单扇门，一扇为户，两扇为门。③阖：关。④楹：堂前部的柱子。⑤重：古代丧礼中在木主未及雕制之前代以受祭的木。⑥东：庭院的东侧。⑦殡：灵柩。⑧次：居丧时的住处。⑨视敛：亲自来看大殓。⑩既布衣：预先铺设好束带、衣被。⑪外门：大门。⑫还：返回。⑬及：和，与。袒：袒露臂膊。

止于庙门外①，祝代之②。小臣二人执戈
zhǐ yú miào mén wài　　zhù dài zhī　　xiǎo chén èr rén zhí gē

先③，二人后。君释采菜④，入门，主人辟避⑤。
xiān　　èr rén hòu　jūn shì cài　　rù mén　zhǔ rén bì

君升自阼阶，西乡向。祝负墉⑥，南面，主
jūn shēng zì zuò jiē　xī xiàng　zhù fù yōng　nán miàn　zhǔ

人中庭。君哭，主人哭，拜稽颡⑦，成踊⑧，
rén zhōng tíng　jūn kū　zhǔ rén kū　bài qǐ sǎng　chéng yǒng

出。君命反返行事，主人复位。君升主
chū　jūn mìng fǎn　xíng shì　zhǔ rén fù wèi　jūn shēng zhǔ

人，主人西楹东，北面。升公卿大夫，继
rén　zhǔ rén xī yíng dōng　běi miàn　shēng gōng qīng dà fū　jì

主人，东上，乃敛殓。卒，公、卿、大夫逆
zhǔ rén　dōng shàng　nǎi liàn　zú　gōng　qīng　dà fū　nì

降，复位。主人降，出。君反返主人，主人
jiàng　fù wèi　zhǔ rén jiàng　chū　jūn fǎn　zhǔ rén　zhǔ rén

中庭。君坐抚，当心⑨。主人拜稽颡，成
zhōng tíng　jūn zuò fǔ　dāng xīn　zhǔ rén bài qǐ sǎng　chéng

注释：①巫：古时从事祈祷、卜筮、星占，并兼用药物为人求福、祛灾、治病的人。此指国君带来的巫。②祝：祭祀时主持祝告的人，即庙祝。代：代替。之：指巫。③小臣：掌管端正国君法仪的人。先：走在前面。④释采：君临臣丧时入门前向门神致礼的仪式。采，通"菜"。⑤辟：通"避"。⑥负墉：背对着墙。⑦稽颡：古代一种跪拜礼，屈膝下拜，以额触地，表示极度的虔诚。⑧踊：跳跃。⑨当心：心胸正中部分。

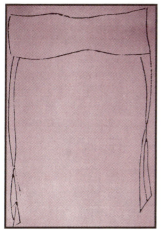
握手图

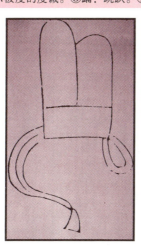
纩极图

决图

踊，出。君反（返）之，复初位，众主人辟（避）于东壁，南面。君降，西乡（向），命主人冯（凭）尸①。主人升自西阶，由足②，西面冯（凭）尸，不当君所③，踊④。主妇东面冯（凭），亦如之。奉尸敛（殓）于棺⑤，乃盖。主人降，出。君反（返）之⑥，入门左⑦，视涂⑧。君升即位，众主人复位。卒涂⑨，主人出，君命之反（返）奠，入

注释：①冯尸：古代丧殓中的遗体告别仪式。冯，通"凭"，靠。②由足：从死者脚前绕到东边。③不当君所：所靠的部位和国君所抚按的不同。④踊：边哭边跳。⑤奉：扶。敛：通"殓"，指把尸体放入棺材。⑥反之：即返之。把主人叫回来。反，通"返"。⑦左：左侧。⑧视涂：看着用泥把棺材涂封好。⑨卒涂：用泥涂封好棺材了。

妻为夫党服图

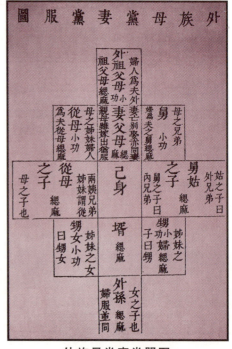

外族母党妻党服图

门右。乃奠，升自西阶。君要节而踊①，主人从踊。卒奠，主人出，哭者止。君出门，庙中哭，主人不哭，辟避。君式轼之②。贰车毕乘③，主人哭，拜送。袭，入即位。众主人袭。拜大夫之后至者，成踊。宾出，主人拜送。

三日④，成服⑤，杖⑥。拜君命及众宾⑦，不拜棺中之赐⑧。

朝夕哭，不辟避子卯⑨。妇人即位于堂，南上⑩，哭。丈夫即位于门外⑪，西面北上。外兄弟在其南⑫，南上。宾继之⑬，北上。门东⑭，北面西上。门西，北面东上。西方⑮，东面北上。主人即位。辟门⑯。妇人拊心⑰，不哭。主人拜宾⑱，旁三⑲，右还<ruby>旋<rt>xuán</rt></ruby>，入门，哭。妇人踊①。主人堂下，直东序，西面。兄弟皆即位，如外位。卿大夫在主人之南。诸公门东，少进。他国之异爵者门西，少进。敌则先拜他国之宾②。凡异爵者，拜诸其位。彻者盥于门外。烛先入，升自阼阶。丈夫踊。祝取醴，北面，取酒立于其东，取豆、笾、俎③，南面西

注释：①踊：跳跃。②敌：相等。③豆：古代食器。亦用作装酒肉的祭器。形似高足盘，大多有盖。多为陶质，也有用青铜、木竹制成的。笾：古代祭祀和宴会时盛果脯的竹器，形状像木制的豆。俎：古代祭祀、宴飨时陈置牲体或其他食物的礼器。

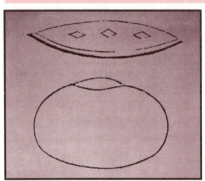

含贝图

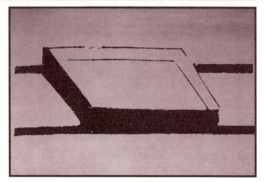

浴盘图

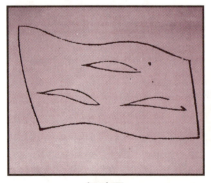

饭珠图

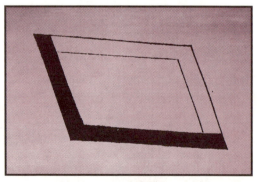

夷盘图

上。祝先出，酒、豆、笾、俎序从①，降自西阶。妇人踊。设于序西南②，直西荣③。醴酒北面西上；豆西面错措④。立于豆北，南面。笾、俎既错措，立于执豆之西⑤，东上。酒错措，复位。醴错措于西，遂先⑥，由主人之北适馔。乃奠，醴、酒、脯醢升。丈夫踊，入。如初设，不巾⑦。错措者出，立于户西，西上。灭烛，出。祝阖户⑧，先降自西阶。妇人踊。奠者由重南⑨，东。丈夫踊。宾出，妇人踊，主人拜送。众主人出，妇人踊。出门，哭止。皆复位。阖门。主人卒拜送宾，揖众主人，乃就次⑩。

朔月⑪，奠用特豚、鱼腊⑫，陈三鼎如初⑬。东方之馔亦如之⑭。无笾，有黍、稷。

注释：①序从：按照顺序跟从。②设：放置。序西南：堂西墙西侧的南边。③直西荣：正对着堂的西檐。④错：通"措"。放置，安置。⑤执豆：指拿着笾豆的人。⑥遂先：先至朝奠之馔处去，不再回原位。⑦不巾：不用巾盖。⑧阖：关闭。户：单扇门。⑨重：古代丧礼中在木主未及雕制之前代以受祭的木。⑩次：居丧时的住处。⑪朔月：每月朔日（初一）。⑫特豚：一头猪。特，一头牲。鱼腊：鱼干。⑬初：指大敛时的情形。⑭东方：东堂之下。

yòng wǎ duì　yǒu gài　dāng biān wèi　zhǔ rén bài bīn　rú
用瓦敦①，有盖，当笾位②。主人拜宾，如

zhāo xī kū　zú chè　jǔ dǐng rù　shēng　jiē rú chū diàn zhī
朝夕哭。卒彻，举鼎入，升，皆如初奠之

yí　zú bǐ　shì bǐ yú dǐng　zǔ xíng　bǐ zhě nì chū
仪③。卒杜④，释匕于鼎。俎行，杜者逆出。

diàn rén chè dǐng　qí xù　lǐ jiǔ　zū hǎi　shǔ jì　zǔ
甸人彻鼎，其序：醴酒，菹醢，黍稷，俎。

qí shè yú shì　dòu cuò　zǔ cuò　xī tè　shǔ jì dāng
其设于室，豆错措，俎错措，腊特。黍稷当

biān wèi　duì qǐ huì　què zhū qí nán　lǐ jiǔ wèi rú chū
笾位。敦启会⑤，却诸其南。醴酒位如初。

注释：①敦：古代食器。用以盛黍、稷、稻、粱等。形状较多。一般为三短足，圆腹，二环耳，有盖。圈足的敦，盖上多有提柄。②当笾位：放在平时放置笾的位置上。③初奠之仪：指大殓时摆上祭品的礼仪。④杜：大木匙。古祭礼用以挑起鼎中的牲置于俎上，或用以盛出甑甗中的饭食。⑤启：开。会：敦的盖顶。

本宗九族五服正服之图

祝与执豆者巾，乃出。主人要节而踊①，皆如朝夕哭之仪。月半不殷奠②。有荐新③，如朔奠④。彻朔奠，先取醴酒，其余取先设者。敦启会，面足⑤。序出，如入。其设于外，如于室。

　　筮宅⑥，冢人营之⑦。掘四隅⑧，外其壤⑨，掘中，南其壤。既朝哭，主人皆往，兆南北面⑩，免绖⑪。命筮者在主人之右⑫。筮者东面，抽上韇⑬，兼执之⑭，南面受命。命曰⑮："哀子某，为其父某甫筮宅⑯。度兹幽宅兆基⑰，无有后艰⑱？"筮人许诺，不述命⑲，右还旋，北面，指中封而筮⑳。卦者在左。卒筮，执卦以示命筮者。命筮

注释：①要节：切合礼节。②殷：盛，大。③荐新：用新熟的五谷或别的时新食物祭祀祖考。④朔奠：谓人死未葬，在朔日以新味祭奠。⑤面足：使敦的足间面向前方。⑥筮宅：用占卜的方法确定墓地。⑦冢人：掌墓地的小吏。营：经营，谋划。⑧隅：角。⑨外其壤：把土壤堆在四角的外面。⑩兆：兆域，即墓地。⑪免绖：谓居丧者以时除去缠于首、腰的麻带，仅穿衰服。表示不纯洁，亦不纯凶。⑫命筮者：协助主人让人卜筮的人。⑬韇：装竹策所用的一种器皿。⑭兼执之：把袋子和竹策一并拿在手里。⑮命：筮者占卜的言辞。⑯甫：男子的美称。⑰度：估量，预测。兹：此，这。幽宅：幽冥中的宫室。兆：墓地。基：始。⑱后艰：日后的艰难。⑲述命：复述主人的话语。⑳中封：墓地中央挖出的土。

者受视，反返之。东面旅占①，卒，进告于命筮者与主人："占之日从。"主人绖②，哭，不踊③。若不从，筮择如初仪。归，殡前北面哭，不踊。

既井椁④，主人西面拜工⑤，左还旋椁⑥，反返位⑦，哭，不踊。妇人哭于堂。献

注释：①旅占：谓与众人共同占卜。②绖：古代丧服所用的麻带。扎在头上的称首绖，缠在腰间的称腰绖。③踊：跳跃。④井椁：即椁。因其形方中空似井得名。椁，古代套于棺外的大棺。⑤拜：拜谢。工：做椁的工匠。⑥左还椁：向左绕椁一周察看。还，通"旋"。⑦反位：回到原来的位置。

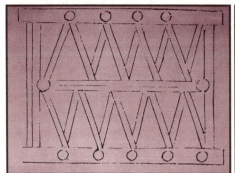

夷床图

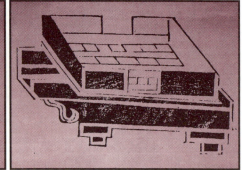

浴床图

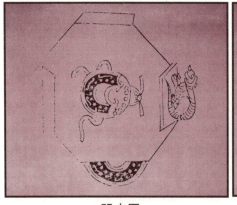

驲圭图

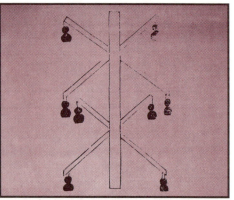

重图

材于殡门外①，西面北上，绋绲②。主人遍视之，如哭椁。献素、献成亦如之③。

卜日④，既朝哭，皆复外位⑤。卜人先奠龟于西塾上⑥，南首⑦，有席⑧。楚焞置于燋⑨，在龟东。族长莅卜⑩，及宗人吉服立于门西⑪，东面南上。占者三人在其南⑫，北上⑬。卜人及执燋、席者在塾西。阖东扉⑭，主妇立于其内。席于阑西阈外⑮。宗人告事具。主人北面，免绖⑯，左拥之。莅卜即位于门东，西面。卜人抱龟燋，先奠龟，西首，燋在北。宗人受卜人龟，示高⑰。莅卜受视，反返之。宗人还，少退，受命。命曰："哀子某，来日某，卜葬其父某甫。考降⑱，无有近悔⑲。"许诺，

注释：①材：木材。②绲：通"绲"。屈曲。③素：尚未装饰的明器。④卜日：占卜而确定的下葬日子。⑤皆复外位：主人与宾客都回到门外自己的位置。⑥奠：放置。西塾：门内西厅。⑦南首：龟头朝南。⑧有席：地上铺有席子，而龟壳即放在席子上。⑨楚焞：荆木枝条（灼龟骨专用）。燋：引火之火炬，俗称引火。⑩莅卜：亲临占卜现场。⑪及：和。宗人：主管礼仪的人。吉服：服玄端，即穿一种黑色的礼服。⑫其：指族长、宗人。⑬北上：以北为上排列。⑭阖：关。扉：门扇。⑮席：铺席。阑：古代门中央所竖短木，用以挡门。阈：门槛。⑯免绖：去掉绖带。⑰示高：高举以示。⑱考降：上下。指魂神上下。考，上。降，下。⑲近悔：接近咎悔。

309

不述命，还即席，西面坐，命龟，兴①，授卜人龟，负东扉。卜人坐，作龟②，兴。宗人受龟③，示莅卜④。莅卜受视⑤，反返之⑥。宗人退，东面。乃旅占⑦。卒，不释龟，告于莅卜与主人："占曰'某日从'。"授卜人龟。告于主妇，主妇哭。告于异爵者⑧。使人告于众宾。卜人彻龟。宗人告事毕。主人绖，入，哭，如筮宅。宾出，拜送。若不从⑨，卜宅如初仪。

注释：①兴：站起来。②作龟：即灼龟，灼烧龟骨。③受龟：接过卜人递给的龟。④示莅卜：给族长看。⑤受视：接过去看一看。⑥反之：把龟还给宗人。反，通"返"。⑦旅占：谓与众人共同占卜。⑧异爵者：他国的卿大夫。⑨不从：不吉利。

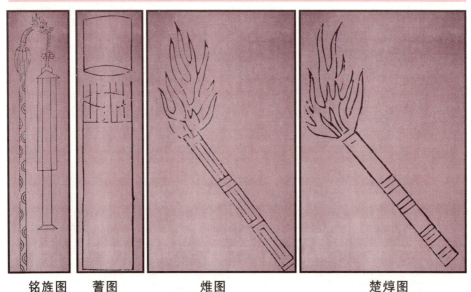

铭旌图　菁图　　　爟图　　　　　楚焞图

出殡图

既夕礼第十三①

既夕哭②，请启期③，告于宾④。夙兴⑤，设盥于祖庙门外⑥。陈鼎皆如殡，东方之馔亦如之⑦。夷床馔于阶间⑧。二烛俟于殡门外⑨。丈夫髺⑩，散带垂，即位如初。妇人不哭，主人拜宾，入，即位，袒。商祝免、袒⑪，执功布入⑫，升自西阶，尽阶，不升堂。声三⑬，启三⑭，命哭。烛入。祝降，与夏祝交于阶下，取铭置于重⑮。踊无筭⑯。商祝拂柩用功布，怃用夷衾①。

迁于祖②，用轴③。重先④，奠从⑤，烛从⑥，柩从⑦，烛从，主人从。升自西阶。奠俟于下⑧，东面北上⑨。主人从升⑩。妇人升，东面。众人东即位。正柩于两楹间⑪，用夷床。主人柩东⑫，西面。置重如初⑬。席升，设于柩西。奠设如初，巾之⑭，升降

注释：①衾：覆盖。夷衾：古代丧礼中用以覆盖尸体、灵柩的被单。②祖：祖庙。下士祖祢共庙。③轴：輁轴，支棺的工具。④先：走在前头。⑤奠：陈设的祭品。从：跟在后边。⑥烛：火炬，火把。⑦柩：灵柩，棺柩。⑧下：堂下。⑨北上：以北为上排列。⑩从升：跟着灵柩走上堂。⑪正柩：调正灵柩的方式。⑫柩东：灵柩的东边。⑬置：放置。初：指入殓时的情形。⑭巾：用巾覆盖。

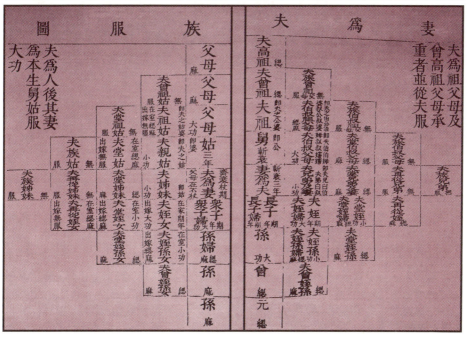

妻为夫族服图

自西阶。主人踊无筭。降，拜宾，即位，踊，袭[1]。主妇及亲者由足，西面。荐车[2]，直东荣，北辀[3]。质明[4]，灭烛。彻者升自阼阶，降自西阶。乃奠如初，升降自西阶。主人要节而踊[5]。荐马，缨三就[6]，入门，北面，交辔[7]，圉人夹牵之[8]。御者执策立于马后[9]。哭成踊，右还旋，出。宾出，主人送于门外。

有司请祖期[10]。曰："日侧昃[11]。"主人入[12]，袒[13]。乃载[14]，踊无筭。卒束[15]，袭[16]。降奠[17]，当前束[18]。商祝饰柩[19]，一池[20]，纽前赪后缁[21]，齐三采[22]，无贝。设披[23]。属引[24]。陈明器于乘车之西[25]。折，横覆之。抗木[26]，

注释： ①**袭**：穿好衣袖。②**荐**：进献。③**辀**：车辕。④**质明**：黎明。⑤**要节**：切合礼节。⑥**缨**：丝带。**三就**：三匝。⑦**交辔**：辔在马胸前左右交叉。⑧**圉人**：负责养马的小吏。⑨**策**：马鞭。⑩**祖期**：出发的日子。祖，始，指开始出发时设奠饮酒。⑪**日侧**：即日昃，日头偏西。侧，通"昃"。⑫**入**：进入庙中。⑬**袒**：袒露肩臂。⑭**载**：把棺柩移到輁轴车上。⑮**束**：绑扎。⑯**袭**：主人穿好衣袖。⑰**降奠**：把堂上所摆设的祭品搬到庭院当中。⑱**当前束**：正对着棺材前边捆束的地方。⑲**商祝**：熟悉商代丧礼的祝。**饰**：装饰。**柩**：柩车。⑳**池**：棺饰以承霤。像流雨水的竹槽。㉑**纽**：系帷荒所用的布条。**赪**：红。**缁**：黑色。㉒**齐**：车顶的圆盖。㉓**披**：保护棺车平稳前进的布带。㉔**属**：拴住。**引**：绳索。㉕**明器**：即冥器、殉葬品。㉖**抗木**：防止墓顶填土落至棺上的大木。

横三缩二。加抗席三。加茵①，用疏布，缁翦浅②，有幅，亦缩二横三。器：西南上，绤綌。茵，苞二③，筲三④：黍、稷、麦，瓮三⑤：醯、醢、屑⑥，幂用疏布。甒二⑦：醴、酒，幂用功布。皆木桁⑧，久之。用器：弓矢、耒耜⑨、两敦、两杅⑩、槃⑪、匜⑫。匜实于槃

注释：①茵：衬垫，褥子。②翦：通"浅"。③苞：包裹羊、猪肉的苇器。④筲：竹制的盛器。⑤瓮：陶制容器。⑥屑：调味品的碎末。⑦甒：陶制容器。多用以盛酒。⑧木桁：木架。⑨耒耜：古代耕地翻土的农具。⑩杅：盛汤浆的器皿。⑪槃：木盘。古代承水器皿。⑫匜：古代盛器名。

輁轴图

中，南流①。无祭器，有燕乐器可也。役器②：甲、胄、干、笮③。燕器：杖、笠、翣④。彻奠，巾席俟竢于西方，主人要节而踊⑤。袒。商祝御柩⑥，乃祖⑦。踊，袭，少南，当前束。妇人降，即位于阶间。祖⑧，还车不还器。祝取铭⑨，置于茵⑩。二人还重⑪，左还。布席，乃奠如初，主人要节而踊。荐马如初。宾出，主人送。有司请葬期。入，复位。

公赗⑫，玄纁束⑬，马两⑭。摈侯者出请⑮，入告。主人释杖⑯，迎于庙门外，不哭，先入门右⑰，北面，及众主人袒⑱。马入设⑲。宾奉币⑳，由马西当前辂㉑，北面致命。主

注释：①流：器物流水的出口。②役器：师役时的用器，即兵器。③甲：用皮革、金属等制成的护身服。胄：头盔。干：盾牌。笮：盛箭的竹器。④翣：扇子。⑤要节而踊：根据撤奠人往来的节奏一边哭一边跳。⑥御柩：扶正灵位不使倾覆。⑦祖：始，准备上路。⑧祖：指其他随行的车也准备上路。⑨铭：铭旌。⑩茵：衬垫，褥子。⑪还重：将"重"的方向由朝北转向朝南，表示要出行。⑫赗：助葬用的如车马束帛等财物。⑬玄纁束：玄色、纁色的帛共一束（五匹）。⑭两：两匹。⑮摈：通"傧"。接待宾客。请：请问来客有何贵干。⑯释：放下。⑰右：右侧。⑱及：和。⑲设：陈列于庭中。⑳奉：捧。币：束帛。㉑辂：绑在车辕上供人牵挽的横木。

人哭，拜稽颡①，成踊。宾奠币于栈左服②，出。宰由主人之北，举币以东。士受马以出③。主人送于外门外，拜，袭④，入复位，杖。

宾赗者将命⑤。摈者出请，入告，出告须⑥。马入设。宾奉币，摈者先入，宾从⑦，致命如初⑧。主人拜于位，不踊。宾

注释：①稽颡：古代一种跪拜礼，屈膝下拜，以额触地，表示极度的虔诚。②栈：不加装饰的柩车。服：车厢。③士：率领胥徒的人。④袭：穿好衣袖。⑤宾：指卿、大夫、士。即国中三卿、五大夫、二十七士。赗者：以车马等物助丧家送葬的人。将命：自己不来，派使者前来。⑥须：等候，指主人已经在恭候。⑦从：跟随。⑧致命：转达宾的意思。初：指国君使者致命的情形。

出嫁女为本宗降服之图

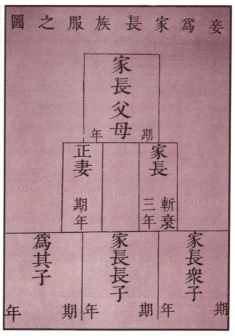

妾为家长族服之图

奠币如初①，举币②，受马如初。摈者出请。若奠③，入告，出，以宾入④，将命如初。士受羊如受马。又请。若赗⑤，入告。主人出门左，西面。宾东面将命。主人拜，宾坐委之⑥。宰由主人之北⑦，东面举之⑧，反返位。若无器，则捂受之⑨。又请，宾告事毕，拜送，入。赠者将命，摈者出请，纳宾如初⑩。宾奠币如初。若就器⑪，则坐奠于陈⑫。凡将礼，必请而后拜送。兄弟，赗、奠可也。所知，则赗而不奠⑬。知死者赠，知生者赗。书赗于方⑭，若九⑮，若七，若五。书遣于策⑯。乃代哭⑰，如初。宵⑱，为燎于门内之右⑲。

　　　厥明⑳，陈鼎五于门外，如初㉑。其实㉒：

羊左胖^①（yáng zuǒ pàn），髀不升^②（bì bù shēng），肠五（cháng wǔ），胃五（wèi wǔ），离肺^③（lí fèi）。豕亦如之（shǐ yì rú zhī），豚解（tún jiě），无肠胃（wú cháng wèi）。鱼（yú）、腊（xī）、鲜兽（xiān shòu），皆如初（jiē rú chū）。东方之馔（dōng fāng zhī zhuàn）：四豆（sì dòu），脾析^④（pí xī）、蜱醢^⑤（pí hǎi）、葵菹（kuí zū）、嬴螺醢（luó hǎi）；四笾（sì biān）：枣（zǎo）、糗^⑥（qiǔ）、栗（lì）、脯（fǔ）；醴（lǐ）、酒（jiǔ）。陈器（chén qì）。灭燎（miè liáo）。执烛（zhí zhú），侠辂^⑦（jiā hé），北面（běi miàn）。宾入者（bīn rù zhě），拜之（bài zhī）。彻者入（chè zhě rù），丈夫踊（zhàng fū yǒng）。设于西（shè yú xī）

注释：①胖：半边牲肉。②髀：羊的后大腿。不升：不放入鼎中。③离肺：切割了，但还没有切断，尚连在一起的肺。④脾析：牛胃。⑤蜱醢：蚌肉做的酱。蜱，一种蚌类。⑥糗：饼。⑦侠辂：站在辂的两侧。辂，绑在车辕上供人牵挽的横木。侠，通"夹"。

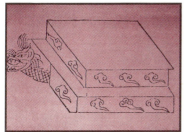

龙盾图

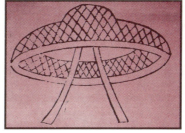

笠图

熬筐图

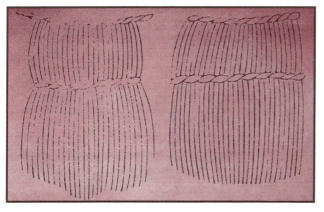

簧图

耒耜图

北，妇人踊。彻者东。鼎入。乃奠，豆西上，绨绨①。笾，蠃螺醢南，北上，绨绨。俎二以成，南上，不绨绨，特鲜兽。醴酒在笾西，北上。奠者出，主人要节而踊②。

甸人抗重③，出自道④，道左倚之⑤。荐马⑥，马出自道，车各从其马，驾于门外⑦，西面而俟挨，南上⑧。彻者入⑨，踊如初。彻巾，苞包牲⑩，取下体。不以鱼腊⑪。行器⑫，茵⑬、苞⑭、器序从，车从。彻者出，踊如初。

主人之史请读赗⑮，执筭从⑯。柩东⑰，当前束⑱，西面。不命毋哭。哭者相止也。唯主人、主妇哭。烛在右，南面。读书⑲，释筭则坐^①。卒^②，命哭，灭烛，书与筭，执之以逆出^③。公史自西方东面^④，命毋哭，主人、主妇皆不哭。读遣^⑤，卒，命哭。灭烛，出。商祝执功布以御柩^⑥，执披^⑦。主人袒，乃行，踊无筭。出宫，踊，袭。至于邦门，公使宰夫赠玄纁束^⑧。主人去杖，不哭，由左听命。宾由右致命。主人哭，拜稽颡^⑨。宾升，实币于盖^⑩，降。主人拜送，复位，杖^⑪，乃行。

至于圹^⑫，陈器于道东西^⑬，北上。茵先入^⑭。属引^⑮。主人袒。众主人西面，北上^⑯。妇人东面。皆不哭。乃窆^⑰。主人哭，踊无筭。袭，赠用制币玄纁束^⑱。拜稽颡，

注释： ①**释筭：**用筹码统计的人。筭，筹码。②**卒：**宣读与统计结束。③**逆出：**先进来的后出去，后进来的先出去。这里指统计的人走在前面，史走在后面。④**公史：**为国君掌礼书的官员。⑤**遣：**送。此指随葬品。⑥**功布：**古代丧礼中用以迎神之布。**御柩：**扶正灵位不使倾覆。⑦**披：**古丧具。用帛做成，系于柩车两侧，备牵挽之用，以防倾覆。⑧**玄纁束：**玄色、纁色的帛共一束（五匹）。⑨**稽颡：**古代一种跪拜礼，屈膝下拜，以额触地，表示极度的虔诚。⑩**盖：**灵柩车的木框。⑪**杖：**执杖。指居丧时执丧棒。⑫**圹：**墓穴。⑬**陈：**陈放。**器：**明器。**道：**墓穴前面的道路。**东西：**左右两旁。⑭**茵：**衬垫，用以垫棺。**入：**放入墓穴。⑮**属引：**把拉柩车用的绳索系在束棺的布带上。⑯**北上：**以北为上排列。⑰**窆：**下葬。⑱**制币：**一丈八尺长的帛。

踊如初。卒，袒，拜宾，主妇亦拜宾。即位，拾踊三①，袭。宾出，则拜送。藏器于旁②，加见③。藏苞筲于旁④。加折⑤，却之。加抗席⑥，覆之。加抗木⑦。实土三，主人拜乡人。即位，踊，袭，如初。

乃反哭⑧，入，升自西阶，东面。众主人堂下，东面，北上⑨。妇人入，丈夫踊⑩，升自阼阶。主妇入于室，踊，出即位⑪，及丈夫拾踊三⑫。宾吊者升自西阶，曰："如之何！"主人拜稽颡⑬。宾降，出，主人送于门外，拜稽颡。遂适殡宫，皆如启位⑭，拾踊三。兄弟出，主人拜送。众主人出门，哭止，阖门。主人揖众主人，乃就次⑮。

注释：①拾踊三：丧主、丧主之妇、宾轮流跳三次。拾，轮流。踊三，每个人都跳三次。②器：用器，役器。③见：棺饰。④苞：包裹羊、猪肉的苇。筲：竹制的盛器。⑤折：古代葬具。⑥抗席：铺在抗木上的席，用以御尘土。⑦抗木：加在棺椁上的木架。⑧反：通"返"，返回祖庙。⑨北上：以北为上排列。⑩丈夫：男子，男人。⑪即位：回到原来的位置。⑫及：和，与。⑬稽颡：古时一种跪拜礼，屈膝下拜，以额触地，表示极度的虔诚。⑭启位：殡尚将启运时的站位。⑮次：居丧时所住的地方。

犹朝夕哭，不奠。三虞①。卒哭。明日，以其班祔②。

记：士处適寝③，寝东首于北墉下④。有疾⑤，疾者齐斋⑥。养者皆齐斋⑦。彻琴瑟。疾病，外内皆埽⑧。彻亵衣⑨，加新衣。御者四人⑩，皆坐持体⑪。属纩⑫，以俟竢绝气⑬。男子不绝于妇人之手⑭，妇人不绝于男子之手。乃行祷于五祀⑮。乃卒。主人啼⑯，兄弟哭。设床第⑰，当牖。衽⑱，下莞上簟⑲。设枕。迁尸。

复者朝服，左执领，右执要腰，招而左⑳。楔㉑，貌如轭㉒，上两末。缀足用燕

几，校在南^①，御者坐持之。即床而奠，当
膈^②，用吉器^③。若醴，若酒，无巾、柶。

赴讣曰^④："君之臣某死。"赴讣母、
妻、长子，则曰："君之臣某之某死。"室
中，唯主人、主妇坐^⑤。兄弟有命夫、命妇
在焉^⑥，亦坐。尸在室，有君命，众主人不

注释：①校：燕几的足。②膈：肩头。③吉器：古以祭祀为吉礼，故称祭器为吉器。
④赴：通"讣"。讣告，报丧。⑤唯：只有。⑥命夫：指获策命而有爵位的人。命
妇：有爵位的男子的妻子，即为命妇。在焉：在那里。

折图

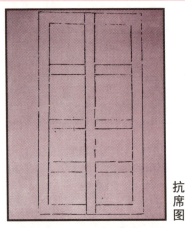

抗席图

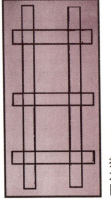

抗木图

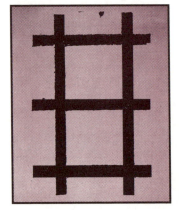

茵图

出①。襚者委衣于床②，不坐。其襚于室③，户西北面致命。

夏祝淅米④，差盛之⑤。御者四人⑥，抗衾而浴⑦，袒第⑧。其母之丧，则内御者浴⑨，鬠无笄⑩。设明衣⑪，妇人则设中带。卒洗，贝反[返]于笲⑫，实贝，柱右齻、左齻⑬。夏祝彻余饭。填塞耳⑭。掘坎，南顺，广尺，轮二尺，深三尺，南其壤。垼用块⑮。明衣裳用幕布，袂属幅⑯，长下膝。有前后裳，不辟[避]，长及觳⑰。縓綼缌⑱。缁纯⑲。设握，里亲肤，系钩中指，结于掔⑳。甸人筑坅坎㉑。隶人涅厕㉒。既袭，宵为燎于中庭㉓。

注释：①众主人不出：只有丧事主人出去恭迎，其他主人仍留在室内。②襚：赠送衣物助葬。委：放置。③于室：在室内。④夏祝：熟习夏代丧礼的祝。祝，主管丧事的官员。淅米：淘米。⑤差：选择。⑥御者：侍候死者的人。⑦抗衾：举起被子遮住死者。浴：给死者洗澡。⑧袒：暴露。第：竹篾编织的床垫。⑨内御：女侍。⑩鬠：把头发梳拢起来。笄：簪，古代用以贯发从而固定住发。⑪设：准备。明衣：死者的内衣。⑫笲：古代一种形制似筥的盛器。⑬齻：牙双侧最大的臼齿。⑭填塞耳：以玉塞耳。⑮垼：古代丧礼所用的土灶。⑯袂：衣袖。⑰觳：脚背。⑱縓：浅红色。綼：裳的边缘。缌：裳边缘的饰。⑲缁纯：黑色的镶边。⑳掔：手腕。㉑坅：坎穴。㉒隶人：罪隶。涅：填塞。厕：厕所。㉓为燎：竖立起火把（火炬）。

厥明^①，灭燎^②，陈衣^③。凡绞绐用布^④，伦如朝服^⑤。设栎于东堂下^⑥，南顺^⑦，齐于坫^⑧，馔于其上^⑨：两瓯醴^⑩、酒，酒在南。篚在东，南顺，实角觯四^⑪，木柶二，素勺二；豆在瓯北，二以并；笾亦如之。凡笾豆，实具设^⑫，皆巾之。觯，俟 竢 时而

注释：①厥明：死者死去的第二天天亮时。②灭燎：熄灭火把（火炬）。③陈：陈列。衣：用于小殓的衣物。④绞：用两股以上的条状物拧成一根绳索。绐：系衣襟的带子。⑤伦：类同。⑥栎：木托盘。⑦南顺：向南顺着摆放。⑧齐于坫：和堂角的土台子对齐。⑨馔：摆放祭品。其：指栎。⑩瓯：陶制酒器。⑪实：盛入食品。⑫具设：同时陈设。

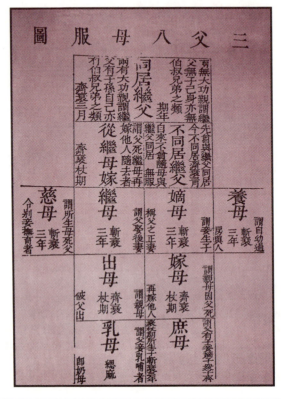

三父八母服图

酌①,柶覆加之,面枋②,及错措③,建之。小敛殓,辟奠不出室④。无踊节。既冯凭尸⑤,主人袒,髻发⑥,绞带。众主人布带。大敛殓于阼。大夫升自西阶,阶东,北面东上。既冯凭尸,大夫逆降,复位。巾奠,执烛者灭烛出,降自阼阶,由主人之北,东。

既殡⑦,主人说脱髦⑧。三日⑨,绞垂⑩。冠六升,外縪⑪,缨条属⑫,厌压⑬。衰三

注释:①时:朝、夕之时。②枋:同"柄"。器物的把子。③错:通"措"。放置,安置。④辟:移动。⑤冯尸:古代丧殓中的遗体告别仪式。冯,通"凭",靠。⑥髻发:挽束头发。⑦既殡:已经完成了堂上临时停丧的礼仪。⑧髦:古代婴儿在三个月时,剪成某种发饰,长大后仍然保留,以顺父母自认为自己是其孩子之心。去世时,可以去掉。⑨三日:死后三天。⑩绞垂:把丧服腰绖垂下的散麻编结起来。⑪縪:缝。此指缝合多余的边。⑫缨条属:系冠的带子和垂在下颔的缨用同一条绳。属,指系于冠上。⑬厌:通"压"。指与冠相缝合时冠带的两头被压在下面,反屈过来缝在一起。

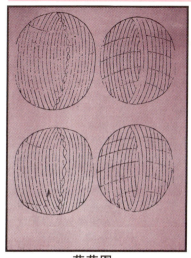

苴苞图

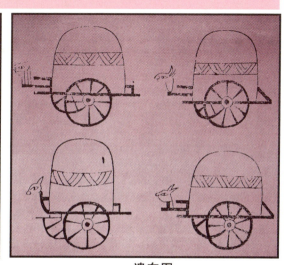

遣车图

升^①。屦外纳^②。杖下本^③，竹、桐一也。居
倚庐，寝苫枕块^④，不说脱绖带^⑤，哭昼夜
无时。非丧事不言。歠粥^⑥，朝一溢米^⑦，
夕一溢米，不食菜果。主人乘恶车，白狗
幦^⑧，蒲蔽^⑨，御以蒲菆^⑩，犬服，木锏^⑪，约
绥^⑫，约辔，木镳^⑬，马不齐髦^⑭。主妇之车
亦如之，疏布裧^⑮。贰车，白狗摄服箙^⑯，其
他皆如乘车。

朔月^⑰，童子执帚^⑱，却之^⑲，左手奉
之^⑳，从彻者而入^㉑。比奠^㉒，举席^㉓，埽室，
聚诸窔^㉔，布席如初^㉕。卒奠^㉖，埽者执帚，
垂末内鬣^㉗，从执烛者而东^㉘。燕养、馈、

注释：①衰：古代丧服。用粗麻布制成，披在胸前。②屦：鞋。纳：穿，着。谓以脚跟着入鞋中。③杖：居丧时所执的丧棒。④寝苫枕块：铺草苫，枕土块。古时父母丧之礼。⑤绖带：古代丧服用的麻布带子。⑥歠：喝，饮。⑦溢：容量单位。一又二十四分之一升为一溢。约今100克。⑧幦：车轼上的帷幕。⑨蒲蔽：古时以蒲草编成的车蔽。蔽，古时车舆前后或左右遮挡风尘的帘子。⑩菆：植物的茎。⑪锏：同辖，车毂端头的销钉。⑫约：缠缚。绥：上车时挽手所用的绳索。⑬镳：马嚼。⑭齐：翦，翦除。髦：即毛。此指马鬣。⑮裧：车上的帷幕。⑯白狗摄服：盛放兵器的箙用白色的狗皮装饰边缘。服，通"箙"。⑰朔月：每月的第一天，即初一。⑱童子：古代指未成年的仆役。⑲却之：将扫帚的末端朝上，表示未用。⑳奉：拿。㉑从：跟随。彻者：撤除祭品的人。㉒比：先。㉓举席：收起席子。㉔窔：屋的东南角。㉕布：铺设。初：当初铺席的情形。㉖卒奠：把祭品陈放完毕。㉗鬣：扫帚。㉘东：堂下东边。

羞^①、汤沐之馔，如他日^②。朔月，若荐新^③，则不馈于下室^④。筮宅^⑤，冢人物土^⑥。卜日吉，告从于主妇。主妇哭，妇人皆哭。主妇升堂，哭者皆止。启之昕^⑦，外内不哭。夷床、輁轴馈于西阶东^⑧。其二庙^⑨，则馔于祢庙，如小敛奠，乃启。朝于祢庙，重止于门外之西，东面。柩入，升自西阶。正柩于两楹间。奠止于西阶之下^⑩，东面北上。主人升，柩东，西面。众主人东即位，妇人从升，东面。奠升，设于柩西，升降自西阶，主人要节而踊^⑪。烛先入者升堂^⑫，东楹之南^⑬，西面。后入者西阶东，北面，在下。主人降，即位，彻^⑭，乃奠^⑮，升降自西阶，主人踊如初。祝及执

注释：①燕养：平常所用供养。馈：朝夕食。羞：四时之珍异。②他日：死者生前的情形。③荐新：进献时鲜祭品。④下室：燕寝。⑤筮宅：埋葬时，筮卜坟墓位置的适当与否。⑥冢人：官名。物：犹相（xiàng）。⑦昕：黎明，天亮。⑧夷床：古丧礼陈尸之床。輁轴：古代载棺的工具。馈：陈列。⑨二庙：祖庙、祢庙。祢庙即父庙，或称考庙。⑩奠：祭品。止：放，陈列。⑪要节而踊：依照送上和撤下祭品的仪节边哭边跳。⑫烛：火把。⑬楹：堂前部的柱子。此句指站在堂的东柱的南边。⑭彻：指撤下所摆上的祭品。⑮奠：放置。指放上按小殓的标准新准备的祭品。

事举奠^①，巾、席从而降，柩从，序从如
初，适祖。

荐乘车^②，鹿浅幦^③，干、笮、革靰^④，
载旜^⑤，载皮弁服，缨、辔、贝勒县悬于衡^⑥。

注释：①举奠：抬起祭品。②荐：进。乘车：柩车。③鹿浅：夏季的鹿皮。幦：古代车轼
上的覆盖物。④干：盾。笮：盛箭的竹器。靰：马缰。⑤载旜：车上插着一色旗。
⑥贝勒：装饰以贝壳的马络头。

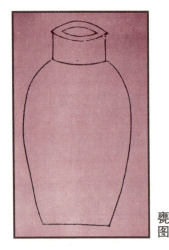

甕
图

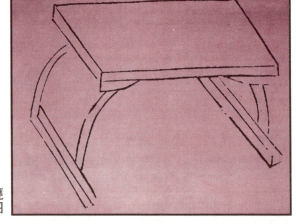

桁
图

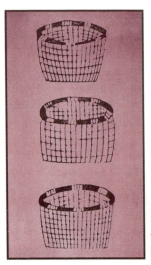

筲
图

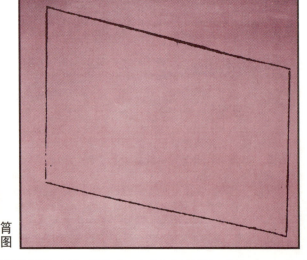

幦
图

道车^①，载朝服^②。稿车^③，载蓑笠。将载^④，祝及执事举奠，户西，南面东上。卒束前而降^⑤，奠席于柩西^⑥。巾奠^⑦，乃墙^⑧。抗木刊^⑨。茵著^⑩，用茶^⑪，实绥泽焉^⑫。苇苞，长三尺，一编。菅筲三^⑬，其实皆瀹^⑭。祖，还旋车不易位。执披者^⑮，旁四人。凡赠币，无常。凡糗^⑯，不煎^⑰。唯君命，止柩于堩^⑱，其余则否。车至道左，北面立，东上。柩至于圹^⑲，敛殡服载之^⑳。卒窆而归^㉑，不驱。

君视敛殡^㉒，若不待奠^㉓，加盖而出^㉔。不视敛殡，则加盖而至^㉕，卒事^㉖。既正柩^㉗，宾出，遂、匠纳车于阶间^㉘。祝馔祖

注释：①道车：朝夕及游燕出入之车。②朝服：视朝之服，玄色素裳。③稿车：田猎时的乘车。④载：把棺材放到车上。⑤卒：结束。束前：把棺柩前边用布束住。⑥奠：铺设。⑦巾奠：用巾覆盖住祭品。⑧墙：装饰灵柩。⑨抗木：加在棺椁上的木架，上铺席，以御尘土。刊：削。⑩茵：衬垫，被褥。用以垫棺。著：填充。⑪茶：菅茅的花。⑫绥：廉薑。泽：泽兰。皆取其香，且御湿。⑬菅筲：用菅草编的盛饭器。⑭瀹：浸渍。⑮披：古皮具。用帛做成，系于柩车两侧，备牵挽之用，以防倾覆。⑯糗：炒熟的米麦。泛指干粮。⑰煎：油煎。⑱堩：道路。⑲圹：墓穴。⑳载：装运。㉑窆：埋葬。㉒视：观看。敛：指大敛，把尸体装入棺材里。㉓不待奠：不等入殡后再供上祭品。㉔加盖：加上棺材盖。出：走出庙门。㉕加盖而至：盖上棺材盖后再到达。㉖卒事：看完剩下的礼仪。㉗既：已经。正柩：摆正棺柩。㉘匠：匠人，掌棺葬之事者。

奠于主人之南，当前辂①，北上，巾之。弓矢之新，沽功②。有弭饰焉③，亦张可也。有柲④。设依、挞焉⑤。有韣⑥。猴矢一乘⑦，骨镞⑧，短卫⑨。志矢一乘⑩，轩輖中⑪，亦短卫。

注释：①辂：车辕上用来挽车的横木。②沽功：粗功。③弭：弓的两头。④柲：弓檠。多用竹制，形状与弓同。当弓不用时，缚于弓里。⑤挞：箭溜。嵌于弓把之间。⑥韣：弓套。⑦猴：弓箭名。⑧骨镞：骨制的箭头。⑨卫：箭羽。⑩志矢：练习用的箭，无镞。⑪轩輖：车前高后低叫轩，前低后高叫輖。引申为高低、优劣。此谓矢的前后轻重平衡。

柳车图

坏容庐墓图

士虞礼第十四①
shì yú lǐ dì shí sì

士虞礼：特豕馈食②。侧亨烹于庙门外之右③，东面。鱼、腊爨亚之④，北上⑤。饎爨在东壁⑥，西面。设洗于西阶西南⑦，水在洗西，篚在东⑧。尊于堂中北墉下⑨，当户⑩，两甒醴、酒⑪，酒在东，无禁⑫，幂用绤布⑬，加勺，南枋。素几、苇席，在西序下。苴刌茅⑭，长五寸，束之，实于篚，馔于西坫上。馔两豆菹、醢于西楹之东，醢在西，一铏亚之⑮。从献豆两亚之⑯，四

注释：①士虞礼：虞礼即安定礼，需进行虞祭，士、大夫、诸侯、天子不同，士为三虞四天，本篇记述的是士的虞礼。具体而言，虞礼就是丧主葬柩后，迎接死者灵魂返回殡宫。②特豕：一头猪。馈：进呈。③侧亨：即侧烹，烹煮牲体的一侧。④爨：灶。⑤北上：指三个灶由北向南排列。⑥饎爨：做饭，烹调。饎，蒸炒黍稷所用的灶。东壁：庭院中的东墙下。⑦设：放置。洗：洗手接水的承盘。⑧篚：圆形盛物竹筐。⑨尊：放置酒尊。墉：墙壁。⑩当户：正对着室门。⑪甒：陶制容器，多用以盛酒。⑫禁：承放酒尊的器具，形状像几案。⑬幂：盖酒尊所用的布。绤：细葛布。⑭苴：衬垫。刌：切断。⑮铏：盛菜羹的器皿。古常用于祭祀。⑯从献豆：主人向祝献酒后，再献给祝两只豆。豆，古代食器，亦用作装酒肉的祭器。

笾亚之,北上。馔黍稷二敦于阶间①,西上,藉用苇席②。匜水错措于盘中③,南流,在西阶之南,簞巾在其东④。陈三鼎于门外之右⑤,北面,北上设扃鼏⑥。匕俎在西塾之西。羞燔膰俎在内西塾上⑦,南顺。

主人及兄弟如葬服⑧,宾执事者如吊服⑨,皆即位于门外,如朝夕临位⑩。妇人及内兄弟⑪,服即位于堂⑫,亦如之。祝免⑬,澡葛绖带⑭,布席于室中,东面,右几,降,出,及宗人即位于门西⑮,东面南上。宗人告有司具⑯,遂请拜宾,如临。入门哭,妇人哭。主人即位于堂,众主人及兄弟、宾即位于西方,如反返哭位。祝入门左,北面。宗人西阶前北面。

注释:①敦:古代食器。用以盛黍、稷、稻、粱等。②藉:衬垫。③匜:古代洗手盛水的用具。④簞:古代用来盛饭食的盛器。以竹或苇编成,圆形,有盖。⑤陈:陈列。⑥扃:贯穿鼎上两耳的横木。鼏:鼎盖。⑦羞:进献。膰:通"膰"。古代祭祀用的炙肉。⑧如葬服:所穿的服装和下葬那天所穿的服装一样。⑨宾执事者:前来协助办事的宾。吊:吊唁。⑩临:哭吊死者。⑪内兄弟:姑、姐妹以及族人之妻。⑫服:服装,服饰。⑬免:古代丧服。去冠括发,以布缠头。⑭澡:洗涤。⑮及:和。⑯有司:相关的办事人员。具:事情准备就绪。

祝盥①，升，取苴降②，洗之③，升，入设于几东席上④，东缩⑤，降，洗觯⑥，升，止哭⑦。主人倚杖，入，祝从，在左，西面。赞荐菹醢⑧，醢在北。佐食及执事盥⑨，出举，长在左。鼎入，设于西阶前，东面北上。匕俎从设⑩。左人抽扃、鼏，匕，佐食

注释：①祝：古代时主持祭祀祈祷的人。盥：洗手。②苴：衬垫。③之：指苴。④入：进入室内。设：摆设。⑤东缩：向东纵向陈设。⑥觯：古代饮酒器。圆腹，侈口，圈足，或有盖，形似尊而小。陶制者多为明器。一般用的是青铜制。⑦止哭：众人停止哭泣。⑧赞：协助祭祀的宾客。荐：进献。菹：腌菜。醢：肉酱。⑨佐食：协助尸入食的人。⑩匕：古代取食的用具，曲柄浅斗，状类后代的羹匙。俎：古代祭祀、宴飨时陈置牲体或其他食物的礼器。

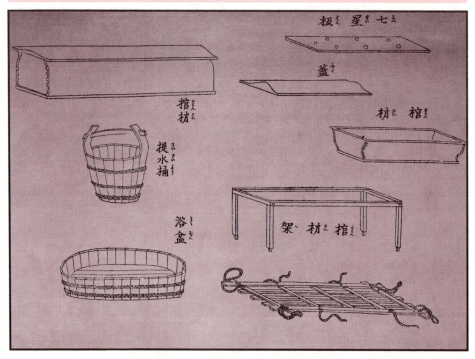

棺材 提水桶 浴盆 七星板 盖 棺材 棺材架图

及右人载。卒,枇者逆退复位①。俎入,设于豆东,鱼亚之②,腊特。赞设二敦于俎南③,黍,其东稷。设一铏于豆南④。佐食出,立于户西。赞者彻鼎。祝酌醴⑤,命佐食启会⑥。佐食许诺,启会,却于敦南,复位。祝奠觯于铏南,复位。主人再拜稽首。祝飨⑦,命佐食祭。佐食许诺,钩袒⑧,取黍稷祭于苴三⑨,取肤祭⑩,祭如初⑪。祝取奠觯祭⑫,亦如之,不尽⑬,益⑭,反奠之⑮。主人再拜稽首。祝祝卒⑯,主人拜如初,哭,出复位。

祝迎尸⑰。一人衰绖奉篚⑱,哭从尸。尸入门,丈夫踊⑲,妇人踊。淳尸盥⑳,宗

注释:①枇:大木匙。②亚:次。③敦:古代食器。④铏:盛菜羹的器皿。⑤酌醴:酌酒。⑥启会:打开盖子。⑦飨:飨祭。⑧钩袒:卷起衣袖,露出臂肩。⑨苴:衬垫。三:三次。⑩肤:古代用于祭祀或供食用的带皮的肉。⑪初:指像刚才一样也是在茅草衬垫上祭三次。⑫奠觯:放在铏南边的觯。奠,放置。⑬不尽:不洒尽觯里的酒。⑭益:祭祀完后又往觯里舀满醴酒。⑮反奠之:回到铏南边把觯放好。⑯祝祝卒:丧祝宣读完祝辞(之后)。⑰尸:代表死者受祭的人,一般由死者的嫡孙担任。⑱一人:指主人的一位兄弟。衰:古代丧服,用粗麻布制成,披在胸前。绖:古代丧服所用的麻带。扎在头上的称首绖,缠在腰间的称腰绖。奉:捧着。篚:用于盛物的竹编器具。⑲丈夫:男子,男人。踊:边哭边跳。⑳淳:浇灌。

337

人授巾①。尸及阶，祝延尸②。尸升，宗人诏踊如初③。尸入户，踊如初，哭止。妇人入于房。主人及祝拜妥尸④。尸拜，遂坐。从者错措篚于尸左席上，立于其北。尸取奠，左执之。取菹⑤，擩于醢⑥，祭于豆间。祝命佐食隋堕祭⑦。佐食取黍稷肺祭授尸，尸祭之。祭奠，祝祝。主人拜如初。尸

注释：①宗人：祭祀中主管礼仪的人。②延：牵引，导引。③诏：宣告。④妥：坐稳。⑤菹：腌菜。⑥擩：沾染。⑦佐食：协助尸进食的人。隋祭：从俎、豆上取下祭物交给尸，由尸祭神。隋，通"堕"，下，指从俎与豆上取下祭物。

灵柩 帷 褥 木主图

尝醴，奠之。佐食举肺脊授尸。尸受，振祭①，哜之②，左手执之。祝命佐食迩敦③。佐食举黍，错<ruby>措</ruby>于席上。尸祭铏、尝铏。泰羹湆自门入④，设于铏南，臷四豆⑤，设于左。尸饭，播余于篚。三饭，佐食举干⑥；尸受，振祭，哜之，实于篚⑦。又三饭，举胳⑧，祭如初。佐食举鱼、腊，实于篚。又三饭，举肩，祭如初。举鱼、腊俎，俎释三个。尸卒食，佐食受肺脊，实于篚，反<ruby>返</ruby>黍，如初设⑨。

主人洗废爵⑩，酌酒酳尸⑪。尸拜受爵，主人北面答拜。尸祭酒⑫，尝之。宾长以肝从⑬，实于俎，缩⑭，右盐⑮。尸左执爵，右取肝，擩盐⑯，振祭⑰，哜之，加于俎⑱。

注释：①振祭：古代九祭之一。②哜：尝。③迩：靠近。④泰羹：古代祀时所用的肉汁。湆：肉汁。⑤臷：泛指肉食、肴馔。⑥举干：拿起牲的肋肉。⑦实：放置。⑧胳：牲的后腿。⑨设：安放。⑩废爵：没有足的爵。⑪酳：吃东西后用酒漱口。⑫祭酒：用酒祭神。⑬宾长：宾客中的年长者。以：拿。从：跟随在主人之后献给尸。⑭缩：纵。⑮右盐：右侧是盐。⑯擩：沾染。⑰振祭：古代九祭之一。⑱加：放到。

宾降，反^返俎于西塾①，复位。尸卒爵②，祝受，不相爵③。主人拜，尸答拜。祝酌授尸，尸以醋主人④，主人拜受爵，尸答拜。主人坐祭，卒爵，拜，尸答拜。筵祝⑤，南面。主人献祝，祝拜，坐受爵，主人答拜。荐菹醢⑥，设俎⑦。祝左执爵，祭荐，奠爵，兴，取肺，坐祭，嚌之，兴，加于俎，祭酒，尝之，肝从。祝取肝，擩盐，振祭，嚌之，加于俎，卒爵，拜。主人答拜。祝坐授主人。主人酌⑧，献佐食⑨，佐食北面拜，坐受爵⑩，主人答拜。佐食祭酒⑪，卒爵⑫，拜。主人答拜，受爵，出，实于篚⑬，升堂，复位。

　　主妇洗足爵于房中⑭，酌，亚献尸⑮，

如主人仪①。自反<u>返</u>两笾②，枣、栗，设于会南③，枣在西。尸祭笾④、祭酒如初。宾以燔从，如初⑤。尸祭燔、卒爵如初。酳献祝，笾、燔从，献佐食皆如初。以虚爵入于房⑥。宾长洗缌爵⑦，三献，燔从，如初仪。

妇人复位。祝出户，西面告利成⑧。

注释：①仪：敬酒的礼仪。②自反：自己返回，不用人相助。反，通"返"。③会：盖，这里指敦之盖。④祭笾：用笾中的枣和栗祭神。⑤以：拿。燔：烤肉。从：跟随。⑥虚爵：空爵。⑦缌爵：古时口足之间饰有篆文的饮酒器。⑧利成：供养之礼结束。利，犹养。谓告祭时的供养。

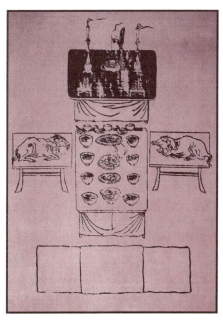

出葬日 柩前排式图

木主图

主人哭，皆哭。祝入，尸谡①。从者奉篚哭②，如初。祝前尸③，出户，踊如初，降堂④，踊如初，出门，亦如之。祝反返⑤，入彻⑥，设于西北隅⑦，如其设也。几在南，厞用席⑧。祝荐席，彻入于房。祝自执其俎出。赞阖牖户⑨。主人降，宾出。主人出门，哭止，皆复位。宗人告事毕，宾出，主人送，拜稽颡⑩。

　　记：虞⑪，沐浴⑫，不栉⑬。陈牲于庙门外，北首⑭，西上尚⑮，寝右⑯。日中而行事⑰。杀于庙门西，主人不视。豚解⑱。羹饪⑲，升左肩、臂、臑、肫、胳、脊、胁⑳、离肺，肤祭三，取诸左膉上㉑，肺祭一㉒，实于上鼎。升鱼：鱄鲋九，实于中鼎。升腊，左胖，髀不升，实于下鼎。皆设扃鼏，陈之。载犹进柢胝①，鱼进鬐②。祝俎，髀、脡、脊、胁、离肺③，陈于阶间，敦东。

淳尸盥④。执槃⑤，西面。执匜⑥，东面。执巾在其北，东面。宗人授巾⑦，南面。主人在室，则宗人升，户外北面。佐食无事⑧，则出户，负依南面⑨。铏芼⑩，用苦⑪，若薇⑫，有滑⑬。夏用葵，冬用苣⑭，有柶。豆实，葵菹，菹以西，蠃醢。笾，枣烝，栗择。

尸入，祝从尸。尸坐，不说脱屦。尸谡，祝前，乡向尸；还旋，出户，又乡向尸；还旋，过主人，又乡向尸；还旋，降阶，又

注释：①柢：通"胝"。牲之本体，古代用于祭祀。②鬐：鱼脊鳍。③脡：颈项。④淳：浇。盥：洗手。此句指给尸洗手时是从上浇水。⑤槃：接水的盘子。此指洗过手的水。⑥匜：盥洗时用以盛水之具。⑦宗人：祭祀时主管礼仪的人。⑧佐食：协助尸进食的人。⑨负：背对着。依：室内门、窗之间。⑩铏：盛菜羹的器皿。芼：蔬菜。⑪苦：即荼。⑫若：或。薇：草名或者说是菜名。一年生或二年生草本植物。花紫红色，结寸许长扁荚，中有种子五六粒，可入食。又名"野豌豆"。⑬滑：菜干则滑。⑭苣：草本植物。古人用以调味。

乡向尸；降阶，还旋，及门，如出户。尸出，祝反返，入门左，北面复位。然后宗人诏降①。尸服卒者之上服②。男，男尸。女，女尸，必使异姓③，不使贱者④。

无尸⑤，则礼及荐馔皆如初⑥。既飨⑦，祭于苴⑧，祝祝卒⑨。不绥祭⑩，无泰羹、湆、胾⑪，从献⑫。主人哭，出复位⑬。祝阖牖户⑭，降，复位于门西，男女拾踊三⑮。

注释：①诏：宣布。②上服：玄端。③异姓：媳妇。④贱者：庶孙之妾。⑤无尸：没有可以担任尸的孙辈。⑥礼：礼仪。及：和。荐：进献。馔：食物。初：指有尸的情形。⑦既：已经。飨：飨祭。⑧苴：衬垫。⑨祝祝卒：祝读完了祝祷辞。⑩绥祭：同"挼祭"。一种祭名。尸未食之前的祭祀。⑪泰羹：即太羹，古祭祀时所用的肉汁。湆：肉羹的汁。胾：切成大块的肉。⑫从献：一种礼仪，宾客中的年长者跟随主人及其妻献上肝与烤肉。⑬出：走出室。复位：回到堂上原来的位置。⑭阖：关上。⑮拾：轮流，依次。

鼓乐 杏亭图

如食间①。祝升②，止哭，声三，启户。主人入，祝从，启牖乡③，如初。主人哭，出复位。卒彻，祝、佐食降，复位。宗人诏降如初。

始虞用柔日④，曰："哀子某⑤，哀显相⑥，夙兴夜处不宁。敢用洁牲刚鬣⑦、香合⑧、嘉荐⑨、普淖⑩、明齐溲酒⑪，哀荐祫事⑫，适尔皇祖某甫。飨！"再虞，皆如初，曰"哀荐虞事⑬"。三虞，卒哭，他⑭，用

注释：①食间：尸一食九饭的时间。②升：走上堂。③乡：窗户名。④始：第一次。柔日：天干为乙、丁、己、辛、癸的日子。⑤哀子：丧主自称。⑥哀显相：其他居丧的直系亲属。⑦刚鬣：猪。⑧香合：黍。⑨嘉荐：菹醢。⑩普淖：黍稷。⑪明齐：净水。齐，通"斋"。溲酒：酿酒。这里指用新鲜洁净的水酿出来的酒。⑫祫：一种祭祀。⑬日：当为曰。虞：死者魂魄归于祖庙。⑭他：其他（的祭祀）。

煖轿　棺　铭旌图

刚日^①，亦如初，曰"哀荐成事^②"。

献毕^③，未彻^④，乃馂^⑤。尊两甒于庙门外之右^⑥，少南^⑦。水尊在酒西^⑧，勺北枋^⑨。洗在尊东南^⑩，水在洗东，篚在西^⑪。馔笾豆^⑫，脯四脡^⑬。有干肉折俎，二尹缩^⑭，祭半尹，在西塾。尸出，执几从，席从。尸出门右，南面。席设于尊西北，东面。几在南。宾出，复位。主人出，即位于门东，少南；妇人出，即位于主人之北，皆西面，哭不止。尸即席坐，唯主人不哭，洗废爵^⑮，酌献尸，尸拜受。主人拜送，哭，复位。荐脯醢，设俎于荐东^⑯，胸在南^⑰。尸左执爵，取脯擩醢^⑱，祭之。佐食授嚌^⑲，尸受，振祭，嚌，反返之。祭酒，

注释：①刚日：天干为甲、丙、戊、庚、壬的日子。②成：结束。③献：献祭，祭祀名。④彻：指撤下祭品。⑤馂：送行酒。⑥尊：放置。甒：陶制容器，多用以盛酒。⑦少南：稍微偏向南边。⑧水：玄酒。⑨枋：同"柄"。器物的把子。⑩洗：用于洗手的承盘。⑪篚：盛物的竹器。这里指用来放觯的篚。⑫馔：陈设或准备食物。⑬脯：干肉。脡：长条的干肉。此作量词。⑭尹：规正。指折断的肉干外表规正。缩：纵。指纵向摆着。⑮废爵：无足的酒杯。⑯俎：陈放牲体或其他食物的礼器。⑰胸：屈曲的干肉。⑱擩：沾染。⑲佐食：协助尸进食的人。

卒爵，奠于南方。主人及兄弟踊，妇人亦如之。主妇洗足爵①，亚献如主人仪②，妇人踊如初。宾长洗繶爵③，三献，如亚献，踊如初。佐食取俎，实于篚④。尸谡，从者奉篚哭从之⑤。祝前，哭者皆从，及大门内，踊如初。尸出门，哭者止。宾出，主人送，拜稽颡。主妇亦拜宾。丈夫说脱绖带于庙门外。入彻，主人不与。妇人说脱首

注释：①足爵：有足的爵。②亚献：指在主人一献之后主妇再次向尸献酒。仪：礼仪。
③宾长：宾客中的年长者。繶爵：古时口足之间饰有篆文的饮酒器。④实：放置。
⑤从者：跟随尸的人。奉：捧。

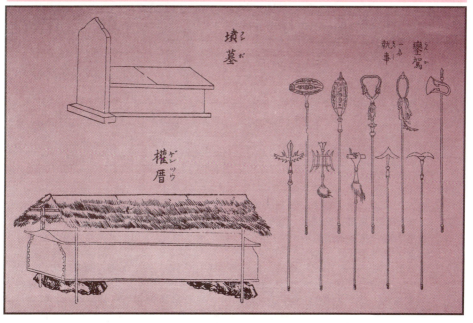

坟墓 权厝 銮驾 执事图

经，不说脱带。无尸，则不饭。犹出，几席设如初，拾踊三。哭止，告事毕，宾出。

死三日而殡①，三月而葬，遂卒哭②。将旦而祔③，则荐④。卒辞曰⑤："哀子某，来日某⑥，隮祔尔于尔皇祖某甫⑦。尚飨享⑧！"女子，曰："皇祖妣某氏⑨。"妇，曰："孙妇于皇祖姑某氏。"其他辞，一也。飨辞曰："哀子某，圭为而哀荐之⑩。飨享！"

明日，以其班祔⑪。沐浴⑫、栉⑬、搔爪⑭。用专肤为折俎⑮，取诸脰臄⑯。其他如馈食⑰。用嗣尸⑱。曰："孝子某，孝显相⑲，夙兴夜处⑳，小心畏忌㉑，不惰其身，不宁㉒。用尹祭、嘉荐、普淖、普荐、溲酒㉓，

注释：①殡：停灵在寝庙。②卒哭：祭名，人死后三月下葬，葬后卒哭。③旦：早晨。指第二天早晨。祔：祭名。新死者与祖先合享之祭。④荐：即荐祭。⑤卒辞：卒哭之祝辞。⑥来日：次日。⑦隮祔：列入配享祖庙之位。隮，升。⑧尚：庶几。表示希望之词。此指希望逝者来享用酒食。飨：通"享"。享用酒食祭品。⑨妣：母亲。⑩圭：洁净。⑪班：次序，此特指昭穆之序。⑫沐：洗头。浴：洗澡。⑬栉：梳头。⑭搔爪：同"蚤鬋"。修甲理发。搔，通"爪"。⑮专：厚。⑯脰：颈项。臄：（猪）颈脖处的肉。⑰馈食：按年节祭祖。⑱用嗣尸：仍用虞祭卒哭之尸。嗣，相继。⑲孝显相：尽孝的助祭人。显，明。相，助。⑳夙兴夜处：早起晚睡。㉑畏忌：指毕恭毕敬。㉒不宁：指心中时时不安。㉓尹祭：古代用于祭祀的切割方正的干肉。嘉荐：菹醢。普淖：黍稷。溲酒：酿酒。指用新鲜洁净的水酿出来的酒。

shì ěr huáng zǔ mǒu fǔ　　yǐ jī fù ěr sūn mǒu fǔ shàng
适尔皇祖某甫，以隮祔尔孙某甫。尚

xiǎng　　　jī ér xiǎo xiáng　　yuē　　jiàn cǐ cháng shì　　yòu
飨享！"期而小祥①，曰："荐此常事。"又

jī ér dà xiáng　　yuē　　jiàn cǐ xiáng shì　　zhōng yuè ér dàn
期而大祥②，曰："荐此祥事。"中月而禫③。

shì yuè yě　jí jì　　yóu wèi pèi
是月也，吉祭④，犹未配⑤。

注释：①期：一周年。小祥：祭祀名。士死一周年时举行。②大祥：祭祀名。士死二周年时举行。③中：间隔。禫：禫祭。④吉祭：指春、夏、秋、冬四季的常祭，属于"吉祭"，未需配祭。⑤配：配祭。以某妃配某氏祭，即夫妻在一起祭。

兆域图

汉高崇祀图

特牲馈食礼第十五①

特牲馈食之礼：不诹日②。及筮日③，主人冠端玄④，即位于门外，西面。子姓兄弟如主人之服⑤，立于主人之南，西面北上。有司群执事⑥，如兄弟服⑦，东面北上。席于门中⑧，闑西阈外⑨。筮人取筮于西塾⑩，执之，东面受命于主人⑪。宰自主人之左赞命⑫，命曰："孝孙某，筮来日某，诹此某事，适其皇祖某子⑬。尚飨！"筮者许诺，还旋，即席，西面坐，卦者在左。卒筮，写卦。筮者执以示主人。主人

注释：①特牲馈食礼：此篇是诸侯之士在宗庙祭祀祖父、父亲的礼仪。特牲，指不同等级所祭祀的牲亦有区别。馈食，指向鬼神进献牲、黍稷等供品。②诹：商议。③及：到。筮日：占卜要举行礼仪的日子的吉凶。④冠端玄：所戴的冠和所着的端服都是玄色（黑色）。⑤子姓兄弟：被祭者的子孙辈和兄弟辈。如：和……一样。⑥有司群执事：相关的办事人员。⑦服：着装。⑧席：铺设席位。中：正中。⑨闑：古代门中央所竖短木。阈：门槛。⑩筮人：官职名。⑪受命：接受主人的吩咐。⑫宰：群吏之长，主管政教。⑬某子：皇祖的字。

受视^①，反返之。筮者还旋，东面。长占，卒，告于主人："占曰'吉'。"若不吉，则筮远日^②，如初仪。宗人告事毕^③。

前期三日之朝^④，筮尸^⑤，如求日之仪^⑥。命筮曰^⑦："孝孙某，诹此某事，适其皇祖某子^⑧，筮某之某为尸^⑨。尚飨享^⑩！"

乃宿尸^⑪。主人立于尸外门外，子姓兄弟立于主人之后，北面东上。尸如主人服，出门左，西面。主人辟避，皆东面，北上。主人再拜，尸答拜。宗人摈傧辞如初，卒曰："筮子为某尸，占曰'吉'，敢宿。"祝许诺，致命。尸许诺，主人再拜稽首。尸入，主人退。

宿宾^⑫。宾如主人服^⑬，出门左^⑭，西

注释：①受视：接受并看。②远日：本旬之外的日子。③告：宣布。④前期三日：祭祀前三天。⑤筮尸：占卜以定被选择作尸的人是否合适。尸，祭祀时代替死者受祭的人。⑥求日：即筮日。⑦筮：这里指负责占卜的人。⑧适：前往。⑨前"某"：父之字。后"某"：子之字。⑩尚：庶几，表示希望。此指希望皇祖某子享用祭祀时供上的祭品。⑪宿：邀请，通知。⑫宿：邀请。⑬服：着装。⑭左：左侧。这里指站在门的左侧。

面再拜①。主人东面，答再拜②。宗人摈③曰：“某荐岁事④，吾子将莅之⑤，敢宿⑥。”宾曰：“某敢不敬从。”主人再拜，宾答拜。主人退，宾拜送。

厥明夕⑦，陈鼎于门外⑧，北面北上⑨。有鼏⑩。棜在其南⑪，南顺⑫，实兽于其上⑬，东首⑭。牲在其西⑮，北首，东足⑯。设洗于阼阶东南⑰，壶、禁在东序⑱，豆、笾、铏在东房⑲，南上。几、席、两敦在西堂。主人及子姓兄弟即位于门东，如初。宾及众宾即位于门西，东面北上。宗人、祝立于宾西北，东面南上。主人再拜，宾答再拜，三拜众宾，众宾答再拜。主人揖入，

注释：①西面：面向西。再拜：古代一种隆重礼节，先后拜两次，表示郑重之意思。再，第二次。②答再拜：以再拜礼答谢。③宗人：祭祀中主管礼仪的人。④岁事：岁时之祭。⑤吾子：指宾。⑥敢宿：即冒昧相邀。⑦厥明夕：宿宾次日的傍晚（即致祭前一天的傍晚）。⑧陈：放置。⑨北上：由北向南排列。⑩鼏：用于盖鼎的巾。⑪棜：盛放酒器的木盘。⑫南顺：纵向南顺着放。⑬兽：腊，干肉。⑭东首：头朝向东。⑮牲：此指猪。⑯东足：足在东边。⑰设：放置。洗：用于洗手接水的承盘。⑱禁：一种承放酒尊的器具。这里用来放壶。东序：堂的东墙下。⑲豆、笾、铏：均为古代食器。

兄弟从，宾及众宾从，即位于堂下，如外位。宗人升自西阶，视壶濯及豆笾，反降，东北面告濯具。宾出，主人出，皆复外位。宗人视牲，告充①。雍正作豕②。宗人举兽尾，告备③，举鼎鼏④，告洁⑤。请期⑥，曰"羹饪⑦"。告事毕，宾出，主人拜送。

夙兴⑧，主人服如初⑨，立于门外东

注释：①充：肥大。②雍正：雍人之长。雍人，割烹的厨人。正，正长官。③备：齐备。④举：拿起。鼏：用于盖鼎的巾。⑤告洁：向主人报告说鼏很干净。⑥请期：宗人向主人请示祭祀的日期。⑦羹饪：肉羹煮熟。⑧夙：早晨。这里指第二天早晨。兴：起身，起床。⑨初：指昨天的情形。

家庙祭祀之图

方，南面，视侧杀①。主妇视饎爨于西堂下②。亨烹于门外东方，西面北主③。羹饪④，实鼎⑤，陈于门外，如初⑥。尊于户东⑦，玄酒在西⑧。实豆、笾、铏，陈于房中，如初。执事之俎⑨，陈于阶间，二列，北上。盛两敦⑩，陈于西堂，藉用萑⑪，几席陈于西堂，如初。尸盥匜水⑫，实于槃中⑬，箪巾⑭，在门内之右。祝筵几于室中，东面。主妇绷笄宵衣⑮，立于房中，南面。主人及宾、兄弟、群执事，即位于门外，如初。宗人告有司具⑯。主人拜宾如初，揖入，即位，如初。佐食北面立于中庭。

主人及祝升⑰，祝先入，主人从，西

面于户内。主妇盥于房中①，荐两豆：葵菹、蜗醢②，醢在北。宗人遣佐食及执事盥③，出。主人降，及宾盥，出。主人在右，及佐食举牲鼎。宾长在右，及执事举鱼、腊鼎，除鼏。宗人执毕先入④，当阼阶，南面。鼎西面错措⑤，右人抽扃，委于鼎北。赞者错措俎，加匕。乃朼⑥。佐食升胏俎⑦，鼏之，设于阼阶西。卒载，加匕于鼎。主人升⑧，入复位⑨。俎入⑩，设于豆东⑪。鱼次⑫，腊特于俎北。主妇设两敦黍稷于俎南，西上，及两铏芼设于豆南，南陈。祝洗，酌奠，奠于铏南⑬，遂命佐食启会⑭。佐食启会，却于敦南，出立于户西，南面。主人再拜稽首⑮。祝在左，卒祝⑯，主

rén zài bài qǐ shǒu
人再拜稽首。

zhù yíng shī yú mén wài   zhǔ rén jiàng lì yú zuò jiē
祝迎尸于门外①。主人降，立于阼阶

dōng   shī rù mén zuǒ   běi miàn guàn   zōng rén shòu jīn   shī zhì
东②。尸入门左，北面盥，宗人授巾。尸至

yú jiē   zhù yán shī   shī shēng   rù   zhù xiān   zhǔ rén
于阶，祝延尸③。尸升，入，祝先④，主人

cóng   shī jí xí zuò   zhǔ rén bài tuǒ shī   shī dá bài
从。尸即席坐⑤，主人拜妥尸⑥。尸答拜，

zhí diàn   zhù xiǎng   zhǔ rén bài rú chū   zhù mìng suī jì
执奠⑦，祝飨享⑧，主人拜如初。祝命接祭⑨。

shī zuǒ zhí zhì   yòu qǔ zū   ruán yú hǎi   jì yú dòu
尸左执觯，右取菹⑩，擩于醢⑪，祭于豆

jiān   zuǒ shí qǔ shǔ jì fèi jì shòu shī   shī jì zhī   jì
间。佐食取黍稷肺祭授尸⑫。尸祭之，祭

注释：①祝：主持祭祀祈祷者。尸：祭祀时代表死者接受祭祀的人。②阼阶：东阶，主人之阶。③延：引导。④祝先：祝走在主人前面。⑤即席：就席，走到席位上。⑥妥：安坐。⑦执奠：拿起放在席上的酒觯。⑧飨：通"享"，享用。指劝尸享用酒。⑨授祭：尸未食之前的祭祀。⑩菹：腌菜。⑪擩：沾染。⑫肺祭：即切割了的肺。

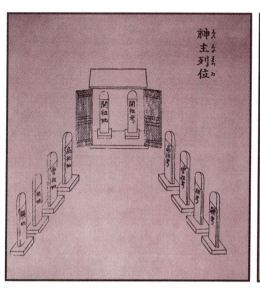

神主列位图

真容图

酒，啐酒①，告旨②。主人拜。尸奠觯答拜。祭铏，尝之，告旨。主人拜，尸答拜。祝命尔迩敦③。佐食尔迩黍稷于席上。设大（太）羹湆于醢北④。举肺、脊以授尸。尸受，振祭，啐之⑤，左执之，乃食，食举。主人羞肵俎于腊北⑥。尸三饭，告饱。祝侑⑦，主人拜。佐食举干⑧，尸受，振祭，啐之。佐食受⑨，加于肵俎⑩。举兽干、鱼一⑪，亦如之。尸实举于菹豆⑫。佐食羞庶羞四豆⑬，设于左，南上，有醢。尸又三饭，告饱。祝侑之，如初。举骼及兽、鱼⑭，如初。尸又三饭，告饱。祝侑之，如初。举肩及兽、鱼，如初。佐食盛肵俎，俎释三个。举肺、脊加于肵俎，反（返）黍稷于其所⑮。

注释：①啐：尝。②告旨：说酒香甜。③尔：通"迩"，近。④湆：肉汁，羹汁。⑤啐：尝。⑥羞：进献食物。肵俎：敬尸之俎。古代祭祀时用以盛牲体心、舌之器。⑦侑：劝，多用于酒食、宴饮。⑧举：拿起。干：牲的长胁。⑨佐食受：此句指尸把猪肋吃一些后，再还给佐食，佐食接受下来。⑩加：放置。⑪兽干：风干的野兽较长的肋。鱼一：一条鱼。⑫实：放。举：指肺、脊。菹豆：盛放菹的豆。⑬佐食羞庶羞：佐食者进献上各种食品。⑭骼：牲畜的后胫骨。⑮其所：原处。

主人洗角①，升酌②，酳尸③。尸拜受，主人拜送。尸祭酒，啐酒④，宾长以肝从⑤。尸左执角⑥，右取肝，擩于盐⑦，振祭⑧，嚌之⑨，加于菹豆⑩，卒角⑪。祝受尸角⑫，曰："送爵，皇尸卒爵。"主人拜，尸答拜。祝酌，授尸，尸以醋主人⑬。主人拜受角，尸拜送。主人退，佐食授挼祭⑭。主人坐，左执角，受祭，祭之；祭酒，啐酒，进听嘏⑮。佐食抟黍授祝⑯，祝授尸。尸受以菹豆，执以亲嘏主人。主人左执角，再拜稽首受，复位，诗怀之⑰，实于左袂⑱，挂于季指⑲，卒角，拜。尸答拜。主人出，写嚌稽于房⑳，祝以笾受。筵祝，南面。主人酌，献祝，祝拜受角。主人拜送。设菹醢、俎㉑。

注释：①角：酒器名。②升：走上堂。酌：舀取酒。③酳：食毕以酒漱口。古代宴会或祭祀时的一种礼节。④啐：尝。⑤宾长：宾客中的年长者。以：拿。从：跟随。指跟随在主人后把猪肝献给尸。⑥左：左手。⑦擩：沾染。⑧振祭：古代九祭之一。⑨嚌：浅尝，微尝。⑩菹豆：盛放菹的豆。⑪卒角：把角里的酒喝完。⑫受：接过。尸角：尸手中的角。⑬醋：即酢，回敬。⑭授祭：尸未食之前的祭祀。⑮听：静待。嘏：古代祭祀时，执事人（祝）为受祭者（尸）致福于主人。⑯抟：捏之成团。⑰诗：捧持。⑱袂：衣袖。⑲季指：小指。⑳写：通"泻"。倾泻。嚌：通"稽"，指黍。㉑设：放置。菹醢：肉酱。俎：切肉用的砧板。

祝左执角^①，祭豆^②，兴^③，取肺，坐祭，哜之，兴，加于俎^④，坐祭酒，啐酒，以肝从。祝左执角，右取肝，换于盐，振祭，哜之，加于俎，卒角，拜。主人答拜，受角，酌献佐食。佐食北面拜受角，主人拜送。佐食坐祭，卒角，拜。主人答拜，受角，降，反

注释：①左：左手。角：古代酒器。青铜制，形状似爵而无柱，前后两尾沿口端斜出似角，有盖。②祭豆：右手从豆中取菹醢祭神。③兴：站起来。④加：放置。

坟墓祭祀之图

于篚。升，入复位。

主妇洗爵于房①，酌②，亚献尸③。尸拜受。主妇北面拜送。宗妇执两笾④，户外坐。主妇受⑤，设于敦南⑥。祝赞笾祭⑦，尸受，祭之，祭酒，啐酒。兄弟长以燔从⑧。尸受，振祭，哜之，反之⑨。羞燔者受⑩，加于肵⑪，出。尸卒爵，祝受爵，命送如初。酢，如主人仪。主妇适房，南面。佐食授祭⑫。主妇左执爵，右抚祭⑬，祭酒，啐酒，入，卒爵，如主人仪。献祝，笾燔从，如初仪。及佐食，如初。卒，以爵入于房。

宾三献⑭，如初⑮，燔从如初⑯。爵止⑰。席于户内⑱。主妇洗爵，酌，致爵于

注释：①爵：一种盛酒礼器或饮酒器，像雀形，受一升。②酌：往洗好的爵里舀酒。③亚：次，二。此句指第二次向尸献酒。④宗妇：参加助祭的同宗妇人。笾：古代祭祀和宴会时盛果脯的竹器，形状像木制的豆。⑤受：接过笾。⑥敦：古代食器。用以盛黍、稷、稻、粱等。⑦赞笾祭：协助把笾里的枣、栗等祭物递给尸。⑧长：年长者。燔：烤肉。从：跟随。⑨反之：把烤肉交还给兄弟长。反，通"返"。⑩羞：进献。受：从兄弟长手中接过烤肉。⑪肵：放有心、舌之俎。⑫授祭：尸未食之前的祭祀。⑬抚祭：抚触祭品而祭。⑭宾三献：宾作为第三批向尸敬酒。⑮如初：如前两献。⑯燔从：捧烤肉的跟随在宾后面把烤肉献给尸。⑰爵止：尸将宾所献之爵放下不举。⑱席：铺设席位。

361

仪礼

主人①。主人拜受爵，主妇拜送爵。宗妇赞豆如初②。主妇受③，设两豆、两笾。俎入设④。主人左执爵，祭荐，宗人赞祭。奠爵，兴，取肺，坐绝祭，嚌之⑤；兴，加于俎，坐挩手⑥，祭酒，啐酒。肝从。左执爵，取肝擩于盐，坐振祭，嚌之。宗人受，加于俎。燔亦如之。兴，席末坐，卒爵，拜。主妇答拜，受爵，酌醋⑦，左执爵，拜，主人答拜。坐祭，立饮⑧，卒爵，拜，主人答拜。主妇出，反返于房。主人降，洗，酌，致爵于主妇。席于房中，南面。主妇拜受爵，主人西面答拜。宗妇荐豆、俎，从献皆如主人。主人更爵，酌醋，卒爵⑨，降，实爵于篚⑩，入⑪，复位。三献作止爵⑫。尸卒爵，酢⑬。酌献洗及佐食⑭。洗爵，酌，致

注释：①致：递。②宗妇：同宗的妇人。赞豆：协助主妇摆放豆、笾。③受：从同宗妇人手中接过豆、笾。④俎入设：俎被端进室中放在主人面前。⑤嚌：尝。⑥挩：擦，拭。⑦酌醋：斟酒回敬。⑧立：站起来。⑨卒爵：把爵中的酒饮尽。⑩实：放置。⑪入：进入室内。⑫三献：指宾。宾是第三批向尸献酒的人。作：起，指让尸拿起。止爵：放在席上的爵。⑬酢：指尸以酒回敬宾。⑭酌献：斟酒敬献给别人。洗：当作"祝"。

于主人、主妇，燔从皆如初。更爵，酢于主人，卒，复位。

主人降阼阶①，西面拜宾，如初②，洗③。宾辞洗④。卒洗⑤，揖让升⑥，酌，西阶上献宾。宾北面拜受爵。主人在右答拜。荐脯醢⑦，设折俎⑧。宾左执爵，祭豆，奠爵，兴，取肺，坐绝祭，嚌之；兴，加于俎，坐捝手，祭酒，卒爵，拜。主人答拜，受爵，酌酢，奠爵，拜。宾答拜。主人坐祭，卒爵，拜。宾答拜，揖，执祭以降⑨，西面奠于其位，位如初。荐俎从设。众宾升，拜受爵，坐祭，立饮。荐俎设于其位，辨遍⑩。主人备答拜焉⑪，降，实爵于篚⑫。尊两壶于阼阶东，加勺⑬，南枋⑭，西方亦如之。

注释：①降阼阶：从东阶走下堂。②初：指开始察看祭器时的情形。③洗：主人洗爵。④辞洗：对主人洗爵加以辞谢。⑤卒洗：主人洗完爵。⑥揖：拱手行礼。此指主人向宾行揖礼。让：相互谦让。⑦荐：进献。脯：干肉。醢：肉酱。⑧折俎：帝王士大夫宴礼时，将牲体解节折盛于俎，称折俎。⑨祭：指祭品。⑩辨：通"遍"，一一。⑪备：尽，全。⑫实：放置。⑬加：放入。⑭枋：同"柄"。器物的把子。

主人洗觯^①，酌于西方之尊，西阶前北面
酬宾，宾在左。主人奠觯拜，宾答拜。主
人坐祭，卒觯，拜，宾答拜。主人洗觯，宾
辞^②，主人对^③。卒洗^④，酌，西面。宾北面
拜。主人奠觯于荐北。宾坐取觯，还旋^⑤，
东面，拜，主人答拜。宾奠觯于荐南，揖，
复位。主人洗爵，献长兄弟于阼阶上，如
宾仪。洗，献众兄弟，如众宾仪。洗，献内

注释：①觯：饮酒器。圆腹，侈口，圈足，或有盖，形似尊而小。青铜制。陶制者多为明器。
②辞：对主人洗觯加以辞谢。③对：回答。④卒洗：把觯洗完。⑤还：通"旋"，转身。

城隍庙

兄弟于房中，如献众兄弟之仪。主人西面答拜。更爵酢①，卒爵，降。实爵于篚，入复位。

长兄弟洗觚为加爵②，如初仪③，不及佐食④。洗致如初⑤，无从⑥。众宾长为加爵，如初，爵止⑦。

嗣举奠⑧。盥入，北面再拜稽首。尸执奠，进受，复位，祭酒，啐酒⑨。尸举肝。举奠左执觯，再拜稽首，进受肝，复位，坐食肝，卒觯⑩，拜。尸备答拜焉。举奠洗酌入，尸拜受，举奠答拜。尸祭酒，啐酒，奠之。举奠出，复位。

兄弟弟子洗酌于东方之尊⑪，阼阶前北面举觯于长兄弟⑫，如主人酬宾仪⑬。

注释：①更：换。酢：回敬酒。②觚：古代饮酒器。青铜制，长身侈口，口部与底部呈喇叭状，细腰，圆足。加爵：加献之礼所用爵。③初仪：指上面所说的三献礼仪。④不及：意思是不献给。佐食：古代祭祀中负责进献祭品、助尸享用者。⑤洗：洗觚。致：送酒。⑥从：跟随。此句指烤肉、肝不跟随在酒之后献上。⑦爵止：尸到此把爵放下暂不饮酒。⑧嗣：嗣子，主人的继承人。⑨啐：尝。⑩卒觯：把觯里的酒饮尽。⑪兄弟弟子：兄弟中最年幼的。⑫举觯：拿起酒觯敬酒。长兄弟：兄弟中的长者。⑬酬宾：向宾回敬酒。仪：礼仪。

宗人告祭脀①。乃羞②。宾坐取觯，阼阶前北面酬长兄弟，长兄弟在右。宾奠觯拜③，长兄弟答拜。宾立卒觯④，酌于其尊⑤，东面立。长兄弟拜受觯。宾北面答拜，揖，复位。长兄弟西阶前北面，众宾长自左受旅⑥，如初⑦。长兄弟卒觯，酌于其尊，西面立。受旅者拜受⑧。长兄弟北面答拜，揖，复位。众宾及众兄弟交错以辩遍⑨，皆如初仪。为加爵者作止爵⑩，如长兄弟之仪。长兄弟酬宾，如宾酬兄弟之仪，以辩遍。卒受者实觯于篚。宾弟子及兄弟弟子洗，各酌于其尊，中庭北面西上，举觯于其长⑪，奠觯拜⑫，长皆答拜。举觯者祭⑬，卒觯，拜，长皆答拜。举觯者洗，各酌于

注释：①脀：牲体。此处指俎上的肺。②羞：进献食品。③奠：放置，放下。拜：行拜礼。④立：站起来。卒觯：把觯里的酒饮尽。⑤酌：舀取酒。其尊：指东边的酒尊。⑥众宾长：其他客人中的年长者。自左受旅：从主人的长兄弟的左边接过依次敬酒的觯。⑦初：指宾敬主人的情形。⑧受旅者：指其他客人中的长者。⑨交错：觯来回转送。⑩为加爵者：指众宾之长。⑪举觯于其长：分别向自己的长者敬酒。⑫奠：放置，放下。⑬祭：以酒祭神。

其尊^①，复初位，长皆拜。举觯者皆奠觯于荐右^②。长皆执以兴^③，举觯者皆复位，答拜。长皆奠觯于其所，皆揖其弟子，弟子皆复其位。爵皆无筭^④。

利洗散^⑤，献于尸^⑥，酢^⑦，及祝^⑧，如初仪^⑨。降，实散于篚^⑩。主人出，立于户外，西南^⑪。祝东面告利成^⑫。尸谡^⑬，祝

注释：①各酌于其君：分别从东、西边的酒尊中舀取酒。②荐右：脯醢的右边。③兴：站起身。④爵皆无筭：不计其数地饮酒，只求尽兴。筭，数。⑤利：佐食者。散：酒器名。⑥献：敬献酒。⑦酢：回敬酒。这里指尸向佐食回敬酒。⑧及祝：佐食向祝敬献酒。⑨初仪：指主人的长兄弟和众宾之长向宾献酒时的情形。⑩实：放置。⑪南：疑当作"面"。⑫利：供养。指供养之礼，即馈食礼。⑬谡：站起来。

请城隍神郊祀图

仪礼

前，主人降。祝反返，及主人入，复位。命佐食彻尸俎，俎出于庙门。彻庶羞，设于西序下。

筵对席①，佐食分簋、铏②。宗人遣举奠及长兄弟盥③，立于西阶下，东面北上④。祝命尝食。餕者、举奠许诺⑤，升，入，东面。长兄弟对之，皆坐。佐食授举⑥，各一肤⑦。主人西面再拜，祝曰："餕有以也⑧。"两餕奠举于俎⑨，许诺，皆答拜。若是者三。皆取举，祭食⑩、祭举⑪，乃食，祭铏，食举。卒食。主人降洗爵，宰赞一爵。主人升酌，酳上餕⑫，上餕拜受爵，主人答拜。酳下餕亦如之⑬。主人拜，祝曰：

注释：①筵对席：在（尸席）对面另设一筵席。②分簋、铏：指将敦中的黍平分，（使二席相同）。③宗人：主管礼仪的人。遣：叫，让。举奠：指主人的继承人。长兄弟：主人兄弟中的长者。④北上：以北为上。这里指主人的继承人在北边，长兄弟在南边。⑤餕者：这里指主人的长兄弟。餕，吃尸（代表先人）吃后剩下的食物，表明食者享受先人余福而得以养身。⑥授举：递给他们俎上的食物。⑦各一肤：每人一块肥美的肉。⑧有以：有一定的道理。一说"以"当为"似"。⑨奠举：放置肤肉。⑩祭食：祭饭。⑪祭举：祭肉。⑫酳：食毕以酒漱口。上餕：这里指嗣子。⑬下餕：这里指长兄弟。

"酳，有与也①。"如初仪。两嫔执爵拜，祭酒，卒爵，拜。主人答拜。两嫔皆降，实爵于篚。上嫔洗爵，升酌②，酢主人，主人拜受爵。上嫔即位坐，答拜。主人坐祭③，卒爵④，拜。上嫔答拜，受爵，降，实于篚。主人出，立于户外，西面。

祝命彻阼俎⑤、豆、笾，设于东序下⑥。祝执其俎以出，东面于户西⑦。宗妇彻祝豆⑧、笾入于房，彻主妇荐、俎⑨。佐食彻尸荐、俎、敦⑩，设于西北隅⑪，几在南，扉用筵⑫，纳一尊。佐食阖牖户⑬，降。祝告利成⑭，降，出。主人降，即位。宗人告事毕。宾出，主人送于门外，再拜。佐食彻阼俎，堂下俎毕出。

注释：①与：与兄弟。戒嗣子与长兄弟及众兄弟相教化，相与以尊先祖之德。②升酌：走上堂斟酒。③坐祭：坐着用酒祭神。④卒爵：把爵中之酒饮尽。⑤阼俎：主人之俎。俎，盛牲牲的礼器。⑥东序：堂的东墙。⑦户西：室门的西边。⑧彻：同"撤"。⑨荐：脯醢。⑩敦：古代食器。⑪隅：角落。⑫扉：宫室屋角隐蔽之处。这里指西南角落。筵：席，指铺设席。⑬阖：关上。⑭利：供养。指供养之礼，即馈食礼。

记：特牲馈食，其服皆朝服，玄冠①，缁带②，缁韠③。唯尸、祝、佐食玄端，玄裳④、黄裳⑤、杂裳可也⑥，皆爵雀韠⑦。设洗⑧，南北以堂深⑨，东西当东荣⑩。水在洗东。篚在洗西⑪，南顺⑫，实二爵⑬、二觚、四觯、一角、一散。壶、棜禁⑭，馔于东序⑮，南顺，覆两壶焉⑯，盖在南。明日卒奠，幂用

注释：①玄：黑色。②缁：黑色。③韠：皮制的蔽膝。古代朝觐或祭祀用以遮蔽于衣裳前。④玄裳：上士之服。⑤黄裳：中士之服。⑥杂裳：下士之服。⑦爵：通"雀"，黑红色。⑧设：放置。洗：洗手接水的承盘。⑨以：根据。堂深：堂的深度。⑩当：正对着。东荣：堂的东檐。⑪篚：盛放爵的竹筐。⑫南顺：向南顺着排列摆放。⑬实：放置。⑭棜禁：古代礼器。无足名棜，有足名禁。⑮馔：陈放或准备食物。⑯覆：倒扣。

土地宫图

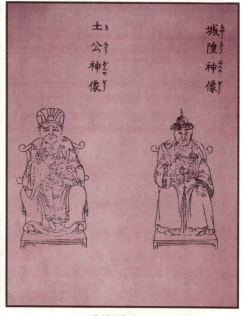

城隍神像 土公神像

绤①，即位而彻之，加勺。筲，巾以绤也，纁里。枣烝，栗择。铏芼②，用苦③，若薇④，皆有滑⑤，夏葵，冬荁⑥。棘心匕⑦，刻⑧。牲爨在庙门外东南⑨，鱼腊爨在其南，皆西面。饎爨在西壁⑩。肵俎⑪，心、舌皆去本末⑫，午割之⑬，实于牲鼎，载，心立，舌缩俎⑭。宾与长兄弟之荐自东房，其余在东堂。

沃尸盥者一人⑮。奉槃者东面⑯，执匜者西面⑰，淳沃⑱，执巾者在匜北。宗人东面取巾，振之三⑲，南面授尸，卒⑳，执巾者受。尸入，主人及宾皆避位㉑，出亦如之。嗣举奠㉒，佐食设豆、盐。佐食当事①，则户外南面；无事，则中庭北面②。凡祝呼③，佐食许诺。宗人，献与旅齿于众宾④。佐食，于旅齿于兄弟。尊两壶于房中西墉下⑤，南上。内宾立于其北，东面西上。宗妇北堂，东面北上。主妇及内宾、宗妇亦旅⑥，西面。宗妇赞荐者⑦，执以坐于户外，授主妇⑧。尸卒食而祭馂爨、雍爨⑨。宾从尸⑩。俎出庙门，乃反返位。

尸俎：右肩、臂、臑、肫、胳⑪，正脊二骨⑫，横脊⑬，长胁二骨⑭，短胁⑮。肤三⑯，离肺一⑰，刌肺三⑱，鱼十有又五⑲，腊如牲骨⑳。祝俎：髀脡㉑，脊二骨，胁二骨，肤一，离肺一。阼俎㉒：臂，正脊二骨，横脊，

注释：①佐食：协助尸进食的人。当事：将要有事。②中庭：庭院当中。③祝：祭祀时主持祷告的人。呼：有事而招呼。④旅齿于众宾：与众宾按年龄长幼排序。旅，顺序。⑤墉：墙。一说当作牖，窗户。⑥内宾：姑姊妹。亦旅：也施旅酬之礼。⑦赞荐：助祭。⑧授：递给。⑨雍爨：雍人烹调鱼肉的厨灶。⑩从尸：送尸。⑪臑：牲前肢。肫：牲后股骨的上部。胳：牲后胫骨。⑫正脊：牲脊骨靠近头的部分。⑬横脊：脊骨靠近尾的部分。⑭长胁：中间部分的肋骨。二骨：指两块骨头。⑮短胁：靠后部分的胁骨，包括软肋。⑯肤：指肥美的肉。⑰离肺：切而未断的肺。⑱刌：切断。⑲有：通"又"，用于整数与零数之间。⑳腊：干兽肉。㉑髀：大腿骨。脡：直。㉒阼俎：东阶上所放的主人的俎。

长胁二骨，短胁，肤一，离肺一。主妇俎：
觳折①，其余如阼俎。佐食俎：觳折，脊，
胁，肤一，离肺一。宾，骼。长兄弟及宗
人，折。其余如佐食俎。众宾及众兄弟、
内宾、宗妇，若有公有司、私臣②，皆觳
脊③，肤一，离肺一。公有司，门西北面东
上，献次众宾④。私臣，门东北面西上，献
次兄弟。升受⑤，降饮⑥。

注释：①觳：脚背。指猪的后蹄。折：分。指猪后蹄不全放在主妇俎上，分一只给佐食。
②公有司：士的同僚。私臣：犹私士。家臣，亲信。③觳脊：指将煮熟牲体节解，连
肉带骨放在俎上，以享宾客。④献次众宾：主人向他们敬酒时排在一般宾客之后。
⑤升受：献酒时，公有司之长与私臣之长上堂接爵。⑥降饮：主人答拜后下堂饮酒。

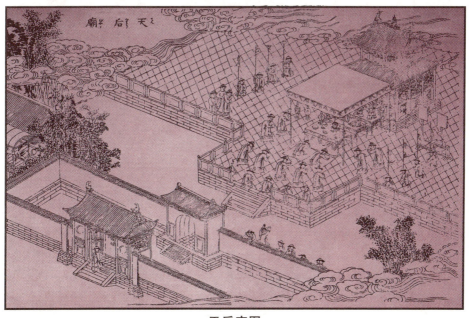

天后庙图

大享先王图

少牢馈食礼第十六①

少牢馈食之礼：日用丁、己②。筮旬有又一日③。筮于庙门之外。主人朝服，西面于门东。史朝服④，左执筮⑤，右抽上韇⑥，兼与筮执之⑦，东面受命于主人。主人曰："孝孙某⑧，来日丁亥⑨，用荐岁事于皇祖伯某⑩，以某妃配某氏，尚飨享⑪！"史曰："诺。"西面于门西，抽下韇，左执筮，右兼执韇以击筮，遂述命曰⑫："假尔大筮有常⑬。孝孙某，来日丁亥，用荐岁事

注释：①少牢馈食之礼：诸侯的卿、大夫在祖庙祭祀祖祢的礼。少牢，一羊和一猪，系卿、大夫用牲的规格。天子、诸侯用"太牢"，即一只羊、一头猪、一头牛。牢，关养祭祀用牲畜的圈栏。②日：祭日。丁：丁日。己：己日。③旬：十天。④史：掌卜筮的家臣。⑤左：左手。执：拿。筮：占卜用的蓍草。⑥右：右手。韇：古代筮人用来盛放蓍草的器具。⑦兼：一并。此句指把筮草和筮袋一并拿着。⑧孝孙：指对先人孝顺的孙辈。⑨丁亥：假定的日子，并非一定要在此日。一说"日"疑为衍文，"来丁亥"意思是下一旬的丁亥日。⑩用：要。荐：进献。岁事：按年节要举行的少牢馈食礼。皇：对已去世的父母或祖父母的尊称。伯：弟兄中的老大。此乃举例词语，也可以说成"仲某"、"叔某"与"季某"之类。⑪尚：庶几。表示希望。指希望祖先享用所进献的祭礼。⑫述命：复述主人之命。⑬假：借。常：吉凶之占繇。

375

于皇祖伯某，以某妃配某氏，尚飨享！"
乃释韇，立筮。卦者在左坐①，卦以木。卒
筮，乃书卦于木②，示主人③，乃退占④。
吉，则史韇筮⑤，史兼执筮与卦以告于主
人："占曰从⑥。"乃官戒⑦，宗人命涤⑧，宰
命为酒，乃退。若不吉，则及远日，又筮
日如初。

宿⑨。前宿一日⑩，宿戒尸⑪。明日⑫，
朝筮尸⑬，如筮日之礼⑭。命曰："孝孙某，
来日丁亥，用荐岁事于皇祖伯某，以某
妃配某氏，以某之某为尸。尚飨享！"筮、
卦、占如初⑮。吉，则乃遂宿尸，祝摈傧⑯。
主人再拜稽首。祝告曰："孝孙某，来日
丁亥，用荐岁事于皇祖伯某，以某妃配

注释：①卦者：古代在占卜时画录卦卜的官员。②书卦于木：把卦象记在木板上。③示主人：给主人看。④退占：退后去分析卦象。⑤韇筮：把蓍草放进袋子。⑥从：占筮求吉利而且得到吉利。⑦戒：告知，告诫。⑧涤：清洗，打扫。⑨宿：邀请，通知。少牢馈食礼即将举行，通知相关的官员。⑩前宿一日：在通知相关官员的前一天（即祭祀前两天）。⑪宿戒尸：邀请尸并且告知（日期）。⑫明日：第二天。⑬朝筮尸：主人身穿朝服，占卜所挑选的尸是否吉。⑭礼：一作仪。⑮筮：用蓍草占吉凶。初：指占卜祭日的吉凶的情形。⑯摈：通"傧"。接待宾客。此句指祝作为主人的傧者。

某氏。敢宿！"尸拜，许诺，主人又再拜稽首。主人退，尸送，揖，不拜。若不吉，则遂改筮尸①。

既宿尸，反返②，为期于庙门之外③。主人门东南面④。宗人朝服北面，曰："请祭期。"主人曰："比于子⑤。"宗人曰："旦明行事⑥。"主人曰："诺。"乃退。

明日⑦，主人朝服即位于庙门之外，东方南面⑧。宰、宗人西面北上⑨。牲北首东上⑩。司马刲羊⑪，司士击豕⑫。宗人告备⑬，乃退。雍人概鼎、匕、俎于雍爨⑭，雍爨在门东南，北上。廪人概甑、甗⑮、匕与敦于廪爨⑯，廪爨在雍爨之北。司宫概

注释：①遂：立即。改筮尸：改换一尸再占筮。②反：通"返"，返回。指主人返回。③为期：确定举行祭礼的时间。④门东：站在门外东边。⑤比：比次，决定时间的早晚。子：宗人。⑥旦：第二天。明：天亮，早上。行事：举行祭礼。⑦明日：第二天。⑧东方：站在门的东边。⑨宰：家臣。宗人：主管礼仪者。⑩牲：指羊和猪。北首：头朝北。东上：以东为上排列。⑪刲：宰杀。⑫击：刺杀。豕：猪。⑬备：牲已齐备。⑭雍人：古代掌宰杀烹饪的人。概：洗涤。匕：古代取食的用具，曲柄浅斗，状类羹匙。俎：切肉用的砧板。雍爨：雍人烹调鱼肉的厨灶。⑮廪人：掌管仓库的小吏。甑：蒸食炊器，其底有孔，古用陶制，殷周时代有以青铜制，后多用木制。俗叫甑子。甗：古代一种炊器，以青铜或陶为之，分两层，上部是透底的甑，下部是鬲，上可蒸，下可煮，外形上大下小。⑯敦：古代食器。廪爨：煮黍、稷的灶。

豆、笾、勺、爵、觚、觯、几、洗、篚于东堂下，勺、爵、觚、觯实于篚。卒摡[1]，馔豆[2]、笾与篚于房中，放于西方；设洗于阼阶东南，当东荣[3]。

羹定[4]，雍人陈鼎五，三鼎在羊镬之西[5]，二鼎在豕镬之西。司马升羊右胖[6]，髀不升[7]，肩、臂、臑、肫、骼[8]，正脊一、脡脊一、横脊一、短胁一、正胁一、代胁一[9]，皆二骨以并，肠三、胃三、举肺一、祭肺

注释：①卒：结束。②馔：安置。③当东荣：正对着东端的屋翼。④羹定：谓肉已熟。⑤镬：无足鼎。古时煮肉及鱼、腊之器。⑥胖：古时祭祀用的半边牲肉。⑦髀：大腿骨。⑧臑：动物的前肢。肫：股骨。祭祀用牲后体的一部分。骼：股骨。⑨脡脊：牲体脊骨的中间部分。代胁：前面的胁骨。

丝衣图　宋·马和之

三，实于一鼎。司士升豕右胖，髀不升，肩、臂、臑、肫、骼，正脊一、脡脊一、横脊一、短胁一、正胁一、代胁一，皆二骨以并，举肺一、祭肺三，实于一鼎。雍人伦肤九①，实于一鼎。司士又升鱼、腊，鱼十有又五而鼎，腊一纯而鼎②，腊用麋③。卒脀，皆设扃幂④，乃举⑤，陈鼎于庙门之外，东方北面北上。司宫尊两甒于房户之间⑥，同棜⑦，皆有幂⑧，甒有玄酒⑨。司宫设罍水于洗东⑩，有枓⑪。设篚于洗西，南肆⑫。改馔豆、笾于房中，南面，如馈之设，实豆、笾之实。小祝设槃、匜与簟、巾于西阶东⑬。

主人朝服即位于阼阶东⑭，西面。司

注释：①伦：通"抡"，选择。肤：此处指牲皮与胁骨之间的肉。②纯：全。指牲体左半边与右半边合在一起。③腊用麋：腊肉选用麋鹿。④扃：鼎杠。幂：鼎盖。⑤举：抬起。⑥甒：陶制容器，多用以盛酒。⑦棜：古代礼器。为长方形的木承盘。⑧幂：幂布，覆盖棜的布。⑨玄酒：充当酒的清水。⑩司宫：管理宫室事务的人。罍：古代一种用来盛酒或盛水的器皿，形状像壶。⑪枓：舀水的勺子。⑫肆：陈列。⑬槃：同"盘"，木盘，古代承水器皿。匜：古代盛水器名。簟：古代用来盛饮食的食器，以竹或苇编成，圆形，有盖。⑭即位：就位。阼阶：东阶，主人之阶。

gōng yán yú ào ，zhù shè jī yú yán shàng ，yòu zhī 。zhǔ
宫筵于奥①，祝设几于筵上②，右之③。主

rén chū yíng dǐng ，chú mì 。shì guàn ，jǔ dǐng ，zhǔ rén
人出迎鼎④，除鼏⑤。士盥⑥，举鼎⑦，主人

xiān rù 。sī gōng qǔ èr sháo yú fěi ，xǐ zhī ，jiān zhí yǐ
先入。司宫取二勺于篚，洗之，兼执以

shēng ，nǎi qǐ èr zūn zhī gài mì ，diàn yú yù shàng ，jiā èr
升⑧，乃启二尊之盖幂⑨，奠于栿上，加二

sháo yú èr zūn ，fù zhī ，nán bǐng 。dǐng xù rù ，yōng zhèng
勺于二尊⑩，覆之⑪，南柄。鼎序入，雍正

zhí yì bǐ yǐ cóng ，yōng fǔ zhí sì bǐ yǐ cóng ，sī shì
执一匕以从⑫，雍府执四匕以从⑬，司士

hé zhí èr zǔ yǐ cóng 。sī shì zàn zhě èr rén ，jiē hé zhí
合执二俎以从⑭。司士赞者二人，皆合执

注释：①筵：铺席。奥：屋内的西南角，神位所在。②几：一种小桌子，人坐着时手或身体可以靠着它。筵：席子。③右：席东面近南为右。④鼎：古代煮东西用的器物，三足两耳。⑤鼏：用于盖鼎的巾。⑥盥：洗手。⑦举：抬。⑧兼执：一只手同时拿着两只勺子。⑨二尊：即二瓬。⑩加：放入。⑪覆：倒扣着放。⑫雍正：古代宫中掌筵席的长官。⑬雍府：雍正的副官。⑭合执：共同手持两个鼎。

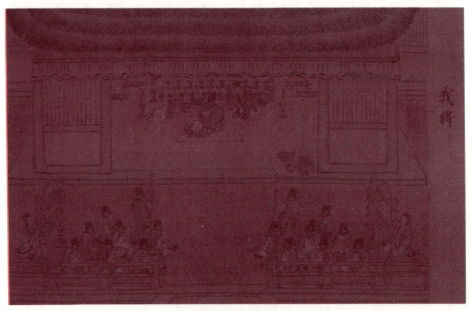

我将图　宋·马和之

二俎以相，从入。陈鼎于东方，当序，南于洗西，皆西面北上，肤为下①。匕皆加于鼎，东枋。俎皆设于鼎西，西肆。肵俎在羊俎之北②，亦西肆。宗人遣宾就主人，皆盥于洗，长朼③。佐食上利升牢心、舌④，载于肵俎。心皆安下切上⑤，午割勿没⑥。其载于肵俎⑦，末在上⑧。舌皆切本末⑨，亦午割勿没，其载于肵⑩，横之⑪。皆如初为之于爨也⑫。佐食迁肵俎于阼阶西，西缩⑬，乃反返。佐食二人。上利升羊⑭，载右胖⑮，髀不升⑯，肩、臂、臑、肫、骼；正脊一、脡脊一、横脊一、短胁一、正胁一、代胁一，皆二骨以并；肠三、胃三，长皆

注释：①肤：古代用于祭祀或供食用的肉类。②肵俎：敬尸之俎。古代祭祀时用以盛牲体心、舌之器。③长朼：年老的宾用朼取。朼，大木匙，此处用为动词。④上利：在上位者。牢：羊，豕。⑤安下：切去心的下端，使之平正。安，平。⑥午割：纵横切划。没：尽，终。⑦其：指心。⑧末在上：指平切的下端立在俎上，心的尖端向上。⑨本末：上下。⑩肵：指肵俎。⑪横：横着放。⑫初：最初。为：烹煮。爨：泛指烧煮。⑬西缩：东西向顺着放。⑭上利：在上位者。升羊：把羊从鼎中拿起来。⑮载：放到俎上。胖：古时祭祀用的半边牲肉。⑯髀：后臀肩。

381

及俎拒距①；举肺一②，长终肺，祭肺三，皆切。肩、臂、臑、胇、骼，在两端，脊、胁、肺、肩在上。下利升豕，其载如羊，无肠胃。体其载于俎，皆进下③。司士三人，升鱼、腊④、肤⑤。鱼用鲋⑥，十有又五而俎，缩载，右首，进腴⑦。腊一纯而俎⑧，亦进下，肩在上。肤九而俎，亦横载，革顺⑨。

卒脀⑩，祝盥于洗⑪，升自西阶。主人盥，升自阼阶。祝先入，南面。主人从⑫，户内西面。主妇被锡鬄⑬，衣移侈袂⑭，荐自东房⑮，韭菹、醓醢⑯，坐奠于筵前⑰。主妇赞者一人⑱，亦被锡鬄，衣移侈袂，执葵菹、蠃螺醢⑲，以授主妇。主妇不兴⑳，遂

注释：①长皆及俎拒：指肠和胃的长度都与放在俎上下垂达到俎腿之间的横木相当。拒，通"距"，砧板下面的横档。②举肺：尸所食的肺。③进下：进献时下端朝前。④腊：干肉。⑤肤：古代用于祭祀或供食用的肉。⑥鲋：鱼名。⑦进腴：进献时鱼腹朝前。腴，人或其他动物腹下肥肉。⑧纯：全，指牲体左半边与右半边合在一起。⑨革顺：肉上的皮顺次排列。革，皮。⑩卒：完成。脀：把牲体放到俎上。⑪盥：洗手。洗：用于接水的承盘。⑫从：跟随，指跟随着入室。⑬被锡：古代妇女的假发。被，髲的古字；锡，通"鬄"。⑭衣：绡衣（用绫绡制成的衣裳）。移袂：宽袂（袖）。移，通"侈"，广大。⑮荐：进献，指端出进献的物品。⑯韭：韭菜。菹：腌菜。醓：肉汁。醢：肉酱。⑰奠：放置。筵：席子。⑱主妇赞者：指宗妇。⑲葵菹：用葵做成的腌菜。蠃醢：蚌类做成的肉酱。蠃，通"螺"。⑳兴：站起来。

受，陪设于东①，韭菹在南，葵菹在北。主妇兴，入于房。佐食上利执羊俎②，下利执豕俎，司士三人执鱼、腊、肤俎，序升自西阶，相从入。设俎，羊在豆东，豕亚其北，鱼在羊东，腊在豕东，特肤当俎北端③。主妇自东房，执一金敦黍④，有盖，坐设于羊俎之南。妇赞者执敦稷以授主妇⑤，主妇兴受，坐设于鱼俎南；又兴受赞者敦黍，坐设于稷南⑥；又兴受赞者敦稷，坐设于黍南。敦皆南首⑦。主妇兴，入于房。祝酌⑧，奠，遂命佐食启会⑨。佐食启会盖⑩，二以重，设于敦南。主人西面，祝在左。主人再拜稽首。祝祝曰："孝孙某，敢用柔毛⑪、刚鬣⑫、嘉荐⑬、普淖⑭，用

注释：①陪设：接着陈设。②上利：在上位者。③特：单个，单独。④敦黍：盛放黍的敦。敦，古代食器，用以盛黍、稷、稻、粱等，形状较多，一般为三短足、圆腹、二环耳，有盖。圈足的敦，盖上多有提柄。⑤妇赞者：即主妇赞者。⑥稷南：盛放稷的敦的南边。⑦敦皆南首：敦上的兽头都朝向南方。⑧祝：祭祀时司礼仪的人。⑨会：器物的盖子。这里指敦盖。⑩盖：疑为衍文。⑪柔毛：羊。⑫刚鬣：猪。⑬嘉荐：菹醢。⑭普淖：黍稷。

荐岁事于皇祖伯某，以某妃配某氏①。尚飨享②！"主人又再拜稽首。

祝出，迎尸于庙门之外。主人降立于阼阶东③，西面。祝先④，入门右，尸入门左。宗人奉槃⑤，东面于庭南⑥。一宗人奉匜水⑦，西面于槃东。一宗人奉簞巾⑧，南面于槃北。乃沃尸⑨，盥于槃上。卒盥，坐奠簞，取巾，兴，振之三，以授尸，坐取

注释：①某妃：某人之妻。妃，配偶，妻。②尚：庶几。表示某种希望。这里是希望先祖来享用祭品。③降：走下堂。④祝先：祝走在尸的前面。⑤奉：捧着。槃：同"盘"，木盘，古代承水器皿。⑥庭南：庭院的南边。⑦匜水：盛了水的匜。匜，古代盥洗时用以盛水之具。⑧簞巾：放有巾的簞。簞，古代用来盛饭食的器具，以竹或苇编成，圆形，有盖。⑨沃：洗濯。

执竞图　宋·马和之

箪，兴，以受尸巾。祝延尸①。尸升自西阶，入，祝从。主人升自阼阶，祝先入，主人从。尸升筵，祝、主人西面立于户内，祝在左。祝、主人皆拜妥尸②，尸不言③。尸答拜，遂坐。祝反返南面。

尸取韭菹，辩遍揳于三豆④，祭于豆间⑤。上佐食取黍稷于四敦⑥，下佐食取牢一切肺于俎⑦，以授上佐食⑧。上佐食兼与黍以授尸⑨。尸受，同祭于豆祭⑩。上佐食举尸牢肺⑪、正脊以授尸，上佐食尔迩上敦黍于筵上⑫，右之⑬。主人羞肵俎⑭，升自阼阶，置于肤北。上佐食羞两铏⑮，取一羊铏于房中，坐设于韭菹之南。下佐食又取一豕铏于房中以从，上佐食

注释：①延尸：请尸（登堂）。②妥：安坐。③言：说话。④辩：通"遍"。一一。揳：沾染。豆：古代食器，亦用作装酒肉的祭器，形似高足盘，大多有盖。多为陶制，也有用青铜、木、竹制成的。⑤祭：祭神。⑥上：上位。四敦：四只敦。⑦取牢一切肺：取羊、猪的祭肺各一块。⑧授：递给。⑨兼：一并。⑩同祭：合祭。豆祭：祭豆实之处，即豆间。⑪牢肺：指离肺，划切但未切断的肺。⑫尔：通"迩"。近。这里指移动到。⑬右之：把敦放到尸的右手。⑭羞：进献。肵俎：古代祭祀时盛放牲体心、舌的器物。⑮铏：盛菜羹的器皿。常用于祭祀。

受，坐设于羊铏之南，皆芼^①，皆有柶^②。尸扱以柶^③，祭羊铏，遂以祭豕铏，尝羊铏。食举，三饭^④。上佐食举尸牢干^⑤，尸受，振祭^⑥，哜之^⑦。佐食受，加于肵^⑧。上佐食羞胾两瓦豆^⑨，有醢，亦用瓦豆，设于荐豆之北。尸又食，食胾。上佐食举尸一鱼^⑩，尸受，振祭，哜之。佐食受，加于肵，横之。又食，上佐食举尸腊肩^⑪，尸

注释：①芼：某种可供食用的野菜或水草。②柶：古代礼器。圆腹，侈口，圈足，或有盖，形似尊而小。③扱：插。④三饭：吃三口饭。⑤干：正肋骨。⑥振祭：古代九祭之一。⑦哜：尝。⑧肵：肵俎。⑨胾：大块的肉。⑩举尸一鱼：给尸拿起一条鱼。⑪腊肩：干兽肉的肩部。

维天之命图　宋·马和之

受，振祭，啐之，上佐食受①，加于肵②。又食，上佐食举尸牢骼③，如初。又食，尸告饱。祝西面于主人之南，独侑不拜④。侑曰："皇尸未实⑤，侑。"尸又食，上佐食举尸牢肩，尸受，振祭，啐之。佐食受，加于肵。尸不饭，告饱。祝西面于主人之南。主人不言，拜侑。尸又三饭。上佐食受尸牢肺、正脊，加于肵。

主人降，洗爵，升，北面酌酒⑥，乃酳尸⑦。尸拜受，主人拜送。尸祭酒⑧，啐酒⑨。宾长羞牢肝⑩，用俎⑪，缩执俎⑫，肝亦缩，进末⑬，盐在右。尸左执爵，右兼取肝⑭，揆于俎盐，振祭⑮，啐之⑯，加于菹豆⑰，卒爵。主人拜，受尸爵，尸答拜。祝酳授尸，

注释：①受：接过干兽肉的肩部。②加：放置。③牢骼：羊、猪的胳骨。④侑：劝。指劝尸进食。⑤皇尸：尊敬的尸。实：吃饱。⑥酌酒：往爵里舀酒。⑦酳：食毕以酒漱口。古代宴会或祭祀的一种礼节。⑧祭酒：以酒祭神。⑨啐：饮。⑩宾长：宾客中的长者。牢肝：羊肝和猪肝。⑪用俎：指用俎放肝。⑫缩：纵向。⑬进末：在尸面前陈放肝时肝的上部（尖的一端）朝向尸。⑭兼：一并。指羊肝和猪肝一起拿。⑮振祭：古代九祭之一。⑯啐：尝。⑰加：放置。菹豆：盛有菹的豆。

尸醋主人。主人拜受爵，尸答拜。主人西面奠爵，又拜。上佐食取四敦黍稷，下佐食取牢一切肺，以授上佐食。上佐食以绥祭①。主人佐执爵②，右受佐食③，坐祭之，又祭酒，不兴，遂啐酒。祝与二佐食皆出，盥于洗，入，二佐食各取黍于一敦。上佐食兼受，抟之④，以授尸。尸执以命祝⑤。卒命祝，祝受以东⑥，北面于户西⑦，以嘏于主人曰⑧："皇尸命工祝⑨，承致多福无疆于女汝孝孙⑩。来女汝孝孙⑪，使女汝受禄于天⑫，宜稼于田⑬，眉寿万年⑭，勿替引之⑮。"主人坐奠爵，兴，再拜稽首，兴，受黍，坐振祭，哜之，诗怀之⑯，实于左袂⑰，挂于季指⑱，执爵以兴，坐卒爵，执爵以兴，坐奠爵，拜。尸答拜。执爵以兴，出。宰夫以篚受嗇稽^稽黍^①。主人尝之，纳诸内^②。

　　主人献祝^③，设席南面。祝拜于席上，坐受。主人西面答拜。荐两豆菹、醢^④。佐食设俎^⑤：牢髀^⑥，横脊一，短胁一，肠一，胃一，肤三^⑦，鱼一横之，腊两髀属于尻^⑧。祝取菹揲于醢，祭于豆间。祝祭俎，祭酒，啐酒。肝牢从。祝取肝揲于盐，振祭，哜之，不兴，加于俎，卒爵^⑨，兴。

　　主人酌献上佐食^⑩。上佐食户内牖东北面拜^⑪，坐受爵。主人西面答拜。佐食祭酒^⑫，卒爵，拜，坐授爵，兴。俎设于两阶之间，其俎：折^⑬，一肤。主人又献下

注释：①嗇：通"穑"。收获谷物。指黍。②纳：犹入。③献：敬酒。祝：掌管祭祀祝祷等事宜的人。④荐：进献。豆：古代食器。菹、醢：分指葵菹、蠃醢。⑤佐食：协助尸进食的人。⑥牢髀：羊、猪牲体的右髀骨。⑦肤：古代用于祭祀或供食用的肉类。⑧属：连缀。尻：臀部，脊骨的末端。⑨卒爵：饮尽爵中之酒。爵，古代一种盛酒礼器，像雀形，比尊彝小，受一升，亦用为饮酒器。⑩酌：酌酒。⑪上：处于上位的。户：室门。牖：窗。⑫祭酒：以酒祭神。⑬折：谓择取羊、猪正体余骨，折分用之。

少牢馈食礼第十六

389

佐食，亦如之。其脀亦设于阶间①，西上，亦折，一肤。有司赞者取爵于篚以升，授主妇赞者于房户。妇赞者受，以授主妇。主妇洗于房中，出酌，入户，西面拜，献尸。尸拜受②。主妇主人之北，西面拜送爵。尸祭酒，卒爵。主妇拜，祝受尸爵，尸答拜。

易爵③，洗，酌，授尸。主妇拜受爵，尸答拜。上佐食绥祭④。主妇西面，于主

注释：①脀：盛牲体之俎。②尸：古代祭祀时代替死者受祭的人。③易爵：换酒爵。④绥祭：同挼祭。尸食前用所食之物祭神。

赛图　宋·马和之

人之北受祭，祭之。其绥祭如主人之礼，不嘏①，卒爵，拜。尸答拜。

　　主妇以爵出②，赞者受③，易爵于篚④，以授主妇于房中。主妇洗⑤，酌，献祝。祝拜，坐受爵。主妇答拜于主人之北。卒爵，不兴⑥，坐授主妇。主妇受，酌，献上佐食于户内。佐食北面拜，坐受爵。主妇西面答拜。祭酒⑦，卒爵，坐授主妇。主妇献下佐食亦如之。主妇受爵以入于房。

　　宾长洗爵献于尸⑧，尸拜受爵，宾户西北面拜送爵。尸祭酒，卒爵。宾拜。祝受尸爵，尸答拜。祝酌⑨，授尸。宾拜受爵。尸拜送爵。宾坐奠爵⑩，遂拜⑪，执爵以兴⑫，坐祭，遂饮，卒爵，执爵以兴，坐奠爵，拜，尸答拜。宾酌，献祝⑬。祝拜，坐

注释：①不嘏：不致嘏辞。②以：执。③赞者：主妇赞者。④于：在。⑤洗：指洗爵。⑥兴：站起来。⑦祭酒：以酒洒地祭神。⑧宾长：宾客中的年长者。⑨酌：往爵里舀酒。⑩奠：放下。⑪遂：于是，接着。⑫以：连词。表承接，相当于"而"。⑬献：敬酒。

仪礼

受爵。宾北面答拜。祝祭酒，啐酒①，奠爵于其筵前。

主人出，立于阼阶上②，西面。祝出，立于西阶上，东面。祝告曰："利成③。"祝入。尸谡④。主人降立于阼阶东，西面。祝先，尸从，遂出于庙门。

祝反[返]，复位于室中。主人亦入于室，复位。祝命佐食彻肵俎⑤，降设于堂下阼阶南。司宫设对席⑥，乃四人馂⑦。上佐食盥升⑧，下佐食对之⑨，宾长二人备。司士进一敦黍于上佐食⑩，又进一敦黍于下佐食，皆右之于席上⑪。资黍于羊俎两端⑫，两下是馂⑬。司士乃辩[遍]举⑭，馂者皆祭黍、祭举⑮。主人西面，三拜馂者⑯。

注释：①啐：饮。②阼阶：东阶，主人之阶。③利成：供养之礼已经完成。④谡：站起来。⑤彻：同"撤"。肵俎：放心、舌的俎。⑥司宫：负责宫室中事务的人。对席：尸的席位对面的席位。⑦四人：即佐食者二人、宾长二人。馂：祭宴余剩的食品。同"馂"。⑧盥升：洗手后走上堂。⑨对：面对着。之：指上佐食。⑩进：送上。⑪右：右边。⑫资：分、减。将黍分出一部分置于羊俎的两端。⑬两下：二位来宾之长。馂以二位佐食者为主，所以视二位来宾之长为下。馂：吃后剩下的食物。一说此处应作馂。⑭辩：通"遍"。一一。⑮举：肤肉。⑯三拜：对馂者拜三次，表示遍拜，即所谓"旅拜"。

392

养者奠举于俎①，皆答拜，皆反返，取举。司士进一铏于上养②，又进一铏于次养，又进二豆湆于两下③。乃皆食④，食举。卒食，主人洗一爵，升酌，以授上养。赞者洗三爵，酌。主人受于户内，以授次养，若是以辩遍。皆不拜，受爵。主人西面三拜养者。养者奠爵⑤，皆答拜，皆祭酒，卒爵，奠爵，皆拜。主人答壹拜。养者三人兴⑥，出。上养止⑦。主人受上养爵，酌以酢于户内⑧，西面坐奠爵，拜。上养答拜，坐祭酒，啐酒。上养亲嘏⑨，曰："主人受祭之福⑩，胡寿保建家室⑪。"主人兴，坐奠爵，拜，执爵以兴，坐卒爵，拜。上养答拜，上养兴，出。主人送，乃退。

注释：①奠举：放置猪肉。②铏：盛菜羹的器皿。上养：指上佐食。下佐食称为"次养"。③湆：肉汁，羹汁。④食：吃（黍）。⑤养者：这里指上、下佐食及宾长二人。奠：放下。⑥三人：指下佐食与宾长二人。⑦止：停止步伐。⑧酢：回敬酒。⑨亲嘏：亲自祝福主人。⑩祭之福：祭祀中的福物。福，指黍米饭团。⑪胡寿：恒寿，长寿。保建家室：保全和建设家室。

昭告上天图

有司彻第十七①

　　有司彻②。埽堂③。司宫摄酒④，乃燅尸俎⑤。卒燅⑥，乃升羊、豕、鱼三鼎⑦，无腊与肤⑧。乃设扃鼏⑨，陈鼎于门外，如初。乃议侑于宾⑩，以异姓。宗人戒侑⑪。侑出，俟（竢）于庙门之外⑫。

　　司宫筵于户西⑬，南面。又筵于西序，东面。尸与侑北面于庙门之外，西上。主人出迎尸，宗人摈（傧）⑭。主人拜，尸答拜。主人又拜侑，侑答拜。主人揖⑮，先入门，右⑯。尸入门，左，侑从⑰，亦左。揖⑱，

注释：①本篇与上篇《少牢馈食礼》本为一文，因篇幅过长一分为二。本篇记述大夫祭祀祖祢后，在堂上傧尸的礼节。②彻：撤去（馈尸的器物）。③埽：同"扫"，扫除。④摄酒：洗涤、清洁酒器。⑤燅：加温使之热。⑥卒：完成。⑦升：把牲体放入鼎中。⑧腊：干兽肉。肤：猪肉。⑨扃：贯穿鼎上两耳的横木。鼏：盖鼎的布巾。⑩议：选择。侑：劝，指劝尸进食的人。⑪戒：告请。⑫俟：通"竢"。等候。⑬筵：铺设席。户西：室门的西边。司宫：负责宫室事务的人。⑭摈：通"傧"。接待宾客。⑮揖：拱手行礼。⑯右：从门的右侧走。⑰从：跟随在后面。⑱揖：主人向尸作揖。

乃让①。主人先升自阼阶，尸、侑升自西阶，西楹西②，北面东上。主人东楹东，北面拜至③，尸答拜。主人又拜侑，侑答拜。乃举④。司马举羊鼎，司士举豕鼎、举鱼鼎，以入，陈鼎如初⑤。雍正执一匕以从⑥，雍府执二匕以从⑦，司士合执二俎以从，司士赞者亦合执二俎以从。匕皆加于鼎，东枋⑧。二俎设于羊鼎西，西缩⑨。二俎皆设于二鼎西，亦西缩。雍人合执二俎⑩，陈于羊俎西，并，皆西缩。覆二疏匕于其上⑪，皆缩俎，西枋。

主人降⑫，受宰几⑬。尸、侑降⑭，主人辞⑮，尸对⑯。宰授几，主人受，二手横执几，揖尸⑰。主人升⑱，尸、侑升，复位。主人西面，左手执几，缩之①，以右袂推拂几②，三，二手横执几，进授尸于筵前。尸进，二手受于手间，主人退。尸还旋几，缩之，右手执外廉③，北面奠于筵上，左之，南缩，不坐。主人东楹东，北面拜。尸复位，尸与侑皆北面答拜。主人降洗，

注释：①缩：纵向。指纵向拿着几。②右袂：右边的衣袖。推拂：掸去灰尘。③廉：边。

肜祭祔庙图

仪礼

尸、侑降。尸辞洗，主人对。卒洗，揖。主人升。尸、侑升。尸西楹西北面拜洗。主人东楹东，北面奠爵，答拜。降盥①，尸、侑降。主人辞，尸对。卒盥，主人揖，升，尸、侑升。主人坐取爵，酌献尸②。尸北面拜受爵，主人东楹东，北面拜送爵。

主妇自东房荐韭菹、醢③，坐奠于筵前④，菹在西方。妇赞者执昌菹、醢以授主妇⑤，主妇不兴⑥，受，陪设于南⑦，昌在东方。兴，取笾于房⑧，麷、蕡坐设于豆西⑨，当外列⑩，麷在东方。妇赞者执白、黑以授主妇⑪。主妇不兴，受，设于初笾之南⑫，白在西方，兴，退。

乃升⑬。司马枓羊⑭，亦司马载⑮。载

注释：①降盥：走下堂洗手。②酌：斟酒。③荐：进献。韭菹：韭菜腌成的菜。醢：肉酱。④奠：放置。⑤昌菹：菖蒲根的腌制品。⑥兴：站起来。⑦陪：增加，添加。南：指韭菹和醢醢的南边。⑧笾：古代祭祀和宴会时盛果脯的竹器，形状像木制的豆。⑨麷：炒熟的麦粒。蕡：大麻的种子，这里指炒熟了的麻种子。⑩外列：豆之南的一列。⑪白：炒熟的稻粒。黑：炒熟的黍粒。⑫初笾：即盛麷、蕡之笾（因最先陈设而名）。⑬升：从鼎中拿出牲体放到俎上。⑭枓羊：用枓把羊从鼎中取出。枓，大木匙，古代祭祀时用以挑起鼎中的牲置于俎上，或用以盛出甑甌中的饭食。⑮载：把羊放到俎上。

右体①，肩、臂、肫、骼、臑②，正脊一、脡脊一③、横脊一，短胁一、正胁一、代胁一、肠一、胃一、祭肺一，载于一俎。羊肉湇④，臑折⑤、正脊一、正胁一、肠一、胃一、嚌肺一⑥，载于南俎⑦。司士杙豕，亦司士载，亦右体，肩、臂、肫、骼、臑，正脊一、脡脊一、横脊一，短胁一、正胁一、代胁一、肤五⑧、嚌肺一，载于一俎。侑俎：羊左肩、左肫、正脊一、胁一、肠一、胃一、切肺一，载于一俎。侑俎：豕左肩折，正脊一、胁一、肤三、切肺一，载于一俎。昨俎⑨：羊肺一、祭肺一，载于一俎。羊肉湇：臂一、脊一、胁一、肠一、胃一、嚌肺一，载于一俎。豕脀⑩：臂一、脊一、胁

注释：①右体：右半边。②肩：肩膀。臂：前一臂。肫：牲后腿的上部。骼：同"胳"。牲后腿的上部。臑：臂下边的部分。③脡脊：牲体脊骨的中间部分。④湇：肉汁。⑤臑折：所折下的一部分臑。⑥嚌肺：切成块的肺。⑦南俎：位于南边的俎。⑧肤：古代用于祭祀或供食用的肉类。⑨昨俎：主人之俎。⑩豕脀：放猪的俎。豕，猪。脀，以牲体纳入俎中，亦指已经盛放牲体之俎。

一①、肤三、嚌肺一，载于一俎。主妇俎：羊左臑、脊一、胁一、肠一、胃一、肤一、嚌羊肺一，载于一俎。司士枇鱼，亦司士载，尸俎五鱼，横载之②；侑、主人皆一鱼，亦横载之；皆加膴祭于其上③。

注释：①胁：身躯两侧自腋下至腰上的部分。亦指肋骨。②横载：横着放。③膴：古代祭祀时所用的大块鱼肉。

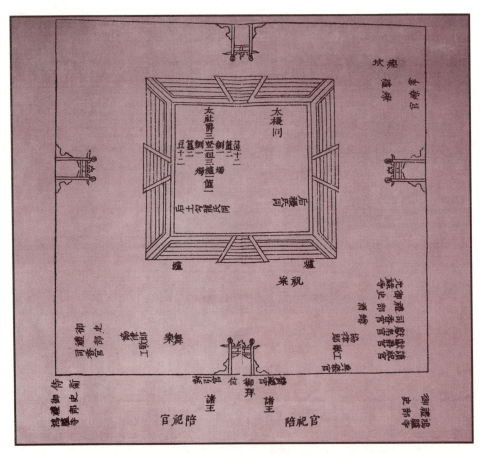

社稷坛祭祀图

卒升①。宾长设羊俎于豆南②。宾降。尸升筵自西方③，坐，左执爵，右取韭菹，擩于三豆，祭于豆间。尸取嚌、赍，宰夫赞者取白、黑以授尸。尸受，兼祭于豆间。

雍人授次宾疏匕与俎④，受于鼎西⑤，左手执俎左廉⑥，缩之⑦，却右手执匕枋⑧，缩于俎上⑨，以东面受于羊鼎之西。司马在羊鼎之东，二手执桃匕枋以挹湆⑩，注于疏匕⑪，若是者三。尸兴，左执爵，右取肺，坐祭之，祭酒，兴，左执爵。次宾缩执匕俎以升，若是以授尸。尸却手授匕枋，坐祭，哜之，兴，覆手以授宾⑫。宾亦覆手以受，缩匕于俎上以降。尸席末坐，啐酒⑬，

注释：①卒升：鼎中的食物都已经拿出放到了俎上。②宾长：宾客中的长者。羊俎：一种刻有羊头的俎。③升筵：走到席子上。④雍人：专门烹煮东西的人。次宾：排在第二位的宾客。疏匕：古代柄上刻有饰纹的匙类食具。⑤鼎：羊鼎。⑥廉：侧边。⑦缩：纵向。这里指纵向拿俎。⑧却：指手掌掌心向上。枋：同"柄"。⑨缩：这里指纵向放置。⑩桃匕：一种长柄匕，用于从鼎中舀取食物。挹：舀取。湆：肉汁。⑪注：倒。⑫覆手：把手掌向下一翻。⑬啐：饮。

401

兴，坐奠爵，拜，告旨，执爵以兴。主人北面于东楹东答拜。

司马羞羊肉湇①，缩执俎。尸坐奠爵，兴，取肺，坐绝祭②，嚌之，兴，反加于俎③。司马缩奠俎于羊湇俎南④，乃载于羊俎⑤，卒载俎⑥，缩执俎以降。尸坐执爵以兴。次宾羞羊燔⑦，缩执俎，缩一燔于俎上，盐在右。尸左执爵⑧，受燔，揆于盐，坐振祭⑨，嚌之，兴，加于羊俎。宾缩执俎以降。尸降筵⑩，北面于西楹西⑪，坐卒爵⑫，执爵以兴，坐奠爵，拜，执爵以兴。主人北面于东楹东答拜。主人受爵。尸升筵⑬，立于筵末。

主人酌⑭，献侑⑮。侑西楹西，北面拜

注释：①羞：进献。羊肉湇：用来煮汁的羊肉。②绝祭：割肺的下端以祭。③反加：放回。④湇：疑为衍文。⑤载：放。⑥卒：完成。俎：疑为衍文。⑦羞羊燔：进献烤羊肉。⑧左：左手。⑨振祭：古代九祭之一。⑩降筵：离席。⑪楹：堂前部的柱子。⑫卒爵：把爵中之酒饮尽。⑬升筵：回到席上。⑭酌：往爵里舀酒。⑮侑：协助尸进食的人。

受爵。主人在其右，北面答拜。主妇荐韭
菹、醓①，坐奠于筵前②，醓在南方。妇赞
者执二笾蠽、蕡③，以授主妇，主妇不
兴④，受之，奠蠽于醓南⑤，蕡在蠽东。主
妇入于房。

　　侑升筵自北方，司马横执羊俎以
升⑥，设于豆东。侑坐，左执爵，右取菹换

注释：①荐：进献。②奠：放置，放下。筵：席。③蠽：炒熟的麦粒。蕡：炒熟的大麻种子。④兴：站起来。⑤醓：指装有醓的豆。⑥羊俎：一种上面有羊头形象的俎。

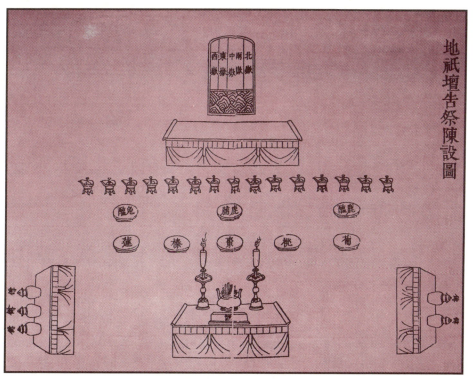

地祇坛告祭陈设图

于醯，祭于豆间，又取羹、蒉，同祭于豆祭，兴，左执爵，右取肺，坐祭之，祭酒①，兴，左执爵。次宾羞羊燔②，如尸礼。侑降筵自北方，北面于西楹西，坐卒爵，执爵以兴，坐奠爵，拜。主人答拜。

尸受侑爵③，降洗。侑降立于西阶西，东面。主人降自阼阶，辞洗④。尸坐奠爵于篚，兴对⑤。卒洗，主人升，尸升自西阶。主人拜洗。尸北面于西楹西，坐奠爵，答拜，降盥。主人降，尸辞，主人对。卒盥，主人升。尸升，坐取爵，酌。司宫设席于东序，西面。主人东楹东，北面拜受爵。尸西楹西，北面答拜。

主妇荐韭菹、醯，坐奠于筵前，菹在北方。妇赞者执二笾羹、蒉⑥，主妇不兴，

注释：①祭酒：以酒洒地祭神。②次宾：第二位宾。羞：进献。羊燔：烤羊肉。③侑爵：侑用过的爵。④辞洗：对尸洗爵加以辞谢。⑤兴对：站起来回答。⑥妇：指主妇。
笾：古代祭祀和宴会时盛果脯的竹器，形状像木制的豆。

受，设鼗于菹西北，赗在鼗西。主人升筵自北方①，主妇入于房。长宾设羊俎于豆西②。主人坐，左执爵，祭豆笾③，如侑之祭。兴，左执爵，右取肺，坐祭之，祭酒，兴。次宾羞匕湆④，如尸礼⑤。席末坐，啐酒，执爵以兴。

司马羞羊肉湆，缩执俎⑥。主人坐，奠爵于左，兴，受肺⑦，坐绝祭⑧，嚌之，兴，反返加于湆俎⑨。司马缩奠湆俎于羊俎西⑩，乃载之⑪，卒载，缩执虚俎以降⑫。主人坐取爵以兴，次宾羞燔⑬，主人受，如尸礼。

主人降筵自北方⑭，北面于阼阶上，坐卒爵⑮，执爵以兴，坐奠爵，拜，执爵以

注释：①升筵：走到席子上。②长宾：即宾长，宾客中的长者。③祭豆笾：用豆和笾中的物品祭神。④羞匕湆：进献匕、湆。匕，食器，曲柄浅斗，状如今之羹匙。湆，肉汁。⑤如尸礼：和向尸进献时的礼仪一样。⑥缩执俎：纵向端于手中。⑦受肺：接过他人递过来的肺。⑧绝祭：割下肺尖的那端祭神。⑨反加：放回。⑩湆俎：盛放肉汁的俎。⑪载之：把肺放到羊俎上。⑫虚：空。⑬燔：烤肉。⑭降筵：离开席位。⑮卒爵：把爵中之酒饮尽。

405

兴。尸西楹西答拜①。主人坐奠爵于东序南②。侑升。尸、侑皆北面于西楹西。主人北面于东楹东，再拜崇酒③。尸、侑皆答再拜。主人及尸、侑皆升就筵④。

司宫取爵于篚⑤，以授妇赞者于房东，以授主妇。主妇洗于房中，出，实爵⑥，尊南西面拜献尸⑦。尸拜，于筵上受。主

注释：①楹：堂前部的柱子。②东序：堂的东墙。③崇酒：这里指感谢为自己酌酒。④就筵：走到席位上。⑤司宫：掌管宫室事务的人。⑥实爵：往爵里舀酒。⑦尊南：尊的南边。献尸：把爵献给尸。

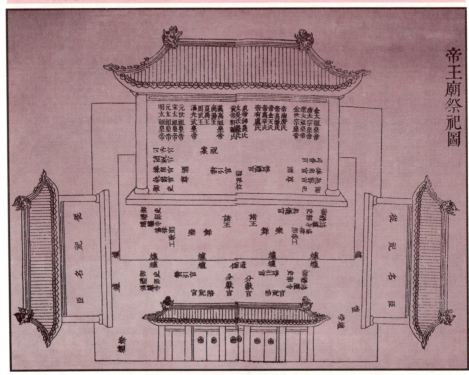

帝王庙祭祀图

妇西面于主人之席北,拜送爵。入于房,取一羊铏①,坐奠于韭菹西。主妇赞者执豕铏以从②,主妇不兴,受,设于羊铏之西③,兴,入于房,取糗与腶脩④,执以出,坐设之,糗在赍西⑤,脩在白西⑥;兴,立于主人席北,西面。尸坐,左执爵,祭糗、脩,同祭于豆祭,以羊铏之柶挹羊铏⑦,遂以挹豕铏,祭于豆祭,祭酒。次宾羞豕匕湆⑧,如羊匕湆之礼。尸坐啐酒,左执爵,尝上铏,执爵以兴,坐奠爵,拜。主妇答拜。执爵以兴。司士羞豕胾⑨。尸坐奠爵,兴受,如羊肉湆之礼,坐取爵,兴。次宾羞豕燔⑩。尸左执爵⑪,受燔,如羊燔之礼⑫,坐卒爵⑬,拜。主妇答拜。

注释：①羊铏：盛放羊肉羹的铏。铏，古代盛羹的鼎，两耳三足，有盖。②豕铏：盛放猪肉羹的铏。从：跟随在主妇的后面。③设：放置。④糗：炒熟的米麦，亦泛指干粮。腶脩：捣碎、切细后佐以姜、桂的肉干。脩，干肉。⑤赍：炒熟了的麻种子。⑥白：炒熟的稻粒。⑦柶：古礼器。角制，状如匙，用来舀取食物。挹：舀取。⑧次宾：宾客中的第二位长者。匕：食器，状如羹匙。湆：肉汁。⑨豕胾：放猪的俎。胾，盛牲体之俎。⑩羞：进献。豕燔：烤猪肉。⑪左：左手。⑫羊燔：烤羊肉。⑬卒爵：饮尽爵中之酒。

受爵①，酌②，献侑。侑拜受爵。主妇主人之北，西面答拜。主妇羞糗、脩，坐奠糗于籩南③，脩在糗南。侑坐，左执爵，取糗、脩兼祭于豆祭④。司士缩执豕脀以升⑤。侑兴取肺，坐祭之。司士缩奠豕脀于羊俎之东，载于羊俎，卒，乃缩执俎以降。侑兴。次宾羞豕燔⑥，侑受如尸礼，坐卒爵，拜。主妇答拜。受爵，酌以致于主人。主人筵上拜受爵，主妇北面于阼阶上答拜。主妇设二铏与糗、脩，如尸礼。主人其祭糗脩、祭铏、祭酒、受豕匕湆、拜啐酒⑦，皆如尸礼。尝铏不拜。其受豕脀，受豕燔，亦如尸礼。坐卒爵，拜。主妇北面答拜，受爵。

注释：①受爵：接过尸手中的空爵。②酌：往空爵里舀酒。③糗：炒熟了的麦粒。④兼：一并，同时。豆祭：在豆之间祭神。豆，古代食器，亦用作装酒肉的祭器；形似高足盘，大多有盖；多为陶制，也有用青铜、木、竹制成的。⑤缩：纵向。豕脀：放有猪肉的俎。脀，以牲体纳入俎中，也指已盛放有牲体的俎。升：走上堂。⑥羞豕燔：进献烤猪肉。⑦拜：疑为衍文。一说为坐。

shī jiàng yán　　shòu zhǔ fù jué yǐ jiàng　　zhǔ rén jiàng
尸降筵，受主妇爵以降①。主人降，

yòu jiàng　　zhǔ fù rù yú fáng　　zhǔ rén lì yú xǐ dōng běi
侑降。主妇入于房。主人立于洗东北②，

xī miàn　　yòu dōng miàn yú xī jiē xī nán　　shī yì jué yú fěi
西面。侑东面于西阶西南。尸易爵于篚③，

guàn xǐ jué　　zhǔ rén yī shī yòu　　zhǔ rén shēng　　shī shēng
盥洗爵④。主人揖尸、侑⑤。主人升。尸升

zì xī jiē　　yòu cóng　　zhǔ rén běi miàn lì yú dōng yíng dōng
自西阶，侑从⑥。主人北面立于东楹东，

yòu xī yíng xī　　běi miàn lì　　shī zhuó　　zhǔ fù chū yú fáng
侑西楹西、北面立。尸酌⑦。主妇出于房，

注释：①受：接过。以：连词，表承接，相当于"而"。②洗：古代盥洗时用以接水的金
属器皿，形似浅盆。③易：换。④盥：洗手。⑤揖：拱手行礼。⑥从：跟随。
⑦酌：往爵里舀酒。

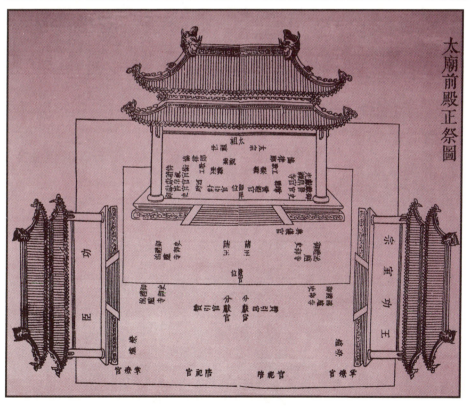

太庙前殿正祭图

西面拜，受爵。尸北面于侑东答拜。主妇入于房。司宫设席于房中①，南面。主妇立于席西。妇赞者荐韭菹、醢②，坐奠于筵前，菹在西方。妇人赞者执豒、赪以授妇赞者③，妇赞者不兴，受，设豒于菹西，赪在豒南。主妇升筵。司马设羊俎于豆南。主妇坐，左执爵，右取菹换于醢，祭于豆间；又取豒、赪，兼祭于豆祭。主妇奠爵，兴取肺，坐绝祭，哜之，兴，加于俎④，坐挩手⑤，祭酒⑥，啐酒⑦。次宾羞羊燔⑧。主妇兴，受燔⑨，如主人之礼。主妇执爵以出于房，西面于主人席北，立卒爵，执爵拜。尸西楹西，北面答拜。主妇入，立于房。尸、主人及侑皆就筵⑩。上宾洗爵以升⑪，酳⑫，献尸。尸拜受爵。宾西

注释： ①司宫：负责宫室事务的人。②韭菹：用韭菜腌成的腌菜。③妇赞者：指宗妇中年少者。④加：放置。⑤挩：擦拭。⑥祭酒：以酒洒地祭神。⑦啐：饮。⑧次宾：宾客中的第二位长者。⑨受：接受，接过。⑩侑：侑者，劝尸进食的人。就筵：进入席位。⑪上宾：即宾长。⑫酳：斟酒。

楹西北面拜送爵。尸奠爵于荐左①。宾降。

主人降②，洗爵。尸、侑降。主人奠爵于篚③，辞④，尸对⑤。卒洗，揖。尸升⑥，侑不升。主人实爵⑦，酬尸⑧，东楹东⑨，北面坐奠爵，拜。尸西楹西，北面答拜。坐祭⑩，

注释：①荐左：醢的东侧。②降：下堂。③奠爵于篚：把爵放入篚。奠，放置，放下。④辞：指主人对尸与侑降加以辞谢。⑤对：以谦词对答。⑥升：走上堂。⑦实爵：往爵里舀酒。⑧酬：回敬酒。⑨东楹东：在东楹柱的东侧。⑩坐祭：坐下来用酒祭神。

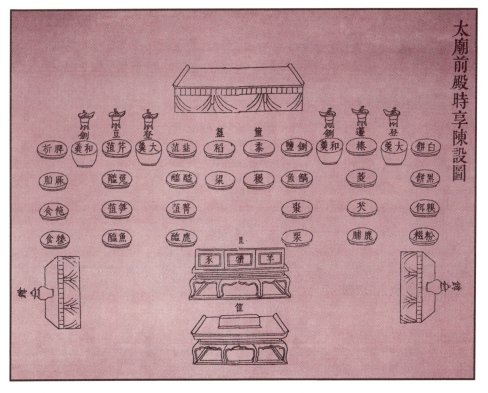

太庙前殿时享陈设图

遂饮，卒爵，拜。尸答拜。降洗①，尸降辞②。主人奠爵于篚，对。卒洗，主人升，尸升。主人实爵，尸拜受爵。主人反返位③，答拜。尸北面坐，奠爵于荐左④。

尸、侑、主人皆升筵，乃羞。宰夫羞房中之羞于尸⑤、侑、主人、主妇，皆右之。司士羞庶羞于尸⑥、侑、主人、主妇，皆左之。

主人降，南面拜众宾于门东，三拜。众宾门东⑦，北面，皆答壹拜。主人洗爵，长宾辞⑧。主人奠爵于篚⑨，兴对⑩。卒洗，升，酌⑪，献宾于西阶上⑫。长宾升，拜受爵。主人在其右⑬，北面答拜。宰夫自东房荐脯、醢，醢在西。司士设俎于豆北⑭，

注释：①降洗：下堂洗觯。②降辞：走下堂加以辞谢。③反位：回到原位。反，通"返"。④奠爵于荐左：把爵放在肉酱的左侧。⑤羞(1)：进献食物。房中之羞：即"内羞"，指由妇人制作的用笾豆盛装的米粉、点心之类。⑥庶羞：指羊肉羹、猪肉羹。⑦门东：站在庙门的东侧。⑧长宾辞：宾长以谦词劝阻。⑨奠：放置。⑩兴对：起身对答。⑪酌：往爵里舀酒。⑫宾：指宾客中的长者。⑬其：指长宾。⑭设：摆放。

412

羊骼一①、肠一、胃一、切肺一②、肤一③。宾坐，左执爵，右取肺揳于醢④，祭之，执爵兴，取肺，坐祭之，祭酒⑤，遂饮，卒爵⑥，执以爵兴⑦，坐奠爵，拜，执爵以兴。主人答拜，受爵。宾坐取祭以降⑧，西面坐委于西阶西南。宰夫执荐以从⑨，设于祭东。司士执俎以从⑩，设于荐东。

众宾长升⑪，拜受爵⑫，主人答拜。坐祭⑬，立饮⑭，卒爵，不拜既爵⑮。宰夫赞主人酌⑯，若是以辩遍。辩遍受爵。其荐脯、醢与脀⑰，设于其位。其位继上宾而南，皆东面。其脀体，仪也⑱。

乃升长宾⑲。主人酌，酢于长宾⑳，西阶上北面，宾在左。主人坐奠爵，拜，执

注释：①骼：牲畜的后胫骨。②切肺：供祭祀用的肺。③肤：古代用于祭祀或供食用的肉类。④肺：一说作"脯"。⑤祭酒：以酒洒地祭神。⑥卒爵：把爵中之酒饮尽。⑦执爵以兴：拿着爵站起身。⑧祭：祭过的干肉和肺。⑨荐：此处指豆笾。一说作爵。⑩从：跟随。⑪长升：按照长幼的顺序上堂。⑫拜受爵：行拜礼接过主人献上的爵。⑬坐祭：坐下来以酒祭神。⑭立饮：站着饮酒。⑮既爵：喝完爵中之酒。⑯赞：协助。⑰脀：已盛牲体之俎。⑱仪：礼仪。⑲升：走上堂。长宾：宾客之长。⑳酢：回敬酒。

爵以兴。宾答拜。坐祭，遂饮，卒爵，执爵
以兴，坐奠爵，拜。宾答拜。宾降。宰夫洗
觯以升①。主人受酌②，降酬长宾于西阶
南③，北面。宾在左④。主人坐奠爵，拜，宾
答拜。坐祭，遂饮，卒爵，拜。宾答拜。主
人洗，宾辞⑤。主人坐奠爵于篚，对。卒
洗，升酌，降复位⑥。宾拜受爵，主人拜送

注释：①宰夫：掌管膳食的小吏。②受酌：接过觯并往里面舀酒。③酬：回敬酒。
④左：主人的左边。⑤辞：辞谢。⑥复位：回到原位。

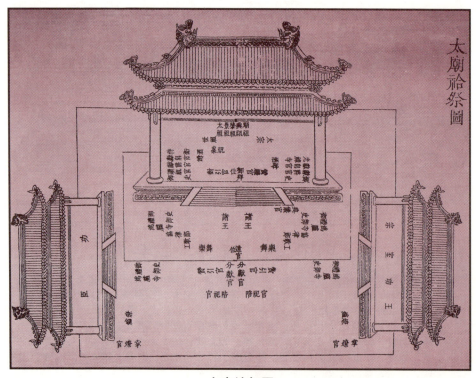

太庙袷祭图

爵。宾西面坐，奠爵于荐左。

主人洗①，升酌②，献兄弟于阼阶上③。

兄弟之长升④，拜受爵。主人在其右答拜。

坐祭，立饮，不拜既爵。皆若是以辩遍⑤。

辩遍受爵。其位在洗东，西面北上。升受

爵，其荐脀设于其位。其先生之脀⑥，折，

胁一，肤一。其众，仪也⑦。

主人洗，献内宾于房中⑧。南面拜受

爵，主人南面于其右答拜。坐祭，立饮，

不拜既爵。若是以辩遍，亦有荐脀。

主人降洗⑨，升，献私人于阼阶上⑩。

拜于下⑪，升受⑫，主人答其长拜⑬。乃降，

坐祭，立饮，不拜既爵。若是以辩遍。宰

夫赞主人酌。主人于其群私人不答拜。

其位继兄弟之南⑭，亦北上，亦有荐脀。

注释：①洗：洗觯。②升酌：走上堂往觯里舀酒。③献：敬献酒。④兄弟之长：兄弟中的年长者。⑤若是：用这样的礼节。以：连词，表承接，相当于"而"。⑥先生：兄弟中的最年长者。⑦仪：礼仪。⑧内宾：姑姊妹、宗妇等。⑨降洗：走下堂洗觯。⑩私人：家臣。⑪拜于下：在堂下行拜礼。⑫升受：走上堂接过觯。⑬长：家臣中年纪最长者。⑭其：众家臣。继：接连。

415

主人就筵。

尸作三献之爵①。司士羞湆鱼②，缩执俎以升③。尸取臑祭祭之④，祭酒⑤，卒爵⑥。司士缩奠俎于羊俎南⑦，横载于羊俎⑧，卒⑨，乃缩执俎以降。尸奠爵，拜，三献北面答拜⑩，受爵⑪，酌⑫，献侑。侑拜受⑬，三献北面答拜。司马羞湆鱼一，如尸礼⑭。卒爵，拜。三献答拜，受爵，酌，致主人⑮。主人拜受爵，三献东楹东⑯，北面答拜。司士羞一湆鱼，如尸礼。卒爵，拜。三献答拜，受爵。

尸降筵⑰，受三献爵，酌以酢之⑱。三献西楹西，北面拜，受爵，尸在其右以授之⑲。尸升筵，南面答拜。坐祭⑳，遂饮，卒

注释：①三献之爵：指上宾所献之爵。②羞湆鱼：进献盛着带汁的鱼的俎。③缩执俎：纵向端着俎。④臑：祭祀用的大块鱼肉。⑤祭酒：以酒洒地祭神。⑥卒爵：把爵中之酒饮尽。⑦奠：放置。羊俎：一种在上面饰有羊头形象的俎。⑧载：放置。⑨卒：放好俎。⑩三献：指上宾。⑪受爵：接过空爵。⑫酌：往爵里舀酒。⑬拜受：行拜礼接过爵。⑭如尸礼：和向尸进献时一样。⑮致：送。⑯楹：堂前部的柱子。⑰降筵：离席。⑱酌以酢之：往爵里舀酒回敬上宾。⑲授：递给。⑳坐祭：坐下以酒祭神。

416

爵，拜。尸答拜。执爵以降，实于篚①。

二人洗觯②，升实爵③，西楹西④，北面东上，坐奠爵，拜，执爵以兴⑤，尸、侑答拜⑥。坐祭，遂饮，卒爵，执爵以兴，坐奠爵，拜。尸、侑答拜。皆降。洗，升酌⑦，反返位⑧。尸、侑皆拜受爵，举觯者皆拜送⑨。侑奠觯于右⑩。尸遂执觯以兴⑪，北面于阼阶上酬主人⑫，主人在右⑬。坐奠爵，拜，主人答拜。不祭，立饮，卒爵，不拜既爵。酌⑭，就于阼阶上酬主人。主人拜受爵，尸拜送。尸就筵，主人以酬侑于西楹西，侑在左。坐奠爵，拜。执爵兴，侑答拜。不祭，立饮，卒爵，不拜既爵。酌，复位。侑拜受，主人拜送。主人复筵，乃

注释：①实于篚：把空爵放入篚中。②觯：古代饮酒器。圆腹，侈口，圈足，或有盖，形似尊而小。一般为青铜制。陶制者多为明器。③实爵：往觯里舀酒。一说这里的"爵"实指"觯"。④楹：堂前部的柱子。⑤兴：站起来。⑥侑：侑者，劝尸进食的人。⑦升酌：走上堂往觯里舀酒。⑧反位：走回原位。⑨举觯者：指负责洗觯的人。⑩右：自身的右边。⑪遂：于是，接着。⑫酬：回敬酒。⑬右：尸的右边。⑭酌：原作酬。

升长宾。侑酬之，如主人之礼。至于众宾，遂及兄弟，亦如之，皆饮于上[1]。遂及私人[2]，拜受者升受，下饮[3]，卒爵，升酌，以之其位，相酬辩遍[4]。卒饮者实爵于篚。乃羞庶羞于宾、兄弟、内宾及私人。

兄弟之后生者举觯于其长[5]。洗，升酌[6]，降，北面立于阼阶南，长在左。坐奠爵，拜，执爵以兴[7]，长答拜。坐祭[8]，遂饮，卒爵，执爵以兴，坐奠爵，拜，执爵以兴，长答拜。洗，升酌，降，长拜受于其位[9]，举爵者东面答拜[10]。爵止[11]。

宾长献于尸[12]，如初，无湆[13]，爵不止[14]。宾一人举爵于尸[15]，如初，亦遂之于下[16]。宾及兄弟交错其酬[17]，皆遂及私人[18]，爵

注释：①上：堂上。②及：轮到。私人：家臣。③下饮：走下堂去饮酒。④辩：通"遍"。一一。⑤后生者：年幼者。举觯：奉觯并呈给。其长：年长者。⑥升酌：上堂往觯里舀酒。⑦执：拿。⑧坐祭：坐下以酒祭神。⑨其位：指年长者自己的位置。⑩举爵者：指年少者。⑪止：停止使用。⑫宾长：众宾中的长者。⑬湆：此指带汁的鱼。⑭止：停止。此句指尸不停止饮酒，随献随饮。⑮宾一人：指年龄次于众宾之长的那一位。举爵：敬酒。⑯之：礼仪。指行这样的礼仪。⑰交错其酬：互相敬酒。⑱私人：私臣。

wú suàn   shī chū   yòu cóng   zhǔ rén sòng yú miào mén zhī

无筭①。尸出②，侑从③。主人送于庙门之

wài   bài   shī bú gù   bài yòu yǔ zhǎng bīn   yì rú zhī

外，拜，尸不顾④。拜侑与长宾，亦如之。

zhòng bīn cóng   sī shì guī shī   yòu zhī zǔ   zhǔ rén tuì

众宾从⑤。司士归尸、侑之俎⑥。主人退⑦，

yòu sī chè   ruò bù bīn shī   zé zhù yòu yì rú zhī

有司彻⑧。若不宾尸⑨，则祝、侑亦如之⑩。

shī shí nǎi chéng zǔ   nào bì chún tǐng jǐ héng jǐ

尸食，乃盛俎⑪，臑、臂、肫、脡脊、横脊、

注释：①爵无筭：饮酒不计算爵数（即饮了多少杯不计）。②出：走出庙门。③从：跟随。④顾：回头。⑤从：跟从（长宾离去）。⑥归尸、侑之俎：把尸、侑者的俎送到各自家中。⑦退：返回家中。⑧彻：撤除。⑨若不宾尸：下大夫不宾尸，为了显示礼数上的差别。宾尸，周代贵族在祭祀祖先的次日，为了酬谢尸的辛劳，设酒食请尸来吃，叫做宾尸；一说为祭祀名，指卿大夫于祭祀的次日再祭。⑩侑：劝，这里指由祝劝再进食。⑪盛俎：把尸席前俎上的牲体放到肵俎上。

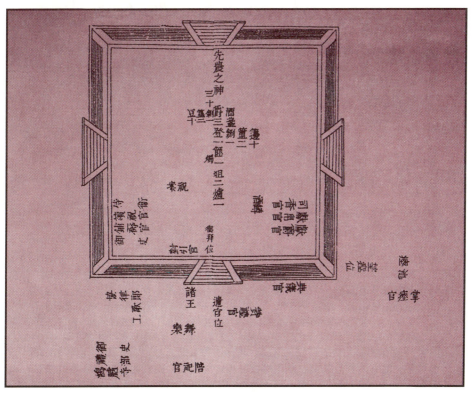

先农坛耕祭图南向

短胁、代胁，皆牢；鱼七；腊辩①，无髀。卒盛，乃举牢肩。尸受，振祭，哜之。佐食受，加于胏②。

佐食取一俎于堂下③，以入④，奠于羊俎东⑤。乃撷于鱼⑥、腊俎，俎释三个⑦，其余皆取之，实于一俎以出⑧。祝、主人之鱼、腊取于是⑨。尸不饭，告饱⑩。主人拜侑⑪，不言⑫。尸又三饭⑬。佐食受牢举⑭，如侑⑮。

主人洗，酌，醑尸⑯，宾羞肝⑰，皆如侑礼。卒爵，主人拜，祝受尸爵，尸答拜。祝酌授尸，尸以醋主人⑱，亦如侑。其绥祭⑲，其嘏⑳，亦如侑。其献祝与二佐食，

注释：①腊辩：即腊胖，指腊的右半边。②胏：胏俎。③俎：供祭祀或宴会时用的四脚方形青铜盘或木漆盘，常用于陈设牛、羊肉。④以入：拿着俎进入室内。⑤奠：放置。⑥撷：拾取。⑦俎释三个：每俎剩下三个。个，枚。⑧实：放。⑨是：代词，这，指俎。⑩尸不饭，告饱：尸不再吃饭，禀告主人已经吃饱。⑪拜侑：行拜礼劝尸进食。⑫言：说话。⑬尸又三饭：此时三饭，连同此前八饭共十一饭。依周礼，士九饭，大夫十一饭。⑭举：指肺、脊。⑮如侑：和有侑尸（古代祭祀时引导尸）之礼一样。⑯醑：食毕以酒漱口。古代宴会或祭祀的一种礼节。⑰肝：牢肝，即羊、猪的肝。⑱醋：同"酢"。酬谢。⑲绥祭：古祭礼名。尸未食前之祭。绥（又音suí），一作挼。⑳嘏：祝福辞。

其位，其荐脀，皆如傧。

主妇其洗献于尸，亦如傧。主妇反[返]取笾于房中，执枣、糗坐设之①。枣在稷南，糗在枣南。妇赞者执栗、脯②，主妇不兴，受，设之。栗在糗东，脯在枣东。主妇兴③，反[返]位。尸左执爵，取枣、糗。祝取栗、脯以授尸。尸兼祭于豆祭④，祭酒，啐酒⑤。次宾羞牢燔⑥，用俎，盐在右。尸兼取燔�়于盐⑦，振祭，哜之⑧。祝受，加于肵⑨。卒爵，主妇拜，祝受尸爵，尸答拜。祝易爵，洗酌授尸。尸以醋主妇。主妇主人之北拜受爵，尸答拜。主妇反[返]位，又拜。上佐食绥祭如傧。卒爵拜，尸答拜。主妇献祝，其酌如傧。拜，坐受爵。主妇主人之北答拜。宰夫荐枣⑩、糗，坐设枣

注释：①糗：炒熟的米麦。亦泛指干粮。②赞者：助手。脯：干肉。③兴：起身。④兼：一并，同时。⑤啐酒：尝酒。⑥羞牢燔：献上烤好的羊肉和猪肉。⑦擩：沾染。⑧哜：尝。⑨肵：肵俎。⑩荐：进献。

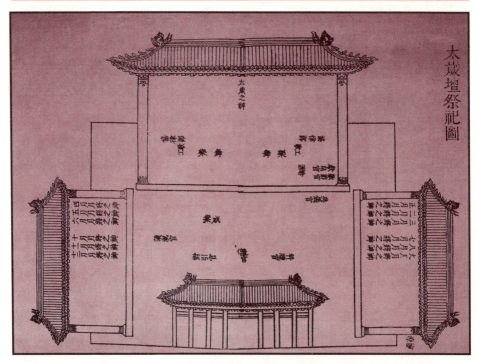

于菹西[1]，糗在枣南。祝左执爵，取枣、糗祭于豆祭，祭酒，啐酒。次宾羞燔[2]，如尸礼。卒爵[3]。主人受爵，酢[4]，献二佐食，亦如宾。主妇受爵，以入于房[5]。

宾长洗爵[6]，献于尸[7]。尸拜受[8]，宾户西北面答拜[9]。爵止[10]。主妇洗于房中，酌，致于主人[11]，主人拜受，主妇户西北

注释：①菹：腌菜。②羞燔：献上烤肉。③卒爵：把爵中的酒饮完。④酢：斟酒。⑤以入于房：拿着爵走入房内。⑥宾长：宾客中年纪最大的人。⑦献：敬献酒。⑧拜受：行拜礼接过爵。⑨户：单扇门。⑩爵止：尸把爵暂时放下不用。⑪致：送。

太岁坛祭祀图

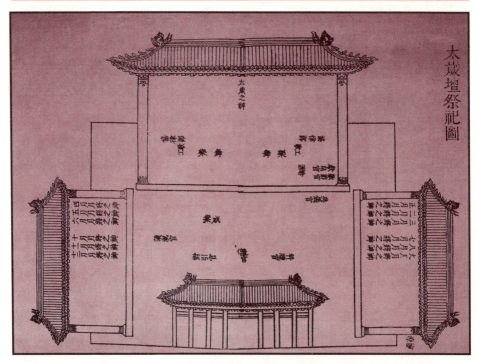

太岁坛祭祀图

面拜送爵。司宫设席①。主妇荐韭菹、醢，坐设于席前，菹在北方。妇赞者执枣、糗以从②，主妇不兴③，受，设枣于菹北，糗在枣西。佐食设俎，臂、脊、胁、肺皆牢④，肤三，鱼一，腊臂⑤。主人左执爵，右取菹㨁于醢，祭于豆间⑥，遂祭笾⑦，奠爵，兴，取牢肺，坐绝祭⑧，啐之，兴，加于俎⑨，坐挽手⑩，祭酒，执爵以兴，坐卒爵，拜。主妇答拜，受爵，酌以醋，户内北面拜。主人答拜。卒爵，拜。主人答拜。主妇以爵入于房。

尸作止爵⑪，祭酒⑫，卒爵⑬。宾拜。祝受爵，尸答拜。祝酌授尸⑭。宾拜受爵，尸拜送。坐祭，遂饮，卒爵，拜。尸答拜。献

注释：①司宫：负责宫室事务的人。设：铺设。②妇赞者：主妇的赞者。赞，协助。枣：装有枣的笾。糗：装有炒熟的米麦的笾。从：跟随。③不兴：不起身。④皆牢：均是羊、猪各一块。⑤腊臂：腊兽的前肢上段。⑥祭于豆间：在豆之间致祭。⑦遂：于是，接着。⑧坐绝祭：坐下把肺的末端割下祭神。⑨加于俎：把（肺）放在俎上。⑩挽：擦，拭。⑪作：举起。止爵：先前宾长所献、放置未饮的爵。⑫祭酒：以酒洒地祭神。⑬卒爵：喝完爵中的酒。⑭授：递给。

423

祝及二佐食。洗，致爵于主人①。主人席上拜受爵，宾北面答拜。坐祭，遂饮，卒爵，拜。宾答拜，受爵。酌②，致爵于主妇。主妇北堂③。司宫设席④，东面。主妇席北东面拜受爵，宾西面答拜。妇赞者荐韭菹、醢，菹在南方。妇人赞者执枣、糗，授妇赞者，妇赞者不兴⑤，受⑥，设枣于菹南，糗在枣东。佐食设俎于豆东：羊臑⑦，豕折⑧，羊脊、胁⑨，祭肺一⑩、肤一⑪、鱼一、腊臑⑫。主妇升筵⑬，坐，左执爵，右取菹揳于醢，祭之，祭笾⑭，奠爵，兴取肺，坐绝祭⑮，嚌之，兴，加于俎⑯，坐捝手，祭酒，执爵兴，筵北东面立卒爵，拜。宾答拜。宾受爵，易爵于篚⑰，洗，酌⑱，醋于

注释：①致：送。②酌：往爵里舀酒。③北堂：中房以北。④设席：为主妇铺设席位。⑤兴：站起来。⑥受：接受，接过。⑦羊臑：羊前肢的下段。⑧豕折：节折的猪骨。⑨胁：身躯两侧腋下至腰上的部分。亦指肋骨。⑩祭肺：用以祭神的肺。⑪肤：古代用于祭祀或供食用的肉类。⑫腊臑：腊兽前肢的下段。⑬升筵：走到席上。⑭祭笾：用笾中的枣和炒米麦祭神。⑮绝祭：割下肺的末端（尖的一端）祭神。⑯加：放置。⑰易爵：另换一只爵。⑱酌：往爵里舀酒。

主人^①，户西北面拜^②，主人答拜。卒爵，拜，主人答拜。宾以爵降奠于篚^③。乃羞^④，宰夫羞房中之羞^⑤，司士羞庶羞于尸、祝^⑥、主人、主妇，内羞在右^⑦，庶羞在左^⑧。

主人降，拜众宾，洗，献众宾。其荐脀^⑨，其位^⑩、其酬醋^⑪，皆如傧礼。主人洗，献兄弟与内宾^⑫，与私人^⑬，皆如傧礼。其位、其荐脀，皆如傧礼。卒^⑭，乃羞于宾、兄弟、内宾及私人，辩遍^⑮。宾长献于尸，尸醋，献祝^⑯，致^⑰，醋。宾以爵降，实于篚。宾、兄弟交错其酬，无筭爵^⑱。利洗爵^⑲，献于尸。尸酢^⑳。献祝，祝受，祭酒^㉑，啐酒，奠之^㉒。主人出，立于阼阶上，西面。祝出，立于西阶上，东面。祝告于主

注释：①醋：同"酢"。客人以酒回敬主人。②户：单扇门。③篚：一种圆形的盛物竹器。④乃羞：于是进献各种点心、肴馔。⑤羞房中之羞：进献房中之食物。⑥羞庶羞于尸、祝：把各种肴馔分别献给尸、祝。⑦内羞：房中之羞。⑧庶羞：此指给其他人的肴馔。⑨荐：进献。脀：以牲体纳入俎中，也指已盛放牲体之俎。⑩位：指所站立的位置。⑪酬醋：敬酒与回敬酒。⑫内宾：即嫔。⑬私人：家臣。⑭卒：献毕。⑮辩：通"遍"。⑯献：敬酒。⑰致：致爵（于主人、主妇）。⑱无筭爵：不规定具体的饮酒爵数。⑲利洗爵：上佐食洗爵。⑳酢：一作醋。回敬。㉑祭酒：以酒洒地祭神。㉒奠之：把酒杯放下。

人曰："利成①。"祝入。主人降，立于阼阶东，西面。尸谡②祝前③，尸从④，遂出于庙门。祝反返，复位于室中。祝命佐食彻尸俎⑤。佐食乃出尸俎于庙门外，有司受，归之⑥。彻阼荐俎⑦。乃馂⑧，如傧。

卒馂⑨，有司官彻馈⑩，馔于室中西北隅⑪，南面，如馈之设，右几，厞用席⑫。纳一尊于室中⑬。司宫埽祭⑭。主人出，立于阼阶上，西面⑮。祝执其俎以出⑯，立于西阶上，东面。司宫阖牖户⑰。祝告利成⑱，乃执俎以出于庙门外⑲，有司受⑳，归之㉑。众宾出，主人拜送于庙门外，乃反返。妇人乃彻㉒，彻室中之馔㉓。

注释：①利成：供养之礼结束。②谡：起身。③前：走在前面。④从：跟随。⑤佐食：古代祭祀中负责进献祭品、助尸享用者。⑥归之：送往尸的家里。⑦彻阼荐俎：佐食者撤去主人的笾豆和俎。⑧馂：同"馂"。祭宴剩余的食品。亦泛指吃剩的东西。⑨卒馂：众人都吃过了食物。⑩有司官：指司马、司士、宰夫等。馈：指馈食之器，如俎、豆、敦等。⑪馔：陈设。隅：角，角落。⑫厞：宫室屋角隐蔽之处。⑬纳：放入。⑭埽祭：清扫豆间致祭的食物。⑮西面：西朝西。⑯出：走出室门。⑰阖：关上。牖户：门窗。⑱告：宣布。利成：供养之礼完成。⑲执：拿。以：连词，表承接，相当于"而"。⑳受：接受，接过。㉑归之：指把俎送回祝的家。㉒妇人：主妇的助手。彻：撤除祭品。㉓馔：指祭品。